해산 김정묵과 가문의 독립운동

해산 김정묵과 가문의 독립운동

초판 1쇄 발행 2021년 1월 30일

지은이 | 권대웅 · 조규태 · 박 환 · 장세윤 · 김영범
펴낸이 | 윤관백
펴낸곳 | 도서출판 선인

등 록 | 제5-77호(1998.11.4)
주 소 | 서울시 마포구 마포대로 4다길 4, 곳마루빌딩 1층
전 화 | 02)718-6252 / 6257
팩 스 | 02)718-6253
E-mail | sunin72@chol.com

정 가 25,000원

ISBN 979-11-6068-441-4 93910

· 잘못된 책은 바꿔 드립니다.

해산 김정묵과 가문의 독립운동

권대웅 · 조규태 · 박환 · 장세윤 · 김영범

도서출판 선인

김정묵(金正黙; 1888.12.9~1944.4.19)

김정묵 생가 및 마을 전경(경북 구미시 도량동)

젊은 시절의 김정묵(김정묵은 1925년 중국 군대에
장교로 입대하였다)

군영에서 말을 다루는 김정묵

김정묵의 부인 이우숙
(李愚淑;1886.11.11~1961.12.15)

김정묵의 부인 이우숙과 차녀 교순, 그리고 장남 김교일의 장녀 윤자

김정묵의 부친 김수동(金洙東; 1866~1932.7.24)

김정묵(중앙)과 부친 김수동(앞)

장남 김교일(좌측 앞)

부친 김수동 장례식(김교일, 김교삼, 김정묵)

김교순(차녀), 김교일(장남), 김기홍(사위), 박윤주(김교일의 부인), 노주수(김사묵의 부인),
이우숙(부인), 김교증(장녀)

김교증(장녀), 중국인 처, 김대륙(삼남), 김교삼(차남), 김정묵, 김기홍(사위)

김성묵의 장녀 김교옥 결혼식

김정묵의 차녀 김교순 결혼식

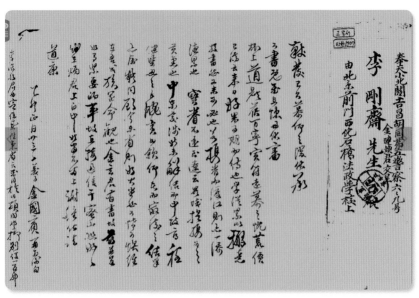

김정묵이 이승희에게 보낸 편지 1(1915.1.23)

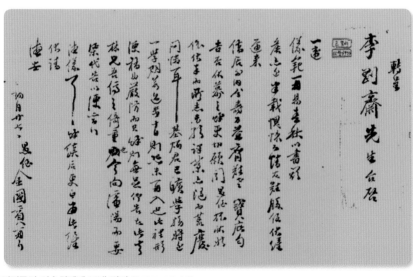

김정묵이 이승희에게 보낸 편지 2(1915.10.27)

김정묵 유묵(金國賓은 김정묵의 이명이다)

김정묵 유묵

김정묵 장례식(1944.4.19). 1944년 4월 19일 중국 북경에서 서거하였다.

김정묵 장례식(장녀 김교중, 장남 김교일, 차녀 김교순)

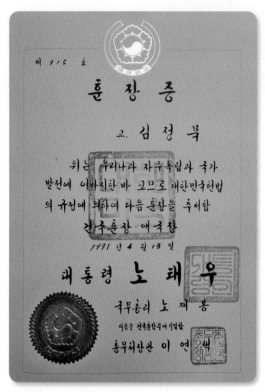

김정묵 훈장증(건국훈장 애국장, 1991)

2011년 사창(社倉) 종중(宗中)은 중국 호남성(湖南省) 장사(長沙)와 장가계(張家界)를 여행한 적이 있었다. 종재(宗財)에서 나온 수익금으로 50세 이상의 종인(宗人)들이 참가한 해외여행이었다. 장사 공항에 도착한 첫날, 우리는 '대한민국임시정부' 청사(廳舍)를 방문했다. 이곳은 중일전쟁(中日戰爭) 발발 이후 상해에 있던 임시정부가 남경(南京)을 거쳐 1937년 잠시 머물렀던 곳이었다. 이곳에서 선친은 임시정부 초대 의정원(議政院) 의원이자 독립운동가인 해산(海山) 김정묵(金正黙) 선생을 회상하면서, "여태껏 해산의 동상을 세우지 못한 것이 한이다."고 하셨다.

선친은 1983년 독립운동가 박희광(朴喜光)의 동상을 금오산이 시작되는 금오저수지 초입에 건립하는 것을 주도하셨다. 박정희 대통령 생시에 '애국지사 박희광선생지상(愛國志士朴喜光先生之像)'이라는 친필 휘호와 지원금을 하사한 것을 계기로, 당시 구미문화원 원장이셨던 선친 주도로 동상이 건립된 것이었다. 이후 선친은 9촌숙이 되는 해산 선생의 동상 건립에 많은 관심을 기울였지만, 사정이 여의치 않아 차일피일 시간이 허송되는 것을 안타까워 하셨다.

다행히 2018년 종형(從兄, 金光祐)이 '선산김씨대종회장'에 취임하면서 실마리가 풀리기 시작했다. 종형이 '해산 김정묵의 현창 사업'을 대종회의 학술사업으로 선정하고, 학술회의가 개최될 수 있도록 발 벗고 나섰기 때문이다. 종형은 필자에게 학술대회 개최 관련 임무를 맡겼고, 필자는 한국독립운동사의 권위자인 권대웅 전 대경대 교수와 박환 수원대 교수에게 학술대회의 추진 가능성을 타진해 보았다.

중국에서 활동했던 많은 독립운동가가 그러하듯, 해산에 대한 기록은 거의 남아 있지 않다. 독립운동 당시 활동을 비밀리에 부쳤기 때문에 다양한 가명들이 사용되었고, 관련 기록들이 의도적으로 폐기되었기 때문이다. 더구나 해산은 일본 제국주의가 일으킨 '대동아전쟁'의 막바지였던 1944년 북경(北京)에서 서거하셨기 때문에 그에 대한 기록을 정리할 시간이 없었고, 이듬해 해방이 되면서 자식들이 남한과 북한으로 귀국하여 뿔뿔이 흩어지면서 그와 관련된 자료들을 수집할 여유가 없었다. 게다가 해방 정국에서의 첨예했던 좌·우 이념대립, 1950년 6·25전쟁, 이후 남·북한의 치열한 체제 경쟁이 지속되면서, 좌·우를 넘나들면서 독립운동에 전념했던 해산과 그의 아들(金敎一, 金敎三), 동생(金成黙, 金思黙)의 행적과 위업들은 소멸되었고, 사람들의 뇌리에서 잊혀져 갔다.

다행스럽게도 한국독립운동사 전공 교수들은 흩어진 채 잔존하는 해산과 그의 아들, 그리고 동생들의 희미한 기억의 편린들을 찾아내는 데 성공했다. 그러한 결실을 담아 2019년 3·1운동 100주년을 맞이하여, "해산(海山) 김정묵(金正黙)과 그 집안의 독립운동"이라는 주제로 구미시 소재 '왕산허위선생기념관'에서 학술대회를 개최하게 되었다. 권대웅, 박환, 조규태 등 세 명의 연구자가 구미 출신의 위대한 독립운동가 김정묵의 이름을 처음으로 세상에 알렸다. 이날 '왕산기념관' 관장 자격으로 인사말을 하신 선친께서는 9촌숙에게는 방친(傍親)의 도리를 다한 것에 대해, 그리고 6대조 좌랑(佐郎) 선조(金振久)에게는 후손의 의무를 다한 것에 대해 크게 안도하셨을 것이다.

2019년 학술대회는 해산의 대강을 드러냈다는 점에서 의의가 있었지만,

여전히 미흡한 점이 많은 미완의 학술대회였다. 그리하여 금년 2020년 '경상북도 문화원연합회'의 지원으로 "한말·일제하 선산 사람들의 독립운동과 해산 김정묵 일가의 활동"이라는 주제 아래 2차 학술대회가 개최되었다. 이 대회에서는 구미 출신의 위대한 독립운동 명문가인 김해 허씨(許薰, 許蔿), 선산 김씨(김정묵, 김교삼) 등 양가의 독립운동에 대한 집중 조명이 있었다. 권영배, 권대웅, 장세윤, 김영범 교수의 발표를 통해 중국 장학량(張學良) 군의 대좌이자 군법처장으로 활약한 김정묵, '의열단'의 책임자 김교삼에 대한 행적과 면모가 한층 구체적으로 드러나게 되었다.

이제 경상북도 지원으로『해산 김정묵과 가문의 독립운동』을 출간하게 되었다. 그동안 이 책이 발간되기까지 많은 분의 도움이 있었다. 김광우 선산 김씨 대종회장님, 장세용 구미시장님, 왕산허위선생기념관 관계자 제위, 경상북도 문화원연합회 정연화 회장님과 방유수 사무처장님, 충순위공파 회장이자 해산 선생의 맏손자 김광조 님이 바로 그분들이다. 이밖에도 많은 분의 크고 작은 도움이 있었지만, 감사의 인사를 일일이 다 전하지는 못한다.

여러가지 미흡한 여건 속에서도 다양한 각도에서 주제를 발표한 권대웅, 권영배, 김영범, 박환, 장세윤, 조규태 교수께도 감사의 인사를 전한다. 권대웅 교수는 두 차례 학술대회 개최 건을 비롯해서 저서 출간의 책임까지 도맡아, 이 책이 세상에 나올 수 있도록 한 실제적인 산파였다. 권대웅교수님께 각별한 마음을 담아 감사의 인사를 전한다.

이 책이 발간되면 선친께서도 저 하늘나라에서 책을 펼쳐 들고 덩실덩실 춤을 추며 기뻐하실 것이다.

2021년 1월
김성우

해산(海山) 김정묵(金正黙, 1888~1944) 선생은 구미 도량리의 선산김씨 김수동의 장남으로 태어났습니다. 성주의 대유(大儒) 한계(大溪) 이승희(李承熙) 문하에서 수학하고, 이승희, 이우필 등과 함께 연해주로 망명, 한인촌(韓人村)을 개척했습니다. 북경 법정대학(法政大學)을 졸업한 후 중국 장학량(張學良) 부대에서 '군법처장'을 역임한 고위 장교로서, 한국의 수많은 애국지사와 중국의 지도자들을 연결하는 가교역할을 수행하셨습니다.

2018년 선산김씨 대동종친회는 선생의 탄신 130주년을 맞아 학술대회를 개최할 것을 결의했습니다. 그렇지만 2019년이 3·1운동과 대한민국임시정부 수립 100주년이 되는 뜻깊은 해라는 점에서, 이듬해로 학술대회를 미뤘습니다. 선생이 임정 수립 당시 경상도를 대표하는 의정원(議政院) 의원(議員)으로 참여하는 등 임정과 밀접한 관계가 있었기 때문입니다.

그러한 노력에 힘입어, 2019년 2월 선산김씨 대동종친회와 구미시의 지원 아래 1차 학술대회가 구미시 '왕산허위선생기념관'에서 성황리에 개최되었고, 2차 학술대회가 2020년 10월 '경상북도 문화원연합회'의 후원 아래 '새마을운동 테마공원'에서 성대하게 개최되었습니다. 두 차례의 학술대회 결과, 선생뿐만 아니라 동생[김성묵, 김사묵], 아들[김교일, 김교삼]도 중국과 만주에서 혁혁한 독립운동을 했다는 사실이 확인되었습니다. 이런 상황임에도 불구하고 선생과 그 집안의 독립운동은 아직까지 지역사회나 학계에 제대로 알려지지 않았습니다. 그런 점에서 선생과 그 집안은 그동안 잊혀진 한국독립운동의 명문가라고 감히 말할 수 있습니다.

두 차례 학술대회와 저서 발간을 즈음하여, 물심양면으로 도움을 아끼지 않으신 장세용 구미시장님, '경상북도 문화원연합회' 정연화 회장님, 고인이 되신 '왕산기념사업회' 김교홍 이사장님, 선산김씨 충순위공파 회장이자 선생의 장손인 김광조 회장님 제위께 감사의 인사를 전합니다. 이 저서의 발간으로 선산이 자랑하는 독립운동가 김정묵과 그 집안이 지역과 한국사회 전체에 널리 알려지고, 새로운 독립운동 명문가로 인정받기를 희망합니다.

또 한 가지 소원이 있다면, 해산 선생의 동상을 고향 구미에 건립하는 것입니다. 우리 구미는 수많은 독립운동가를 배출한 유서 깊은 고장이지만, 그들을 기릴만한 변변한 추모의 공간이 부족한 것이 현실입니다. 이번 저서의 발간을 계기로 구미 어디엔가 선생의 동상이 건립되어 시대를 앞서간 선각자의 위업을 기리고, 또 자라나는 미래의 동량들에게 모범이 되는 기회가되기를 희망합니다. 이런 노력이 쌓여가면 언젠가 구미 출신 독립운동가들을 추모하는 새로운 명소가 탄생하리라고 믿어 의심치 않습니다.

2021년 1월
선산김씨 대동종친회 회장 김광우

긴장 관계가 점차 해소

오늘날 대한민국이 세계 10위권 경제 부국으로 발돋움한 데는 지난날 순국선열과 애국지사들의 숭고한 희생과 헌신이 바탕이 되었다고 생각합니다. 우리나라 항일운동사에서 온 가족이 독립운동에 투신한 독립운동 명문가들로는 왕산(旺山) 허위(許蔿) 가문, 석주(石洲) 이상룡(李相龍) 가문, 우당(友堂) 이회영(李會榮) 가문 등을 꼽곤 합니다. 선산의 해산(海山) 김정묵(金正黙) 가문도 본인뿐만 아니라 형제[金成黙, 金思黙]와 아들[金敎一, 金敎三]이 모두 항일투쟁에 뛰어들었다는 점에서, 위의 명문가들에 못지않았습니다.

그렇지만 해산 가족의 독립운동은 그동안 거론되지 않았습니다. 온 가족이 중국에서 독립운동에 헌신하는 동안 좌·우 이념을 넘나들었고, 해방 이후 남북 분단 상황에서 남과 북에서 각각 활동했기 때문입니다. 그에 따라 해산 가족의 독립운동을 입증할 자료들이 제대로 보존되지 않았고, 후손들도 적극적으로 현창에 나서지 않았습니다. 이로 인해 해산 가문의 독립운동은 세간에서 잊혀져 갔고, 학계로부터 주목을 받지 못했습니다.

이제 우리나라가 일본 제국주의로부터 해방된 지 어느덧 75년이 경과했고, 대한민국이 건국된 지도 70년 이상의 세월이 흘렀습니다. 그에 따라 과거 첨예했던 좌·우 이념대립과 남·북의 체제경쟁, 그에 따른 남·북 상호 간의 긴장 관계가 점차 해소되고 있습니다. 이런 시대적 상황에서 후손들은 그동안 잊혀온 해산 가문의 독립운동을 지역사회에 널리 알리고 학계로부터 논증받고자 노력해 왔습니다.

마침내 그러한 결실이 2019년에 찾아왔습니다. 3·1운동 및 대한민국임시정부 수립 100주년을 맞이하여, '왕산허위선생기념사업회'가 해산 가문의 독립운동을 적극적으로 알리고자 나섰기 때문입니다. 해산은 대한민국임시정부 초대 의정원(議政院) 의원(議員)이자 중국 군벌과 한국 독립운동가들을 연결하는 매개 역할을 한 분이었기 때문에, 3·1운동 및 임시정부 수립 100주년을 기념하기에 걸맞는 인물이었습니다.

그런 노력의 일환으로 2019년 2월, 선산김씨 대동종친회와 구미시의 지원 아래 구미시 소재 '왕산허위선생기념관'에서 "해산 김정묵과 그 집안의 독립운동"이라는 제하의 학술대회가 개최되었습니다. 뒤이어 2020년 10월 '경상북도 문화원연합회'의 후원을 받아 구미시 "새마을운동 테마공원"에서 "한말·일제 하 선산 사람들의 독립운동과 해산 김정묵 일가의 활동"이라는 주제의 학술대회가 개최되었습니다. 두 차례의 학술대회에는 한국 독립운동사의 권위자인 권대웅, 조규태, 박환, 장세윤, 김영범 교수가 각각 발표했고, 그러한 학술 성과를 모아 금번에 "해산 김정묵과 가문의 독립운동"이라는 책을 간행하게 되었습니다.

두 차례의 학술대회와 책의 발간에 이르기까지 많은 분의 도움이 있었습니다. 학술대회의 필요성을 제기하고 '왕산기념관'에서 1차 학술대회가 개최될 수 있도록 자리를 마련해 주신 고(故) 김교홍 "왕산기념사업회" 이사장님, 선산김씨 전체 종인의 뜻을 모아 성대한 학술대회가 될 수 있도록 물심양면으로 노력을 아끼지 않은 김광우 선산김씨 대동종친회 회장님께 감사의 인사를 드립니다. 이밖에도 두 차례 학술대회가 성공적으로 개최되기까지 많은 도움을 주신 장세용 구미시장님, 정연화 '경상북도 문화원연합회' 회장님께도 가족을 대신해서 감사의 인사를 전합니다. 본 저서의 발간

책임을 맡아 어려운 작업을 해주신 권대웅 교수와 김성우 교수께도 깊은 감사의 말씀을 드립니다.

　이 책의 발간으로 해산 김정묵과 그의 가족들의 독립운동이 한국 사회 전체에 널리 알려지기를 희망합니다. 그리하여 우뚝한 독립운동의 명문가들과 어깨를 나란히 하는 독립운동 가문이 우리 고장 선산에도 있었음을 확인하는 계기가 되기를 소망합니다. 감사합니다.

2021년 1월

장손 김광조(金光祖)

이 책의 출간에 즈음하여

이 책은 구미에서 대대로 살고 있는 선산김씨 忠順衛公派 海山 金正黙과 가문의 독립운동을 조명한 논문과 관련 자료를 함께 묶은 것이다.

2019년 2월 22일 한국민족운동사학회와 왕산 허위선생기념관 공동주최로 '3·1운동과 대한민국임시정부 100주년 및 해산 김정묵 탄신 130주년 기념 학술회의'가『海山 金正黙과 그 집안의 독립운동』을 주제로 개최되었다. 이 학술발표회에서는「해산 김정묵의 사회적 연망과 해외 망명」(권대웅),「해산 김정묵의 중국관내에서의 민족운동」(조규태),「해산 김정묵의 만주지역 활동과 집안의 민족운동」(박환) 등 세 주제의 논문이 발표되었다. 이어서 2020년 10월 30일 경상북도문화원연합회 주최로 제23회 경북역사인물학술발표회가『선산사람들의 독립운동과 海山 金正黙 일가의 활동』을 주제로 개최되었다. 이 학술회의에서는「중군 군벌과 한국독립운동가들의 교류와 연계활동」(장세윤),「民山 金敎三의 민족운동과 광복 후 정치활동」(김영범),「방산 허훈의 학문과 진보의진」(권영배),「왕산 허위 일가의 해외 망명과 독립운동」(권대웅) 등 네 주제의 논문이 발표되었다.

두 번에 걸친 학술발표회를 통해 발표된 연구 논문을 묶어『해산 김정묵과 가문의 독립운동』을 발간하게 되었다. 이 책에 실린 논문들은 필자들이 그 동안 수정·보완을 거쳐 국내의 유력한 학술지에 게재하였고, 나아가 이

책에 실으면서 체제에 맞춰 편집하였다. 그렇지만 학술발표회에서 발표된 「방산 허훈의 학문과 진보의진」과 「왕산 허위 일가의 해외 망명과 독립운동」은 이 책의 편집 취지에 부합하지 않아 제외하였다.

이 책의 머리에 실은 「해산 김정묵과 그 가족의 사진」은 해산 김정묵의 맏손자 김광조 씨가 집안에 전하는 사진들을 제공한 것이다. 이 사진은 김정묵을 비롯하여 그 형제들과 아들 딸 등 모든 가족들의 국내·외 행적을 보여주고 있다. 이 집안의 역사와 치열했던 삶을 이해할 수 있는 소중한 발자취이다. 김광조 씨가 사진을 하나하나 정리하고 설명을 붙였다.

또 김정묵과 그 형제들, 그 아들들이 남긴 자료와 관련 기록들을 이 책의 부록으로 묶었다. 이 자료들은 1910년대 초반 연해주와 북만주 밀산 등지에서 활동하던 당시 김정묵 관련 기록과 1939년부터 1940년 사이 김정묵의 아들 김교삼과 그의 부인 장수원이 조선의용대 기관지『朝鮮義勇隊通信』에 기고한 10여 편의 논설, 그리고 김정묵의 아우인 김성묵의 부인 이용술 회고록「칠십노회가」등이다. 모두 번역을 거쳐 현대어로 윤문하였다. 그중 『조선의용대통신』의 논설은 대구한의대학교 손경옥교수와 자료를 제공한 대구대학교 김영범명예교수가 공동으로 번역하였다. 학계에 처음 소개되는 귀중한 자료로 평가할 수 있다. 그리고 「해산 김정묵과 그 가족의 연보」(권대웅)는 금번 연구과정을 거치면서 밝혀진 역사적 사실들을 연도순으로 정리하여 그의 생애와 독립운동가로서의 삶을 드러내고자 하였다.

두 차례의 학술발표회를 통해 발표된 연구자들의 논문을 이 책으로 묶기까지 선산김씨 대종회의 지원이 컸다. 특히 왕산선생기념관 관장 白野 金敎洪(1934~2020. 9)선생님과 그 장남 대구한의대학교 김성우교수, 그리고 해산 김정묵의 맏손자 김광조 씨 등이 열성을 다했다. 안타깝게도 2020년 8월 김교홍선생님께서는 끝내 이 책의 출간을 보지 못하고 타계하셨다. 그리고 경상북도와 구미시, 그리고 구미문화원과 경상북도문화원연합회의 후원은 이 책의 출간에 큰 도움이 되었다.

끝으로 두 차례에 걸친 학술발표회에서 연구 논문을 발표하고, 그 논문의 수정·보완을 거쳐, 이 책에 실을 수 있도록 해준 김영범, 박환, 장세윤, 조규태 교수님께 감사의 인사를 드린다. 모두 한국독립운동사 연구를 위해 평생을 노력하신 분들이다. 본인의 무리한 요청을 거절하지 않고 흔쾌히 논문을 집필하고, 이 책의 출간을 위해 자료를 제공하는 수고로움을 마다하지 않으셨으니 감사할 따름이다. 장차 이 책이 해산 김정묵 지사의 독립운동을 세상에 드러낼 수 있는 초석이 되고, 그 이름이 인류에 膾炙되어 靑史에 길이 전해지기를 바란다.

2021년 1월
전 대경대학교 교수 권대웅

1장

海山 金正黙의
사회적 연망과 해외 망명

권대웅

海山 金正黙의 사회적 연망과 해외 망명

권대웅

1. 머리말

海山 金正黙(1888. 12. 9~1944. 4. 19)은 경북 선산 출신 독립운동가로 金國賓·金海山 등의 다른 이름을 쓰기도 했다. 지금까지 알려진 그의 독립운동에 관한 기록은 "1918년 가족과 함께 남만주 펑톈(奉天)으로 망명하여 곧 베이징·상하이·펑톈 등지에서 대한민국임시정부 임시의정원 경상도의원과 중국 국민당정부의 군벌 장쒜량(張學良) 휘하에서 軍法處長으로 활동하는 등 독립운동을 전개하다가 1944년 4월 19일 베이징에서 사망하였다"는 것이 전부이다. 정부에서는 1963년 대통령표창, 1991년 건국훈장 애국장을 추서하였지만,[1] 이것은 그가 한국독립운동사에 남긴 발자취에 비하면 턱없이 부족한 것이다. 뿐만 아니라 그의 아우 金思黙과 金成黙, 그의 아들 金敎一·金敎三·金大陸 등의 공적은 포상조차 이루어지지 않은 상태이다.

학계에서도 김정묵과 그 가족에 관한 전문적인 연구 논문이나 저술이 없다. 『독립유공자공훈록』 5권(국가보훈처, 1988)에 수록된 김정묵의 「공적정보」를 비롯하여 독립운동사 연구 논문이나 저술에서 산견되는 기록이 전부이다. 그것도 모두 30세 이후 상해 대한민국임시정부와 베이징에서 활동하던 시기에 광복회(1918), 국민대표회의 북경통일책진회(1921. 5), 북경한교구락부(1923. 11), 북경한교동지회(1924. 7), 한국유일독립당 북경촉성회

---

1) 국가보훈처, 『독립유공자공훈록』 5권, 1988.

(1926. 10), 한인애국단(1931. 9), 의열단(1932) 등에 참여한 행적들이다.[2] 그나마 그의 후손들이 기억하는 것이 전부라 해도 과언이 아니다. 그만큼 그에 관해서 관심이 부족했고, 그에 관한 기록도 없다는 말이다. 그의 생애와 활동에 대한 전문적인 연구가 필요한 상황이다.

김정묵은 그의 나이 30세가 되던 1918년 가족과 함께 남만주 펑톈으로 망명했던 것으로 알려져 있다. 그러나 실제로 그는 1911년 러시아의 연해주로 망명하여 블라디보스토크를 중심으로 활동했었다. 지금까지 1918년 이전, 즉 30세 이전의 행적에 관해서는 그 자신과 후손들이 남긴 기록이 없었기 때문이다. 이글은 필자가 발견한 몇 가지 단편적인 기록과 그와 인연을 가지고 있던 사람들이 남긴 몇 가지 기록을 통해 그의 활동을 추론하여 정리하였다. 그리고 그의 가문에 전하는『善山金氏大同譜』와「善山金氏世系」, 그리고「除籍謄本」을 이용하여 실증적인 연구가 될 수 있도록 보완하였다.[3]

이와 같이 산견하고 있는 기록을 통해 그의 출생과 성장, 본가와 처가의 연비관계, 그리고 1911년 국외 망명 이후 북만주의 미산부(蜜山府)와 베이징에서 활동했던 흔적의 편린들을 연결하여 그의 행적을 살펴보았다. 대체로 1918년 이전 그의 사회적 연결망과 국외에서 국권회복을 위해 펼친 독립운동을 조명하였다. 비록 이 글이 추론에 가깝지만, 이어지는 관련 자료의

---

2) 김희곤,『중국관내 한국독립운동단체연구』, 지식산업사, 1995, 247쪽; 김희곤,『이육사 평전』, 지영사, 2000, 95쪽; 김희곤,『대한민국임시정부 I −상해시기』, 독립기념관 한국독립운동사연구소, 2008, 180쪽; 김영범,『한국 근대민족운동과 의열단』, 창작과비평사, 1997, 295 · 297쪽; 한상도,『한국독립운동과 국제환경』, 한울아카데미, 2000, 153 · 159 · 177 · 313쪽; 한상도,『대한민국임시정부 II −장정시기』, 독립기념관 한국독립운동사연구소, 2008, 44쪽; 신주백,『1920∼30년대 중국지역 민족운동사』, 선인, 2005, 181쪽; 조범래,『의열투쟁 II −한인애국단』, 독립기념관 한국독립운동사연구소, 2009, 17 · 204∼205쪽; 이현주,『1920년대 재중항일세력의 통일운동』, 독립기념관 한국독립운동사연구소, 2009, 131 · 133쪽; 권대웅,『한계 이승희의 생애와 독립운동』, 성주문화원, 2018, 192 · 194쪽.

3)「제적등본」(김정묵),『善山金氏大同譜』卷 2,「參奉公玄孫繼宗派」, 2008. 이 글을 쓰기 위해 자료를 수집하는 과정에서 연세대학교 장신 교수께서 오랫동안 수집한 김정묵 관련 자료를 제공해 주셨으므로 감사드린다.

발굴과 연구가 속출하여 그 전모가 더욱 분명해지기를 기대한다.

2. 가계와 사회적 연망

1) 가계와 가족

김정묵은 본관이 善山이고, 자가 國賓이며, 호가 海山이다.[4] 1888년 12월 9일 아버지 金洙東(1866~1932. 7. 24)과 어머니 趙南運 사이에서 태어난 正黙·思黙·成黙 3형제 중 장남이다. 중국에서 활동할 때 金國賓과 金海山, 그리고 金奎煥이라는 다른 이름을 사용하기도 했다. 제적부에는 가네하라[金原正黙]로 창씨 개명한 이름이 등재되어 있다.[5]

김정묵이 태어난 선산김씨 가문은 조선 전기 명종·선조때 문신 文簡公 金就文(1509~1570)을 파조로 하는 文簡公派이다. 김취문의 손자 4명 중 막내 蓮塘 金㴞의 후손이 구미 형곡동 사창으로 이주하여 세거하면서 蓮塘公派, 혹은 사창파라고 하였다. 김전의 5대손 김진구가 문과에 장원급제하여 병조좌랑을 역임하면서 연당공파는 문간공파 내에서 가장 드러난 문벌이 되었고, 김진구의 세 아들 兒昊·龜昊·善昊 중 둘째 아들 귀호(개명하여 龜運)가 忠順衛公派의 해창공파 金時鍊에게 양자로 들어간 이후 양자로 이어지는 혈연관계를 맺게 된다. 즉 김진구의 증손 承遠(김진구의 아들 선호

---

4) 김정묵이 상하이와 베이징 등지에서 활동할 때, 金國賓·金海山 등의 다른 이름을 사용했지만, 1915년 펑톈에서 활동하던 韓溪 李承熙에게 보낸 편지에 김국빈을 쓰는 것으로 보아 자인 것 같고, 海山은 1911년 연해주로 망명하여 한계 이승희가 지어준 '東海의 西山'이라는 뜻의 號로 보인다. 한계 이승희가 1908년 5월 연해주로 망명하기 이전 국채보상운동에서 함께 활동하던 정원영에게 보낸 편지〈與鄭孟弘〉에서 "마음은 항상 東海의 西山 위에 있으니 다만 탄식할 따름이다"라고 하면서 연해주 망명을 암시하였는데, 海山은 바로 沿海州를 말한다.(권대웅, 『한계 이승희의 생애와 독립운동』, 성주문화원, 2018, 167쪽)

5) 「제적등본」(김정묵), 『善山金氏大同譜』 卷2, 「參奉公玄孫繼宗派」(2008) 및 『善山金氏大同譜』 卷3, 「文簡公長子·判書公第四孫諱蕩派」(2008).

의 3째 수련의 아들)이 귀운의 손자로 입양되었고, 김진구의 고손 洙東이
또 승원에게 입양되었다. 김승원과 김수동은 김정묵의 조부와 부친이다.[6]

연당공파와 해창공파는 3대에 걸친 중첩된 양자를 통해 천석군 대부호
의 가계를 이어왔다. 따라서 김정묵의 부친 金洙東은 천석군의 큰 부를 이
어 받았으며, 귀운의 큰 아들로 이어진 증손 金錫東·金世東 형제도 천석군
의 부호로써 선산지역에서 명망을 유지하였다.[7]

선산김씨 해산 김정묵 가계

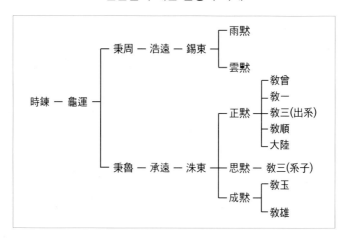

(비고) 「善山金氏世系」 및 「제적등본」(김정묵)에 의거하여 작성함.

김정묵은 1907년 전후로 碧珍李氏 勉窩 李德厚의 따님 李愚淑과 결혼하였
다. 1907년 장녀 敎曾이 태어났고, 1909년 11월 11일에는 장남 敎一이 태어났
다. 1911년 연해주로 망명한 뒤 김정묵의 가족들은 선산군 고아면 원호동 21번

---

6) 『善山金氏大同譜』 卷3, 「文簡公長子判書公第四孫諱灝派」, 55쪽; 『善山金氏大同譜』
   卷2, 「參奉公玄孫繼宗派」, 2008, 72쪽; 「善山金氏世系」.
7) 1894년 동학농민군이 선산을 비롯한 경북 서북지방을 횡행할 때, 양반출신의 대부
   호로써 金錫東·金世東 형제가 농민군을 피해 피란하였다.(권대웅, 「경상도 유교지
   식인의 동학농민군 인식과 대응」, 『한국근현대사연구』 제51집, 2009, 92쪽)

지로 이사하여 살았는데, 그 이듬해 1912년 2월 18일 차남 敎三이 태어났다.

김정묵은 한계 이승희가 1908년 5월 연해주로 망명하여 1909년 북만주 미산〔蜜山〕에서 독립운동기지 韓興洞을 개척하는데 참여하였다. 1913년 7월 이승희가 서간도의 안투현〔安東縣〕接梨樹로 옮겨간 뒤, 김정묵도 미산을 떠나 귀국한 것으로 보인다. 왜냐하면 차녀 敎順이 1917년 4월 고아면 원호동에서 태어났기 때문이다.[8]

1915년 2월 현재 베이징에서 法政學校를 다녔다. 이때 펑톈에 머물며 랴오중현〔遼中縣〕德興堡 독립운동기지를 개척하고 있던 이승희에게 보낸 편지 「李剛齋先生」에 의하면, 당시 김정묵은 베이징에서 西化石城의 法政學校에 재학하고 있었다.[9]

김정묵은 1918년 가족을 데리고 남만주 펑톈으로 옮겨갔다. 1919년 3·1운동 이후 1919년 4월 상하이에서 대한민국임시정부가 수립되면서 같은 해 4월 22일부터 열린 임시의정원 경상도의원으로 참석하였다.[10] 그 뒤 베이징으로 옮겨가 西城 永玉府 후문내 23호에 살았다.[11] 1920년 西直門 밖 萬壽山 정문 앞 八萬亭에서 柳時彦·崔用德 등과 함께 集義學校를 설립했다. 1921년 1월 신채호·박순병·김창숙 등과 『天鼓』를 발간하여 독립사상을 고취하였으며, 같은 해 5월 신채호·박봉래 등과 北京統一策進會를 발기하고 취지서를 발표하여 대한민국임시정부의 개혁을 촉구하였다. 그 뒤 1922년 國民代表會議 참석, 1923년 8~9월경 韓中互助社 참여, 1924년 7월 北京韓僑同志會, 1926년 10월 韓國唯一獨立黨北京促成會 등에 참여하여 활동하였다. 한편, 1925년 김정묵은 하얼빈으로 가서 동북군벌 장작림 휘하 곽송

8) 「제적등본」(김정묵); 『善山金氏大同譜』卷2, 「參奉公玄孫繼宗派」, 2008, 73쪽.
9) 김국빈 간찰 「李剛齋先生」, 국사편찬위원회, 『경북 성주 성산이씨 한주종택』(고문서).
10) 『조선민족운동연감』(1918~1932)−재상해일본총영사관 경찰부, 6·16·23·137쪽.
11) 「北支地方における要視察(容疑者を包含)朝鮮人の槪況(昭和14年6月末現在)」, 奧平康弘 編, 『昭和思想統制史資料』24, 고려서림, 1991, 186·188쪽.

령군 사령부의 법무장교를 역임하였고,[12] 1926년 이후에는 길림성 의란현 주둔 동북군 제19여단사령부의 군법처장을 역임하였다.[13] 1929년 중동철도 사건으로 벌어진 奉蘇戰爭에 참가하여 육군대좌로 奉天에 있는 東北軍 張學良 휘하 孫德全 軍營의 軍法處長으로 재직하였다.[14] 특히 주목되는 것은 1932년 10월부터 1935년 9월까지 김원봉의 義烈團이 주도한 朝鮮革命軍事政治幹部學校 설립과 운영에 관여하여 독립운동을 지원하였다.

김정묵은 아래로 思黙과 成黙 두 아우를 두고 있었다. 金思黙(1893. 1. 4~1926. 8. 16)은 1893년 태어나 선산의 安康盧氏 盧桂壽(1889~1956. 1. 15)와 결혼하였다. 1914년 2월 6일 장남 슈흘을 낳았으나 1915년 11월 18일 사망하였고, 1926년 8월 26일 김사묵이 후사 없이 사망하였으므로 김정묵의 차남 교삼이 양자로 입적하였다.[15] 김사묵은 1921년 국내에서 '朝鮮獨立後援義勇團의 군자금 모집 사건'에 연루되어 대구에서 체포되었다가 1922년 1월 6일 증거 불충분으로 불기소되어 방면되었다.[16]

金成黙(1902. 4. 7~1936. 1. 29)은 「제적등본」(김정묵)에는 金愿黙이다. 1902년 4월 7일 선산군 구미면 원평동 391번지에서 태어났다. 1919년 10월 17일 延安李氏 李龍述(1901. 10. 15~1941. 2. 23)과 결혼한 뒤, 곧이어 남만주 펑톈으로 옮겨가 형 정묵과 함께 독립운동에 참여하였다. 1924년 12월 21일 펑톈시 大和區 柳町 10번지에서 장녀 敎玉을 낳았고, 1928년경(1933년 2월 22일) 하얼빈으로 옮겨가 1932년 2월 21일 장남 敎雄을 낳았다.[17]

김정묵은 아들 김교일·김교삼·김대륙 등 3형제를 두었다. 장남인 金敎一

---

12) 奧平康弘 編, 『昭和思想統制史資料』 24, 186쪽.

13) 황귀호, 「독립유공자공적조서」(1997).

14) 「義烈團經營の南京軍官學校の全貌」, 『思想彙報』 제4호, 110쪽.

15) 「善山金氏世系」, 『善山金氏大同譜』卷 2, 「參奉公玄孫繼宗派」, 2008, 74쪽.

16) 「형사사건부」(대구지검, 1922. 1. 6); 경상북도 경찰부, 『고등경찰요사』, 1934.

17) 「제적등본」(김정묵); 『善山金氏大同譜』卷 2, 「參奉公玄孫繼宗派」, 2008, 74쪽.

1909.11.11~1960. 1. 10)은 1918년 부친을 따라 펑톈에 옮겨가 살았다. 1935
년 8월 5일 高靈의 密陽朴氏 朴允周와 결혼하여 대구 新町(현 중구 대신동)
에 살면서 슬하에 允子·珠子·光祖·英子·甲祚·福順 등 1남 4녀를 두었다.[18)
1938년 4월 부친 김정묵이 일경에 체포되어 羅南의 함경북도경찰부로 이송되
자, 이 사실을 장백현 경무국장인 黃貴浩에게 연락하여 석방되도록 하였다.[19)

차남 金敎三(1913.2.18~?)은 1918년 부친을 따라 펑톈으로 옮겨가 살다
가 베이징에서 중국인 경영의 사립중학교를 졸업하였고,[20) 북경의 화북대학
(華北大學)을 졸업했다. 1932년 10월 김교삼은 조선혁명군정치군사간부학
교 제1기로 입학하여 1933년 4월 23일 졸업하였다. 그 뒤 조선혁명간부학
교 교무요원이 되었고, 곧이어 교관진에 합류하였다. 1934년 藍衣社 간부양
성소 제2기로 훈련, 1936년 3월 남의사 고등훈련소 교육과정을 이수하였다.
1935년 김원봉이 이끌던 朝鮮民族革命黨의 중앙위원이 되었고, 1937년 3월
藍衣社 간부훈련소 교육과정 수료 후 남경에서 김원봉의 비서가 되었으며,
1938년 5월 조선민족혁명당 제5차 전당대회 중앙집행위원 16인에 선출되
어 조선의용대 기관지『朝鮮義勇隊通訊』에 논설을 기고하는 등의 활동을 벌
였다. 1941년 10월 조선의용대 화북지대에서 화북조선청년연합회 간사로 활
동하였고, 1942년 김두봉이 조직한 朝鮮獨立同盟의 중앙위원 등으로 항일
투쟁을 전개하였다. 다른 이름으로 金民山을 사용하였다.[21) 1945년 해방 후
평양으로 귀국하여 1946년 2월 창당된 朝鮮新民黨 중앙상무위원, 1948년 8
월 제1기 最高人民會議 대의원, 1948년 9월 最高人民會議法制委員會 위원,

---

18) 「제적등본」(김정묵);『善山金氏大同譜』卷2,「參奉公玄孫繼宗派」, 2008, 74쪽.
19) 황귀호, 「독립유공자공적조서」(1997).
20) 奧平康弘 編,『昭和思想統制史資料』24, 188쪽.
21) 김영범, 「海山 金正黙의 아들 民山 金敎三 부부와 그 형의 독립운동」, 제23회 경북
역사인물학술발표회『한말·일제하 선산사람들의 독립운동과 海山 金正黙 일가의
활동』, 2020. 10.

1953년 8월 朝鮮勞動黨中央委員會 사회부장, 1953년 8월 祖國統一民主主義
戰線中央委員會 사회부장, 1955년 3월 建設副相, 1956년 4월 朝鮮勞動黨中
央檢査委員會 위원, 1956년 8월 國家檢閱副相 등을 역임하였다. 1957년 崔
昌益 등 延安派 反黨陰謀에 연루된 혐의로 숙청되었다.[22]

삼남 金大陸(혹 金太陸, 1920~1940)은 1920년 베이징에서 庶子로 출생
하였고, 盛新中學校에 입학하여 鏡湖中學校를 졸업하였다.[23]

2) 혼맥과 학맥

김정묵의 선대 선산김씨 해창공파의 김시련은 연당공파의 김진구의 아
들 金龜運을 양자로 들였다. 그리고 김귀운은 秉周와 秉魯 형제로 가계를
이었다. 그러나 병로는 후사가 없었으므로 다시 손자 秀蓮의 아들 承遠을
양자로 들였다. 또 승원에게 후사가 없었으므로 본가의 동생 敎遠의 아들
洙東을 양자로 들였는데, 수동은 김정묵의 부친이다. 한편 병주의 아들 造
遠도 후사가 없어 연당공파에서 錫東을 양자로 들였다. 해창공파의 김시련
을 잇는 양 집안은 중첩되는 양자를 통해 가계를 이었고, 천석군의 큰 부를
유지하였다.[24]

뿐만 아니라 해창공파의 김시련을 잇는 양 집안은 주변의 칠곡·상주·
지례·성주 등지의 명문사족들과 혼인을 맺음으로써 가문의 위상을 높였다.
병주를 잇는 집안의 석동은 인동의 旅軒 張顯光의 후예인 옥산장씨 張海相
의 따님과 결혼하였고, 병로를 잇는 집안의 수동은 상주의 黔澗 趙靖의 후
예인 풍양조씨 趙命九의 따님 趙南運과 결혼하여 가문의 위상과 부를 유지

---

22) 日本外務省アジア局, 『北朝鮮人名錄』, 1967, 130쪽.
23) 奥平康弘, 『昭和思想統制史資料』 24, 1991.
24) 『善山金氏大同譜』 卷2, 「參奉公玄孫繼宗派」, 2008, 65·73쪽.

하였다.[25]

　김정묵은 성주의 벽진이씨 勉窩 李德厚(1855~1927)의 따님 李愚淑 (1886. 11. 11~1961. 12. 15)과 결혼하였다.[26] 면와 이덕후는 寒洲 李震相 과 四未軒 張福樞의 문하에서 수학였으며, 韓溪 李承熙(1847~1916)·晦堂 張錫英(1851~1925)·弘窩 李斗勳(1856~1918) 등과 동문수학한 寒洲學派의 한사람이었다. 1907년 3월 星州郡國債報償義務會에 참여하여 회장 이승희 를 도와 부회장으로 활동하였고,[27] 1908년 11월에는 大韓協會 星州支會의 부회장을 역임하는 등 계몽운동에 앞장섰다.[28]

해산 김정묵의 혼맥

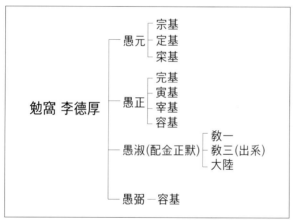

『碧珍李氏監務公派世譜』

　이덕후의 장녀인 이우숙은 위로는 오빠인 李愚元과 李愚正, 아래로는 동생인 李愚弼이 있었다. 장남 이우원(1876~1929)은 1908년 12월 창립된

---

25) 『善山金氏大同譜』卷2, 「參奉公玄孫繼宗派」, 2008, 65 · 73쪽.

26) 「제적등본」(김정묵); 『善山金氏大同譜』 卷2, 「參奉公玄孫繼宗派」, 2008, 73쪽; 『碧 珍李氏大同譜』 卷3, 「감무공계 완석정파」, 217~221쪽.

27) 권대웅, 「한말 한주학파의 계몽운동」, 『대동문화연구』 제38집, 성균관대학교, 2001.

28) 『大韓協會會報』 제9호, 1908년 12월.

대한협회의 간사원을 맡고 있었으며,[29] 차남 이우정(1880~1974)은 1892년 향시에 합격하고 원산과 수원의 郵遞局 主事를 역임하였다. 1909년 法官養成所를 수료하고, 1910년 10월 1일 조선총독부 判事에 임명되어 安東區裁判所에서 판사로 근무하기 시작하여 1923년 1월 17일 공주지방법원 충주지청에서 퇴임하였다.[30] 그리고 삼남 이우필(1890~1917?)은 1908년경 서울에서 신교육을 받고 있었다. 이우정과 이우필은 1908년 3월 결성된 嶠南敎育會의 회원으로 활동하고 있었다.[31] 그렇기 때문에 이덕후는 일찍부터 계몽사상을 쉽게 접할 수 있었을 것이고, 사위 김정묵의 경우에도 선각적인 유생으로써 신교육을 받았을 것으로 보인다.

이덕후는 1908년 5월 이승희가 블라디보스토크로 망명할 당시 이승희를 수행하였으며, 1911년에도 삼남 우필과 사위 김정묵 등을 대동하고 이승희를 찾아 미산(蜜山)에 들어갔다가 돌아오기도 하였다. 장남 우원은 이승희의 문하에서 수학하였으며, 차남 우정은 이두훈의 문하에서 수학하였다. 그리고 사위 김정묵도 이승희의 문하에서 수학하였다. 삼남 우필과 사위 김정묵은 이승희의 미산부 한흥동 개척에 참여하는 것도 혈연적으로나 학문적인 인연이 있었기 때문이다.

홍와 이두훈은 장녀인 딸과 그 아래로 俒·香覃·喆 등 3형제를 두었다. 이덕후의 장남 이우원이 그의 사위이다. 장남 완(1887~1948)은 자가 性純이고, 호는 壽山이다. 일찍이 회당 장석영의 따님 인동장씨와 결혼하였다.[32] 중국에서 孔明凱라는 이름으로도 활동하였다.[33]

---

29) 『大韓協會會報』 제9호, 1908.12.
30) 『동아일보』, 1923. 1. 8, 「李愚正(總督府判事) 退職被命」
31) 『嶠南敎育會雜誌』 제1호, 1908.4, 「會員名簿」.
32) 『星山李氏世譜』 卷1, 「仁州公派」, 409쪽.
33) 李俒(1887~1948)은 자는 性純이고, 호는 壽山이다. 홍와 이두훈의 장남이다. 일찍이 문장과 재주로 명성을 얻었던 인물이다. 당시 "북쪽의 申采浩와 남쪽의 李俒"

이와 같이 김정묵은 이덕후의 사위가 되면서 홍와 이두훈·회당 장석영·한계 이승희 등의 문하를 출입하였고, 한계 이승희의 문인으로서 한주학파의 일원이 되었다.

3. 해외 망명과 독립운동

1) 연해주 망명과 미산부 한흥동 개척

김정묵은 1911년 처남 이우필 등과 함께 연해주를 거쳐 북만주의 미산부〔蜜山府〕韓興洞으로 망명하였다. 장인 면와 이덕후가 동문인 한계 이승희를 방문할 때 함께 들어가 연해주와 북만주 일원에서 한흥동을 중심으로 활동하였다.

미산부의 한흥동은 한계 이승희가 1909년 겨울부터 독립운동기지로 개척한 한인 집단부락으로 1백여 가구의 한인들이 이주하여 정착하고 있었다. 한흥동은 미산부 白泡子에 있었다. 백포자는 한까호〔興凱湖〕의 북쪽 快常別里 當壁鎭에서 동쪽으로 7리 지점에 위치하고 있다.[34]

이승희의 한흥동 개척은 유교적 이상사회건설을 위한 구상에서 시작된 것이었고, 나아가 독립운동기지 건설을 목표로 한 것이었다. 이승희는 한흥동의 규약인 「民約」을 제정하여 한인의 단결을 도모하였고, 학교를 세워 韓民學校라고 하였다. 그리고 『東國史略』을 지어 민족의 역사를 가르쳤다.[35]

이승희의 차남 李基仁이 남긴 「蜜山追憶記」에서는 한흥동의 개척 경위와

이라고 할 만큼 사람들의 입에 회자되었다.(「李侊 簡札」, 문화재청, 『학술용역보고서』(고령 성산이씨 홍와종가 고문서, 2013) 27세가 되던 1915년 중국으로 망명하였는데, 국민당정부의 요인 南彬 李文治의 사위가 된다. 黃浦軍官學校를 졸업한 뒤 국민당 정부의 군인이 되어 1945년 淮南方總司令官이 되었다. 1948년 2월 臺灣의 金門島作戰에 참여했다가 전사하였다.(전석봉, 『고령대관』, 1959, 169쪽)

34) 李基仁, 『白溪文集』卷4, 「蜜山追憶記」.
35) 李承熙, 『韓溪遺稿』卷7, 「年譜」.

생활 실태, 개척에 참여했던 인물 등에 대해 다음과 같이 기록하고 있다.[36]

開拓里 金致補의 집을 찾아가 투숙하여 부친께서 길림성 밀산부에 머무르고 있다는 것을 알았다. 거리는 아직도 7백여 리이다. 枕山(이수인) 어른이 나를 데리고 也忍 金學萬, 溥齋 李相卨 등의 어른들을 방문하니 수고했다는 말을 많이 들었다. 처음으로 부친께서 이 어른들과 더불어 한인 勸業會를 창설하고 밀산부에서 황무지 26方을 매입하였다. 그리고 한인으로 떠돌며 집이 없는 사람들을 모아서 애국정신을 고취하기 위해 학교를 설립하여 청소년을 교육하고, 군사훈련을 하여 후일 나라를 찾는 근거지로 삼고자 하였다.

청나라 국경에 도착하여 수레를 내려 걸어서 밀산부 快常別里에 도착하여 점심을 먹고 호수를 끼고 동쪽으로 7리를 가니 우리의 신개척지 韓興洞이다. 물어서 韓基煜의 집에 도착하여 부친의 무릎 앞에 엎드려 절하니 3년만이다. 수염과 머리카락은 지난날과 다르고 거적문과 풀 자리에 의관은 남루하였다. 기쁨과 두려움이 가득해서 눈물이 흐르는 것도 깨닫지 못하였다. 문하에는 李鍾甲·李民馥·金正黙·李愚弼 등의 사람들이 있었다. 모두 식견이 높고 행동이 단정하여 본받을 만한 어른들이다.

이기인의 「밀산추억기」에서 김정묵·이우필에 관한 기록이 처음 나타나고 있다. 즉 김정묵과 이우필은 이종갑·이민복 등과 함께 이승희의 한흥동 개척에 참여하고 있었다. 김정묵은 이덕후의 사위였고, 이우필은 이덕후의 막내 아들이었다. 그리고 이종갑은 전북 무주 출신이었고, 이민복(혹 李允馥)은 어디 사람인지 알 수 없다. 모두 이승희의 문인이었다.

전북 무주 출신의 尺山 李鍾甲[37]은 艮雪 李時發(1865~1934)[38]

36) 李基仁, 『白溪文集』 卷4, 「蜜山追憶記」.
37) 尺山 李鍾甲의 본관은 興陽이고, 號는 尺山이다. 아버지는 李時發이다. 1907년 10월 27일 아버지의 명으로 俛宇 郭鍾錫, 韓溪 李承熙의 密書를 가지고 중국으로 갔다. 營口와 天津을 거쳐 北京에 들어가려다 뜻을 이루지 못하고 北間島를 거쳐 연해주로 망명하였다.(『무주디지털문화대전』(이종갑); 권대웅, 『한계 이승희의 생애와 독립운동』, 성주문화원, 2018, 192·194쪽)
38) 艮雪 李時發(1865~1934)은 본관이 興陽이고, 호는 艮雪이다. 전라북도 무주군 무

의 아들이다. 이시발은 경기도 부평 출신의 선각적인 유생 白樵 柳完茂 (1861~1909)[39]가 1896년 3월 황해도 안악군 鴟河浦에서 명성황후 시해사건에 대한 보복으로 일본상인을 죽인 白凡 金九를 전북 무주와 경북 김천으로 피신시킬 때, 지례의 成泰英과 함께 그의 집에 은신시킨 인물이다.

1905년 이후 유완무·이시발·성태영 등은 만주에서 학교를 설립하는 등 독립운동 근거지를 개척하였다. 그후 1908년 1월경 블라디보스토크로 옮겨 海潮新聞社와 啓東學校를 설립하는 등 언론·교육 사업을 통한 구국운동을 전개하였다. 1909년 2월 유완무가 이범윤에게 피살되면서 이시발은 귀국하였고, 이종갑은 이승희를 도와 미산부의 한흥동 개척에 참여하였다.

유완무는 1908년 5월 이승희의 연해주 망명을 주선한 선각적인 유생이었다. 당시 유완무는 국외 독립운동기지를 건설하기 위해 러시아의 연해주를 왕래하면서 국내 민족지사들의 망명을 주선하고 있었다. 이승희는 1908년 5월 동문 이덕후와 문인 鄭寅夏·李洙仁 등과 함께 유완무가 주선한 길을 따라 연해주로 망명하였다.

김정묵은 처남인 이우필과 함께 1911년 장인 이덕후를 수행하여 미산부의 한흥동으로 들어갔다. 이때 김정묵은 24살이었고, 이우필은 21살이었

풍면 지성리에서 태어났다. 1896년 2월 白凡 金九가 무주에 들렀을 때 柳完茂와 함께 위험을 감수하고 김구를 보호하였다. 1905년 유완무와 함께 만주로 들어가 학교를 세우는 등 구국운동을 전개하다가, 1908년 연해주로 옮겨갔다. 1909년 2월 유완무가 이범윤에게 피살되면서 귀국하였다.(『무주디지털문화대전』(이시발)

39) 白樵 柳完茂(1861~1909)의 본관은 全州이고, 본명은 柳寅茂이다. 1861년 경기도 부평부 시천군(현 인천시 서구 시천동)에서 태어났다. 일찍이 서울에 올라가 공부하며 우국지사들과 교류하였던 선각적인 유생이었다. 1896년 3월 8일 명성황후 시해사건에 대한 보복으로 황해도 安岳郡 鴟河浦에서 일본상인 쓰치다 조스케[土田 讓亮]를 살해한 백범 김구를 무주의 李時發과 김천 지례의 成泰英의 집에 은신시키는 등 구국운동의 동지가 되었다. 그 후 만주로 건너가 1905년 이후 이시발·성태영 등과 독립운동 근거지를 개척하기 위한 구국운동을 펼쳤다. 1908년 1월경 연해주 블라디보스토크[海蔘威]로 옮긴 뒤 海潮新聞社와 啓東學校를 설립하는 등 구국운동을 전개하던 중, 연해주 한인사회가 극단적인 분열상에 빠져들고 있던 1909년 2월 24일 이범윤에 의해 피살되었다.(권대웅, 『한계 이승희의 생애와 독립운동』, 성주문화원, 2018, 168쪽)

다. 이덕후가 귀국한 뒤 김정묵은 이우필과 함께 한흥동과 블라디보스토크 등 연해주 일원에서 노동을 하면서 이승희를 도왔고, 이종갑과 이민복도 함께 하였다.

1912년 2월 29일 회당 장석영이 동문 이승희를 만나기 위해 연해주의 上新峙에 도착하였다. 1912년 1월 19일 칠곡의 石田을 출발하여 新義州 - 安東 - 奉天 - 長春 - 哈爾濱 - 寶來浦 - 木花浦 - 紅土涯 - 江原 등지를 거쳐 상신치에 도착한 것이 2월 29일이었다. 장석영은 상신치에 도착한지 한 달 만인 4월 2일에야 마침내 이승희와 상봉하여 약 보름간 함께 생활하였다. 그리고 4월 14일 홍토애를 거쳐, 4월 18일 목화포에서 이승희와 이별하고, 다시 기차를 타고 왔던 길을 따라 4월 28일 칠곡의 석전으로 돌아왔다.

김정묵은 장석영이 상신치에 도착했다는 소식을 듣고 김학용·이종갑과 함께 3월 그를 방문하였다. 이때의 상황을 장석영은 「遼左紀行」에서 다음과 같이 기록하고 있다.

金正黙, 金學龍, 李鍾甲이 밀산으로부터 와서 보았다. 대개 이 세 사람은 李愚弼과 함께 이곳에 왔는데, 연고가 없이 멀리까지 와서 떠돈 지 이미 3년이나 되었다. 우필은 이미 지난달에 화발포[하바롭스크]로 가서 철도노동을 한다고 했다. 나는 紅土涯에 있으면서 마침 화발포로 가는 사람을 만나, 편지를 써서 어버이를 떠나 멀리 떠도는 잘못됨에 대하여 간절히 꾸짖고 그로 하여금 속히 돌아갈 것을 권하였다. 그 답서가 와서 보았는데, 실로 귀국할 뜻은 없고 스스로 떠돌며 노동하는 것을 즐기고자했다. 그 뜻을 알 수가 없는데, 이 사람은 친구의 아들이다. 절로 탄식이 난다. 지금 이 세 사람을 보고, 또 그 도리가 옳지 못하니 간곡히 빨리 돌아가라고 말했다. 겨우 모두 "예, 예"할 뿐이고, 돌아 갈 기약은 없는 것 같았다. 正黙은 장차 밀산으로 가서 중국말을 배우겠다고 한다.[40]

---

40) 장석영, 『요좌기행』, 3월, 26쪽.

김학룡은 선산 사람이고,[41] 이종갑은 무주 사람이다. 화발포[하바롭스크]에서 철도노동을 하고 있던 이우필은 김정묵의 처남이기도 하지만, 장석영에게는 가까운 친구 이덕후의 아들이기도 했다. 장석영은 이미 江原에서 하바롭스크의 이우필에게 귀국하기를 간곡히 권하는 편지를 보냈다. 그러나 이곳에서 일하며 살고자 한다는 이우필의 답신만을 받았다.

김정묵을 비롯하여 김학용과 이종갑 세 사람에게도 이덕후의 말을 끌어들여 돌아가기를 권하였다. 왜냐하면 김정묵이 이덕후의 사위였기 때문이다. 모두 "예, 예." 할 뿐, 돌아 갈 뜻은 없는 것 같았다고 하였다. 김정묵은 장차 미산으로 가서 중국어를 배우겠다고 하는 상황을 기록하고 있다. 이에 장석영은 김정묵에게 七言絶句 증정하였고, 또 김정묵이 돌아간 후 서신을 주고받으며 "즉시 귀향하여 어머니를 위로하라"고 하는 한편, 아직 만나지 못하고 있던 "이승희와의 해후를 간절히 바란다."는 편지를 보내기도 했다.[42]

화발포[하바롭스크]에서 철도노동을 하고 있던 이우필은 그해 겨울이 되도록 돌아오지 않았다. 김정묵은 행방이 묘연한 처남 이우필이 걱정되었다. 그래서 1912년 12월 29일자 『권업신문』에 김정묵이 처남 이우필과 선산 사람 김학용의 소재를 탐문하는 「광고」를 싣고 있는데, 그 내용은 다음과 같다.

> 본인의 친구 金學容 · 李愚弼 량씨가 봄에 해항으로 가셔 캄차쓰까어장으로
> 갔단 말을 들었으나 적확한 소식을 듣지 못했으며 기한이 지나되 도라오지 아
> 니하고 또 本家 편지 사오차 왔기로 이에 광고하오니 金學容 · 李愚弼 양씨 있

---

41) 김학용(金學龍)에 대해 장석영이 『요좌기행』에서 선산 사람이라는 한 것 외에는 그에 대한 기록이 없다.

42) 장석영, 『요좌기행』, 3월, 27쪽. 此吾人之所當, 猛省也賢者, 上有父母, 萬里旅食, 是甚義理, 請有以細思之, 卽日去歸, 以慰尊堂, 倚閭之望, 千萬至可如, 賤身何足道, 日間當決然南歸, 而路中或見剛公, 可遂遼野之行, 然邂逅相見, 又何可望更冀, 益自留意無負, 老生常談如何如何

는 곳을 아시는 이는 권업신문사로 기별하여 주시압.

　　중국 길림성 밀산부 과객

　　　　金正黙 고백[43]

『권업신문』, 1912. 12. 29, 「광고」

　　김정묵이 블라디보스토크의 북쪽 캄차카어장으로 노동을 하기 위해 1912년 봄에 떠난 金學容과 처남 李愚弼의 소재를 탐문하는 광고이다. 김학용은 선산 출신으로 김정묵과 함께 이승희의 한흥동 개척을 돕고 있던 사람이고, 이우필은 김정묵의 처남이다.

　　김정묵이 처남인 이우필의 소재를 확인했는지는 알 수 없으나 『碧珍李氏 監務公派世譜』[44]와 李愚正의 손자이며 白啞 李定基[45]의 아들 李茂南(본명 鍾

43) 『권업신문』, 1912. 12. 29, 「광고」

44) 『碧珍李氏監務公派世譜』에 의하면, 이우필은 1911년 노령으로 망명하여 1917년 볼세비키의 사회주의 혁명시 白衛派와 국권회복을 도모하던 중 실종된 것으로 나타나고 있다.

45) 白啞 李定基(1898~1951)는 일찍이 외조부 홍와 이두훈의 문하에서 수학하였고, 중동학교에 다니던 중 1919년 3월 김창숙 등이 주도한 독립청원서에 서명하였다가 체포되었으나 기소 중지로 방면되었다.(『형사사건부』(1919. 4. 30, 대구지검) 그 후 중국을 내왕하며 독립운동에 참여하여 1925년 1월 베이징에서 군자금 모집을 위해 출

杰)이 남긴 회고록에서는 그의 행적과 최후를 다음과 같이 기록하고 있다.

> 1890년 출생하신 나의 또 다른 종조부이신 휘 愚弼 할아버지는 기골과 용모
> 가 준수하고 학문도 상당하여 촉망을 받았는데, 1910년 약관의 나이에 그 아버
> 지이신 나의 증조부와 뜻을 같이하여 신혼 초에 4살 박이 아들과 부인을 남겨
> 두고 아버지를 모시고 북간도 密山으로 들어가 적극적인 독립운동을 하시다
> 러시아의 돌아가는 정세를 대략 파악하시면서부터 백계 러시아 인사들에게 도
> 움을 받으려고 모스크바로 진출하여 인맥을 넓혔다. 그곳에서 발판을 만들어
> 皇室의 근친과 다시 결혼까지 하였다고 한다. 그러나 1917년의 러시아혁명이
> 일어나자 그 소용돌이에 휩싸여 신변의 위협을 느끼고 몸을 피하여 간도로 피
> 신하던 길에 국경지대에서 신분이 탄로나 혁명 赤軍에게 피살되었다고 한다.[46]

1913년 7월 2일 이승희는 독립운동기지 한흥동의 경영을 대종교도 白純과 金玄에게 양도하고 서간도 안둥현 접리수로 옮겼다. 당시 독립운동 진영의 내분과 그에 따른 권업회 활동의 위축 때문이었다.[47] 김정묵은 이 때 귀국한 것으로 보인다.

2) 베이징 법정대학 수학과 남만주 펑톈 이주

미산부에서 독립운동기지 개척에 종사하고 있던 한계 이승희가 4년 만인 1913년 7월 서간도의 안동현 접리수로 옮겨 갔다. 이때 김정묵의 거취를 말해주는 직접적인 자료는 없지만, 『선산김씨대동보』와 「제적등본」(김정묵)

　판사를 설립, 민족의식 고취에 힘썼고, 金昌淑·南亨佑 등을 만나 무기제조법을 배
　웠다. 동년 9월에는 대구로 돌아와 張鎭弘·李源祿과 함께 暗殺團이라는 비밀결사
　를 조직, 독립운동자금 모집을 위해 활동하던 중 1928년 1월 6일 大邱銀行爆彈義擧
　로 체포되어 2년여의 옥고를 치루고 증거불충분으로 1929년 10월 출감하였다.(「형
　사사건부」(1929. 12. 9. 대구지검);「집행원부」(1929. 10. 31. 대구지방법원)
46) 이무남, 『잊혀버릴 수 없는 얘기』-3대 구국운동과 나-, 우일기획, 2014.
47) 권대웅, 『한계 이승희의 생애와 독립운동』, 성주문화원, 2018, 195쪽.

을 보면, 1917년 차녀 敎順이 태어나고 있는 것으로 보아 미산부 한흥동에
서 귀국한 것으로 추정할 수 있다.[48]

김정묵은 1915년 음력 1월 23일과 1915년 음력 10월 27일 두 차례에 걸
쳐 이승희에게 편지를 보냈다. 김정묵이 베이징에 있는 法政學校를 다니면
서 한계에게 보낸 편지인데, 義子 金國賓의 이름으로 보내고 있는 것으로
보아 스승의 예를 다하고 있다.

김정묵이 보내는 첫 번째 편지는 한계 이승희가 1915년 음력 1월 23일
펑텐(奉天)의 小北關에 있는 안동 출신의 金璉煥이 운영하던 여관에 머무르
고 있을 때이다.[49] 이때는 한계가 베이징에서 펑텐으로 옮겨 랴오중현(遼中
縣) 德興堡에 한국교민의 집단부락으로 독립운동기지를 개척할 280日耕을
매입하기로 한 시기였다.[50] 그리고 "재정난은 이미 해결되었다고 들었습니
다. 미래의 좋은 결과가 기대됩니다."라고 했듯이 개간과 교육을 실행하기
위해 100여 호가 정착할 수 있는 땅을 확보하고 이미 1914년 10월경 토지
매입 대금을 지급한 상태였다.[51]

1915년 음력 2월 20일(4월 4일) 이승희는 랴오중현 덕흥보로 들어갔다.
그러나 매입하였던 덕흥보의 땅은 解凍이 되면서 물바다가 되는 곳이었다.
이승희가 덕흥보에 들어갔을 때, 비로소 물바다가 된 땅을 보았다. 집단농
장을 만들어 독립운동기지를 건설하겠다던 계획은 수포로 돌아갔다.[52]

이승희는 펑텐으로 돌아가 金璉煥이 운영하는 여관에 머물렀다. 마침
일본의 21개조 요구 조약에 따른 반대운동의 일환으로 펑텐에서도 소요가

---

48) 「제적등본」(김정묵).
49) 「李剛齋先生」(義子金國賓, 1915. 1. 23), 국사편찬위원회, 『경북 성주 성산이씨 한
　　주종택 고문서』.
50) 『韓溪遺稿』 卷7, 「年報」
51) 『韓溪遺稿』 卷5, 「奇基元」
52) 권대웅, 『한계 이승희의 생애와 독립운동』, 성주문화원, 2018, 262쪽.

일어났다. 이때 이승희가 머물고 있던 여관에 강도가 들어 보관하고 있던 황무지를 매입하고 남은 돈과 여러 사람들의 영농자금을 모두 빼앗기고 말았다. 김정묵이 편지에서 우려했던 동북 三省의 혼란 상황이 펑톈에도 파급되어 소요가 일어났던 것이다.[53]

奉天 小北關 吉昌胡同 第五警察六六九号 金璉煥君 交呈
　李剛齋先生 台啓
由北京前門西化石橋法政學校上

　새해가 시작된 지 이미 오래 되었습니다. 그리워하던 즈음에 보내주신 편지를 받으니 위로되고 또한 송구스럽습니다. 아울러 선생님께서 예전처럼 건강하시다는 것을 알게 되니 참으로 멀리서 염려하는 마음에 부합됩니다. 재정난은 이미 해결되었다고 들었습니다. 미래의 좋은 결과가 기대됩니다. 저는 여러 번 책을 던져버리려고 마음먹었으나 실행하지는 못하였습니다. 만약 식구들을 데리고 강을 건너간다면 또한 어르신께 누를 끼칠 것입니다. 중국과 우리나라의 교섭은 아직 해결되지 않았습니다. 중국 정부의 온건하고 견인자중하는 수완은 참으로 흠앙하던 바와 같으나 최후의 결과는 의문스럽습니다. 지금의 東省(만주지역의 동북삼성)은 불길처럼 □□하니 안타깝고 □□한데, 우리 민족의 운명을 볼 수 있습니다. 金玄 군의 편지가 있어 여기에 함께 올립니다. 일이 긴요한 듯하여 密山으로 바로 연락드립니다. 熙好의 □은 在□ 군이 말씀드린 내용에 있습니다. 이만 줄이고 답장 올립니다. 삼가 엎드려 몸 건강하시기를 기원합니다.
　을묘년 1월 23일 義子 金國賓은 두 번 절하고 아룁니다.
　李浩然 군이 서쪽에 정해둔 위치는 비록 東省이라고 하나 어떤 이는 이곳이라고 합니다. 국내와 같은 곳입니까? 아니면 다른 한 구역이 있는 것입니까?

---

53) 위와 같은 책, 263쪽.

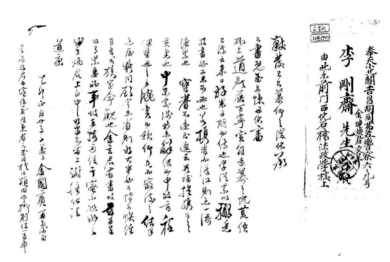

「李剛齋先生」(義子 金國寶, 1915. 1. 23)

　김정묵이 보내는 두 번째 편지는 덕흥보 개간에 실패한 한계가 1915년 음력 10월 27일 펑톈의 북문 밖 西塔의 一升棧에 머물며 孔敎會運動에 전념하고 있을 때이다.[54] 1916년 3월 30일 한계가 서거하기 다섯 달 전쯤이다.

　1913년 7월 한계가 미산의 한흥동을 떠나면서 김정묵과 헤어진 지 2년이 지난 뒤였고, 1915년 1월 23일 베이징 법정학교에서 편지를 보낸 뒤 거의 반년이 지난 다음이었다. 법정학교의 학업에 대한 상황이나 함께 법정학교에 다니고 있는 한계의 족질 李基炳의 근황에 대한 소식을 전하고 있다. 그리고 베이징에 있는 林某가 瀋陽으로 가서 한계를 방문하려한다는 등의 소식도 전하고 있다.

---

54) 「李剛齋先生」(愚侄 金國寶, 10월 27일), 국사편찬위원회, 『경북 성주 성산이씨 한주 종택 고문서』.

李剛齋 선생님께 다른 사람을 경유하여 아룁니다.

어르신을 한번 작별하고 나서 이미 2년이 지났습니다. 편지로 인사드린 것도 거의 반년이 지났으니 죄송스러운 마음 더욱 견디기 어렵습니다. 엎드려 생각하옵건대 요즈음 나라 나라밖에 머물러 지내시는데, 건강하게 지내시고 가족들도 모두 평안하신지요? 엎드려 사모하는 마음에 간절하게 소식을 듣고 싶습니다. 저의 못난 모습은 염려해주신 덕분에 변함없는데 뜻이 굳세지 못하여 학업이 황폐하니 고민스럽고 안타까울 뿐입니다. 基炳 군은 이미 학업을 그만두고 다가오는 일에 힘쓰느라 한 학기에 수십 일을 결석하였으니 아마도 다시 돌아오기 어려울 듯합니다. 이곳 형편은 조금 엄하게 방비하는 듯한데 그 외에는 말씀드릴 만한 것이 없습니다. 이곳에 林兄은 우리 중에서 신망이 두터운 사람입니다. 지금 瀋陽으로 가려고 하면서 저에게 대신 말씀드리라고 하는데, 어르신과의 言行을 편하게 하고자 해서입니다. 나머지는 훗날 다시 말씀드리겠습니다. 삼가 엎드려 평안히 지내시기를 바랍니다.

　10월 27일 愚侄 金國賓 再拜

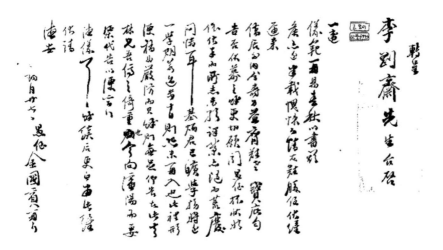

「李剛齋先生」(愚侄金國賓, 10월 27일)

김정묵이 베이징으로 가서 법정학교를 입학한 경위나 그 시기는 정확히 알 수가 없다. 김정묵이 1915년 1월 23일 베이징의 법정학교에 수학하며 한계에게 편지를 보내고 있는 것으로 볼 때, 1915년 이전 베이징으로 가 법정학교에 입학하였을 것으로 짐작된다. 이것은 홍와 이두훈의 아들 李俒이 베이징으로 가는 시기와 같은 1915년이다.[55] 그런데 김정묵과 이완이 베이징으로 가는 것은 우연이 아닌 것 같다.

　　1914년 5월 중국인 학자 리원즈(李文治)가 한국을 방문하였다. 리원즈는 중국의 신해혁명에 참여하여 1913년 혁명정부의 참의원 의원으로 교육부문에서 활동하였고, 국민당 정부의 孔敎會 활동에 앞장서고 있었다. 1914년 1월부터 6월까지 베이징에 머물며 孔敎運動을 벌이고 있던 한계 이승희와 깊은 인연을 맺었다. 리원즈는 한국과 한국 유학에 관심을 가지고 1914년 5월 한계의 향리인 성주를 방문하였다. 이때 리원즈는 곽종석·장석영·이두훈·이덕후 등의 한주학파 유생들과 교류하였다.[56]

　　1914년 5월 8일 리원즈는 장석영을 방문하여 이승희의 소식을 전했다. 리원즈와 장석영은 5월 8일부터 5월 21일까지 함께 기거하며 성리학과 서양의 신학문에 대하여 토론하였고, 중국의 신해혁명과 공화제 및 입헌군주제, 그리고 한국의 독립에 대해서 필담을 나눴다. 그리고 이승희의 향리인 성주의 大浦里 한개마을에 이틀을 머물렀고, 寒洲 李震相의『理學綜要』10책,『四禮輯要』10책을 가지고 돌아갔다.[57]

　　리원즈가 돌아간 뒤 이두훈의 아들 이완이 베이징으로 들어가 그의 사위가 되었다. 이때 김정묵도 베이징으로 들어가 혁명정부가 설립한 法政學校에 입학하였다. 1912년 미산으로 가서 중국어를 배우겠다고 했던 김정묵

---

55) 전석봉,『고령대관』, 1959, 169쪽.
56) 권대웅,『한계 이승희의 생애와 독립운동』, 성주문화원, 2018, 236쪽.
57) 張錫英,『先文別集』智,「甲寅李南彬相見錄」

은 실제로 중국어를 공부했는지 알 수 없지만, 1913년 7월 귀국했다가 1914
년 베이징으로 가서 법정학교에 입학했다면, 그해 5월 성주 일원을 돌아보
고 간 리원즈를 장석영이 소개하였을 가능성이 있다. 따라서 김정묵의 법정
학교 입학은 장석영이나 리원즈의 주선에 의한 것으로 볼 수 있다.

법정학교를 마친 김정묵은 중국 東北軍閥인 장쭤린[張作霖]의 軍法處長
직책을 맡으면서 펑톈으로 옮겼다. 1918년 김정묵은 그 가족을 펑톈으로 이
주시켰고,[58] 향리의 친구였던 張鎭弘·李國弼 등과 앞으로 전개해야할 독립
운동의 방안을 논의하기도 했다.[59]

그러나 장작림이 일본에 동조하여 在滿韓人을 탄압하는데 반발하여 궈
숭[郭松]과 함께 遼東軍을 조직하고 장쭤린[張作霖]의 군대와 교전하였
다.[60] 그 후 다시 베이징으로 옮겼고, 1919년 4월 상하이에서 대한민국임시
정부가 수립되자 임시의정원 경상도의원으로 활동하는 등 평생을 독립운동
에 헌신하였다.[61]

4. 맺음말

해산 김정묵은 1919년 이후 중국 상하이와 베이징, 그리고 펑톈 일원에
서 활동하던 시기에 대한민국임시정부 의정원, 국민대표회의 북경통일책진
회, 북경한교구락부, 북경한교동지회, 한국유일독립당 북경촉성회, 한인애
국단, 의열단 등을 지원하거나 참여하였던 독립운동가였다.

지금까지 김정묵의 독립운동에 대해 전문적으로 연구한 논문이나 저술

---

58) 이때 펑톈으로 옮긴 김정묵은 부인 이우숙과 아들을 이사시켰다. 그의 부인은 펑톈
    과 국내를 오가며 생활했다고 한다.(손자 김광조)
59) (張鎭弘)「判決文」(대구복심법원, 1930. 4. 24)
60) 국가보훈처, 『독립유공자공훈록』 5권, 「장진홍」, 1988.
61) 『韓國民族運動史料』三, 國會圖書館, 499쪽.

은 없었다. 뿐만 아니라 경북 선산 출신의 선산 김씨라는 사실 외에 1918년 이전 그의 성장 과정이나 행적에 대해서도 학계에 알려진 것이 없었다. 그는 1963년 대통령표창, 1991년에 건국훈장 애국장에 추서되었지만, 그의 형제들과 아들들의 독립운동에 대한 포상은 말할 것도 없고, 그들의 행적조차 학술적으로 조사되어 정리된 바가 없었다.

김정묵은 1888년 경북 선산에서 대부호 김수동의 장남으로 태어났다. 그는 아우 김사묵과 김성묵을 두고 있었으며, 아들 김교일과 김교삼, 그리고 김대륙을 두고 있었다. 모두 일제강점기의 독립운동가였다. 불행히도 김교삼이 해방 이후 김민산이라는 이름으로 북한 정권에 참여함으로써 모든 것이 침묵 속에 가려지고 말았다.

김정묵은 경북 성주의 벽진이씨 면와 이덕후의 따님 이우숙과 결혼하였다. 이덕후는 한주 이진상의 문하에서 수학했던 유생이었고, 그 아들 이우원·우정·우필은 신교육을 받은 선각적인 유생으로 각기 한주학파의 한계 이승희와 회당 장석영, 그리고 홍와 이두훈의 문하에서 수학하였다. 뿐만 아니라 이들은 한주학파의 동문이라는 관계를 넘어 중첩되는 연비관계로 연결되어 있었다. 따라서 이덕후의 사위였고, 이우필의 매부였던 김정묵도 한주학파의 한사람으로 이승희의 문하에서 수학하였다.

김정묵은 1911년 북만주의 미산부 한흥동으로 망명하였다. 1908년 5월 연해주로 망명하여 1909년 북만주 미산부의 한흥동을 개척하여 독립운동기지 건설에 전력하고 있던 한계 이승희를 도와 구국운동에 참여하였다. 이때 처남인 이우필 등이 함께 활동하였다.

1913년 7월 이승희가 한흥동을 떠나 서간도로 떠난 뒤, 김정묵은 일시 귀국하였다가 1915년경 베이징에 있는 법정학교에 입학하였다. 신해혁명 이후 중국 혁명정부의 요인이었던 남빈 리원즈[李文治]의 후원을 받았던 것으로 보인다. 김정묵은 베이징 법정학교를 졸업한 뒤, 펑톈의 동북군벌 장 쭤린(張作霖) 휘하에서 군법처장으로 활동하였다.

1918년 부인과 두 아들 등 가족을 펑톈으로 이사시켜 함께 살았다. 부인 이우숙은 남만주 펑톈과 국내의 선산을 오가며 가사를 돌보았다. 김정묵은 중국 동북군벌 장쭤린(張作霖) 휘하에서 군법처장을 맡았으며, 1919년 이후에는 대한민국임시정부가 수립되자 상하이를 거쳐 베이징 등지에서 한국 독립운동을 지원하는 등의 활동을 전개하였다. 그의 주변에는 처남 이우원의 처남이었던 홍와 이두훈의 아들 이완이 있었고, 백범 김구, 심산 김창숙, 단재 신채호, 그리고 의열단에서 활동하며 독립운동을 주도하던 많은 동지들이 있었다. 그리고 그의 아들 김교일·교삼도 항일전선에 참여하여 활동하였다.

이와 같이 김정묵은 나라가 망한 뒤, 1911년부터 북만주 미산부 한흥동으로 망명한 이후 1918년 남만주 펑톈으로 그 가족을 옮겼고, 1944년 죽는 날까지 직·간접적으로 한국 독립운동에 참여하거나 지원하였다. 뿐만 아니라 그의 형제들과 아들들까지 독립운동에 참여하도록 하였다.

【참고문헌】

『동아일보』, 『권업신문』, 『대한협회회보』, 『교남교육회잡지』

「제적등본」(김정묵)

『善山金氏大同譜』卷2, 「參奉公玄孫繼宗派」(2008)

『善山金氏大同譜』卷3, 「文簡公長子判書公第四孫諱灪派」(2008)

『碧珍李氏大同譜』卷 3, 「감무공계 완석정파」

『星山李氏世譜』卷1, 「仁州公派」

李承熙, 『韓溪遺稿』卷7, 「年譜」

李基仁, 『白溪文集』卷4, 「蜜山追憶記」

張錫英, 『遼左紀行』

張錫英, 『先文別集』智, 「甲寅李南彬相見錄」

국사편찬위원회, 『경북 성주 성산이씨 한주종택』(고문서)

재상해일본총영사관 경찰부, 『조선민족운동연감』, 1918~1932.

조선총독부경무국, 『國外容疑朝鮮人名簿』, 1934.

경상북도경찰부, 『고등경찰요사』, 1934.

奧平康弘, 『소화사상통제자료』, 고려서림, 1991.

강만길·성대경역음, 『한국사회주의운동 인명사전』, 창작과비평사, 1996.

日本外務省アジア局, 『北朝鮮人名錄』, 1967.

이무남, 『잊혀버릴 수 없는 얘기』, 우일기획, 2014.

전석봉, 『고령대관』, 1959.

경상북도, 『경북독립운동사』IV, 안동독립운동기념관, 2013.

김희곤, 『중국관내 한국독립운동단체연구』, 지식산업사, 1995.

김희곤, 『이육사 평전』, 지영사, 2000.

김희곤, 『대한민국임시정부 I −상해시기』, 독립기념관 한국독립운동사연구소, 2008.

김영범, 『한국 근대민족운동과 의열단』, 창작과비평사, 1997.

한상도, 『한국독립운동과 국제환경』, 한울아카데미, 2000.

한상도, 『대한민국임시정부 II −장정시기』, 독립기념관 한국독립운동사연구소, 2008.

신주백, 『1920~30년대 중국지역 민족운동사』, 선인, 2005.

조범래, 『의열투쟁 II −한인애국단』, 독립 기념관 한국독립운동사연구소, 2009.

이현주, 『1920년대 재중항일세력의 통일운동』, 독립기념관 한국독립운동사연구소, 2009.

권대웅, 『한계 이승희의 생애와 독립운동』, 성주문화원, 2018.

권대웅, 「경상도 유교지식인의 동학농민군 인식과 대응」, 『한국근현대사연구』 제51집, 2009.

권대웅, 「한말 한주학파의 계몽운동」, 성균관대학교 『대동문화연구』 제38집, 2001.

2장

海山 金正黙의 중국 關內에서의 민족운동

조규태

海山 金正黙의 중국 關內에서의 민족운동

조규태

1. 머리말

경북 선산 출신인 金正黙(1888~1944)은 대한민국임시정부와 의열단, 한인애국단 등과 관련을 맺고 활동한 독립운동가이다. 1919년 4월 대한민국임시의정원 경상도 의원에 선임되어 임시정부의 장정을 마련하고, 국채 발행 등 재원을 마련하기 위한 정책을 결정하였다. 그는 1919년 9월 상해대한민국임시정부, 국내 한성정부, 노령 대한국민의회를 통합하여 거족적 임시정부를 수립하는데 기여하였다. 그리고 1920년 이승만이 이끄는 대한민국임시정부가 '위임통치'와 같은 외교적인 정책을 수행하자 군사통일촉성회를 결성하고 군사투쟁을 찬성하는 세력을 모아 대한민국임시정부를 변혁시키려고 하였다. 1920년대 중반에는 '자치운동'과 같은 타협적인 민족운동이 전개되려고 하자, 의열단과 관계를 맺고 '제2차 유림단의거'를 지원하고, 대독립당조직북경촉성회를 결성함으로써 독립운동이 타협적 노선이 아니라 비타협적 노선으로 전개되도록 하는데 기여하였다. 1931년 만주사변이 발발하자 김정묵은 한중항일조직에 참여하여 항일의식을 고취하고, 중국 국민당 정부의 지원을 받아 한인군관학교를 설립·운영하여 사관을 양성하는데 기여하였다.

이러한 독립운동의 공적을 인정받아, 김정묵은 본격적으로 독립유공자의 포상이 이루어지던 초창기인 1963년에 정부로부터 대통령표창을 추서

받았다. 그리고 1991년에는 건국훈장 애국장으로 훈격이 상향되었다.[1] 상훈체계 변경으로 대통령표창이 건국훈장 애족장으로 되는 것이 일반적이었지만, 그의 독립운동 공적이 특별히 인정되어 훈격이 상향되었던 것이다.

그러나 김정묵의 독립운동의 실상은 제대로 밝혀져 있지 않다.『독립유공자공훈록』의 김정묵 항목에는 임시의정원 의원으로서의 활동, 대독립당조직북경촉성회 활동, 윤봉길의거 지원 활동 정도가 소개되어 있다. 통일책진회와 의열단 관련 활동은 언급되었지만 사실과 다르게 기술되어 있고, 광복회 활동과 한인군관학교 설립 지원 활동은 거론되지도 않았다.[2]

김정묵에 대한 학술적인 검토도 거의 이루어지지 않았다. 단지 한계 이승희, 혹은 의열단, 대독립당조직북경촉성회, 상해와 북경 지역의 독립운동, 의열단 활동 등에서 아주 부분적으로 언급된 정도이다.[3]

필자가 김정묵의 중국 관내에서의 민족운동을 밝혀보려는 이유가 바로여기에 있다. 필자는 이 글에서 먼저, 김정묵의 대한민국임시정부의 수립과 변혁 활동을 살펴보겠다. 다음으로 1920년대 중반의 투쟁적 독립운동노선의 견지 활동을 고찰해보겠다. 마지막으로는 1920년대 말과 1930년대 초만주 거주 한인의 원호와 만주사변 후 한중항일단체 참여와 한인군관학교설립·운영의 후원 활동을 검토해보도록 하겠다.

---

1) 국가보훈처,『독립유공자공훈록』5, 1988, 527~528쪽. 국가보훈처,「공훈전자사료관」.
2) 국가보훈처,『독립유공자공훈록』5, 1988, 527~528쪽.
3) 김영범,『한국근대민족운동과 의열단』, 창작과비평사, 1997; 김희곤,『안동의 독립운동사』, 안동시, 1999; 김희곤,『안동사람들의 항일투쟁』, 지식산업사, 2007; 이현주,『한국독립운동의 역사』47, 독립기념관한국독립운동사연구소, 2009; 김희곤,『한국독립운동의 역사』23, 독립기념관한국독립운동사연구소, 2009; 손염홍,『근대 북경의 한인사회와 민족운동』, 역사공간, 2010; 안동대학교 안동문화연구소,『경북독립운동사』IV 국외지역 항일투쟁, 안동대학교, 2013; 권대웅,『한계 이승희의 생애와 독립운동』, 성주문화원, 2018; 조규태,「1920년대 중반 재북경 창조파의 민족유일당운동」,『한국민족운동사연구』, 2003; 이밖에도 김정묵의 이름이 거론된 저작물은 많다.

2. 대한민국임시정부의 수립과 변혁 활동

　김정묵이 국외로 망명한 것은 1911년이었다. 장인인 李德厚가 동문인 韓溪 李承熙가 密山에 건설한 독립운동기지 韓興洞을 찾을 때 처남 李愚弼과 함께 동행한 것이다. 그는 이곳에서 독립운동기지 건설에 매진하다가 1913년 7월 한계 이승희가 安東縣 接梨樹로 옮겨갈 무렵 귀국하였던 것 같다.[4]

　김정묵은 1914년 중국 북경으로 유학의 길을 떠났다. 그가 북경을 유학지로 정한 것은 韓溪 李承熙의 행보와 무관하지 않았다. 마침 북경에는 韓溪 李承熙가 1914년 1월에 芮大僡와 둘째 아들 基元을 데리고 북경에 들어와 西河沿 東昇棧에 머무르면서 중국의 公敎會와 관계를 맺고 公敎會運動을 벌이고 있었다.[5] 따라서 북경은 그가 도움을 받기에 유리한 지역이었다.

　김정묵은 1914년 北京法政專門學校 法律科에 입학하였다. 1915년 1월과 10월 北京 前門 서북 石橋의 '법정대학'에서 이승희에게 편지를 보낸 점[6]에서 그러한 추정을 하게 된다. 이 학교는 예과 1년, 본과 3년의 총 4년 과정으로 운영되었고, 수업 내용은 정치과, 경제과, 법률과가 서로 달랐지만 대체로 행정법, 정치학, 國法學, 정치사 등을 가르쳤다.[7] 양반 유생 출신이었던 그는 국망 후 전통적 학문에 집착하지 않고 적극적으로 근대적인 학문을 수용하려 하였기에 북경법정전문학교 법률과에 입학하였던 것으로 보인다.

---

4) 권대웅, 「해산 김정묵의 사회적 연망과 해외 망명」, 『해산 김정묵과 그 집안의 독립운동』, 구미시, 2019.
5) 금장태, 「한계 이승희의 생애와 사상」, 『대동문화연구』 19, 1985, 18~19쪽.
6) 권대웅, 「한계 이승희의 생애와 독립운동」, 『성주문화원』, 2018, 263쪽; 권대웅, 「해산 김정묵의 사회적 연망과 해외 망명」, 『해산 김정묵과 그 집안의 독립운동』, 구미시, 2019.
7) 鄭小林, 「近代法政專門學校及其政治學課程的設置與發展」, 『煤炭高等敎育』 29-2, 2011.3, 97~99쪽; 북경법정대학 역사연혁(http://fkzhu900.bokee. com/55597133.html). 북경법정전문학교는 1912년 京師法政學堂, 京師法律學堂, 京師財政學堂이 합하여 만들어졌다. 1923년 북경법정대학으로 발전하였다. 이는 京師大學校, 國立北平大學으로 발전하였다.

4년 동안의 수학을 마치고 제1차 세계대전이 종전으로 치닫던 1918년 이 학교를 졸업한 김정묵은 북경에서 한인의 예비교양에 힘을 기울였다.[8] 1910년대 말 북경에는 85명 정도의 한인들이 거주하고 있었는데, 한계 이승희가 1913년 북경에 東三省孔敎會를 설립하고 宣武門 밖 法源寺의 대비원을 근거지로 활동하였기 때문에 공교회원들이 다수였다.[9] 김정묵은 장인인 勉窩 李德厚가 韓溪 李承熙의 동문인 점을 활용하고, 자신의 식견을 바탕으로 북경 거주 한인들에게 민족의식을 고취하였던 것이다.

또한 김정묵은 1918년 4월 경 만주 琿春 등지를 다니면서 鄭在寬과 함께 독립의식을 고취하고, 독립전쟁의 준비 활동을 하였다. 김정묵은 이 지역에서 ① 일본과 독·로의 개전이 있을 때는 반드시 분기할 것, ② 훈춘, 왕청, 연길 세 현과 북한지방의 일본군의 군비를 탐지하여 이를 송황령에 있는 정재관에게 密報할 것, ③ 훈춘에 밀정의 목적수행을 위하여 가장상점을 개설할 것[10] 등을 위해 활동하고 있었다.

그가 정재관과 함께 활동하였던 배경은 무엇일까? 1880년 5월 22일 황해도 황주군 청수면 원정리에서 출생한 정재관은 경성관립사범학교에 재학하다가 1903년 하와이를 거쳐 샌프란시스코로 이주하였다. 샌프란시스코에서 정재관은 1905년부터 1907년까지 공립협회의 서기와 총무로 안창호를 보필하였고, 1908년 2월부터 1909년 1월까지 공립협회의 총회장으로 활동하였다. 한편 그는 1908년 2월에 창간된 『신한민보』의 주필로 활동하기도 하였다. 그는 1909년 2월 1일 창립된 대한국민회의 명을 받아 원동에 와서 대한국민회의 원동지부 조직을 위하여 활동하였고, 만주 밀산의 봉밀산

---

8)「국권회복을 표방하는 불령선인 검거」(1918.08.16.),『불령단관계잡건-조선인의 부-在内地 2』.
9) 손염홍,『근대 북경의 한인사회와 민족운동』, 역사공간, 2010, 37쪽.
10)「배일선인의 행동에 관한 건」(1918.04.12.),『불령단관계잡건-조선인의 부-만주의 부 6』. 실제로 普候商店이 설립되어 金榮化와 鄭某 명의로 운영되었다.

지역에 독립운동기지를 건설하는 활동을 전개하였다.[11] 그러니까 김정묵이 밀산에서 한흥동을 건설하던 시기, 이 두 사람은 교류하였을 가능성이 높다. 그리고 이러한 인연으로, 러시아혁명 직후인 1918년 초 정재관이 연해주와 만주에서 독립운동을 전개할 때 김정묵이 정재관과 함께 활동하였던 것으로 여겨진다.

특히 김정묵은 광복회에 참여하여 활동하였다. 1918년 4월 김정묵은 奉天에서 張鎭弘, 李國弼과 만나 장진홍으로 하여금 하바로프스크에 가서 거주 조선인 78명에게 군사훈련을 시키도록 하였다.[12] 장진홍의 스승인 장지필과 김정묵의 스승인 李承熙가 모두 한주 이진상의 제자인 배경[13]에서, 두 사람은 함께 활동하였던 것이다. 그리고 김정묵은 북경과 남경 등지를 오가며 華史 李觀求 등의 광복회 활동을 후원하였다.[14] 그렇지만 1918년 6월 해주군 미율면 석정리 趙寅燅의 투서로 광복회의 박상진과 관계를 맺고 있던 이관구 등의 활동이 드러나서 주요인물이 검거되었기에 활동을 계속하기는 곤란하였다.[15]

1918년 말 김정묵은 일시 귀국하여 張鎭洪과 독립운동을 협의하고, 3·1운동 후 다시 북경으로 망명하였다고 하는데[16], 李寬求의 광복회 사건으로 김정묵의 관련 혐의가 드러난 상태에서 그가 귀국하였다고 보기는 어려울 듯싶다. 3·1운동 후인 1919년 3월 연해주에서 대한국민의회가 조직되고,

---

11) 박환, 「정재관: 미주의 공립협회 총회장에서 러시아의 혁명가로」, 『한국민족운동사연구』 38, 2004, 174~178쪽.

12) 「장진홍 등 판결문」(대구복심법원, 1930.4.24), 국가보훈처, 『한국독립운동사자료집』 11, 1976, 808~809쪽.

13) 이성우, 「창려 장진홍의 생애와 조선은행 대구지점 폭파의거」, 『한국독립운동사연구』 57, 2017, 88~90쪽.

14) 「국권회복을 표방하는 불령선인 검거」, 『불령단관계잡건-조선인의부-在內地 2』.

15) 박영석, 『화사 이관구의 생애와 민족운동』, 선인, 2010, 158쪽.

16) 김광조, 「김정묵 공적서」, 1982.

1919년 4월 상해에서 대한민국임시정부가 조직되어 갈 무렵, 김정묵은 상해로 이동하였다.

김정묵은 1919년 4월 11일 대한민국임시정부가 수립되는 과정에는 참여하지 않았다. 그러나 그는 1919년 4월 29일 대한민국임시의정원 대의원 선거에서 柳璟煥(산청, 28세), 白南圭(대구 28세), 金昌淑(성주 42세), 金東瀅(상주, 31세)과 함께 경상도의 대의원으로 선출되었다.[17] 그가 가장 먼저 기술된 것으로 보아 최고 득표를 하였던 것으로 보인다.

대한민국임시의정원 의원으로서 그는 여러 가지 정책을 결정하는 데 참여하였다. 1919년 4월 30일 오후 9시에 중화민국 上海法界 愷自邇路 長安里 民團事務所에서 개회되어 5월 12일 오후 5시에 폐회된 1919년 임시의정원 제4회 회의에서 金正黙은 柳璟煥, 白南圭, 金東瀅, 金昌淑과 함께 경상도 의원으로 참석하였다.[18] 이 회기의 첫째 날인 4월 30일(수) 회의에서 김정묵은 임시정부 章程 결정, 의장 손정도와 부의장 신성 선출, 국무총리 대리 이동녕의 선출, 공채 모집·의무금 징수·의연금 모집 등을 통한 재정 확보책 등을 논의하여 결정하였다. 그리고 제7일째인 5월 6일(화) 회의에서 구급재정위원 선정과 의원자격 검사, 10일째인 5월 9일(금) 회의에서 국무총리 대리 사면청원 수리, 의원사면청원 수리, 11일째인 5월 10일(토) 회의에서 법무총장 사면 수리 및 보선임을 결정하였다. 그리고 제12일째인 5월 12일(일) 회의에서 국무위원의 시정대요 연설을 청취하였고, 14일째 마지막 날인 5월 13일(화) 회의에서 의원사면청원 수리, 임시의정원 세칙 제정에 관한 결의를 하였다.[19]

1919년 7월 7일 오후 2시에 장안리 민단사무소에서 개회되어 7월 19일

17) 金正明, 『明治百年史叢書』朝鮮獨立運動 Ⅱ (原書房, 1967), 34쪽.
18) 『대한민국임시정부자료집』 2 임시의정원1, 「임시의정원기사록 제4회」(1919.4).
19) 「대한민국임시의정원기사록」, 국회도서관, 『한국민족운동사료』(중국편), 1976, 38쪽.

오후 9시 30분 폐회한 임시의정원 1919년 제5회 회의에, 김정묵은 백남규, 김창숙, 유경환, 金甲, 尹顯振과 함께 참석하였다.[20] 1일째인 7월 7일(월) 회의에서, 김정묵은 법무총장 남형우의 사면을 수리하였고, 2일째인 7월 8일(화) 회의에서 상임위원회를 조직하고, 내무총장 안창호의 시정연설을 청취하였다. 3일째인 7월 9일(수) 회의에서 위원회를 조직하고, 내무총장 안창호에게 질문하고 그에 대한 답변을 들었다. 4일째인 7월 10일(목) 회의에서 국제연맹에 제출할 안건의 작성을 임시정부에 일임하지 않고, 의회에서 선정한 연구위원이 함께 참여하기로 결정하였다. 6일째인 7월 12일(토) 회의에서 결석의원 처리, 8일째인 7월 14일(월) 회의에서 대한국민의회와 임시의정원의 통합문제를 논의하여 결정하였다. 10일째인 7월 16일(수) 회의에서 국채통칙과 공채발행조례에 대한 토의와 의원사면을 수리하였다. 그리고 12일째인 7월 18일(금) 회의에서 외교특사와 외국공채 발행에 대한 결의를 하였고, 13일째 마지막 날인 7월 19일(토) 회의에서 국채통칙과 국채발행조례에 대한 결의를 하였다.[21]

1919년 8월 18일 오후 2시 장안리 민단사무소에서 개원하여 9월 17일에 폐원된 임시의정원 1919년도 제6회 회의에, 김정묵은 백남규, 유경환, 金甲과 함께 참여하여 국제연맹 제출안건 심사, 임시정부 개조 및 임시헌법 개정에 관한 제안 등을 논의하였다. 특히 이 회의에서 상해의 대한민국임시정부와 한성정부, 그리고 대한민국임시의정원과 대한국민회의와의 통합을 추진하고, 정부의 체제를 한성정부를 표준으로 하여 총리제에서 통령제로 변경하였다.[22]

---

20) 『대한민국임시정부자료집』 2 임시의정원1, 「임시의정원기사록 제5회」(1919.7).
21) 「대한민국임시의정원기사록」, 국회도서관, 『한국민족운동사료』(중국편), 1976, 38~52쪽.
22) 『대한민국임시정부자료집』 2 임시의정원1, 「임시의정원기사록 제6회」(1919.8).

그런데 주목되는 점은 1919년도 8~9월 제6회 회의 시 임시의정원 경상도 의원인 김창숙, 윤현진, 玄鼎健, 李圭洪이 결석하여 해임되었던 데 반하여, 김정묵은 백남규, 유경환과 함께 계속 참여하였던 것이다.[23] 이는 사소한 일로 치부할 문제가 아니다. 당시 해임되었던 의원이 경기도에서는 신익희·최창희·이기룡, 황해도에서는 김보연·손두환, 평안도에서는 이희경, 함경도에서는 姜泰東·임재래, 강원도에서는 송세호, 충청도에서는 신채호와 서재철, 전라도에서는 김철, 경상도에서는 김창숙·윤현진·현정건·이규홍, 중령교민 황경호 등 18명이나 되었기 때문이다.[24]

18명의 의원들이 임시의정원 의원에서 물러난 것은 제6회 회기에서 결정된 사항, 즉 한성정부와 대한민국임시정부, 임시의정원과 대한국민의회와의 통합, 대통령제의 政體 등에 대한 불만 때문이었을 것으로 짐작된다.[25] 김정묵의 잔류로 판단하면, 김정묵은 대체로 상해대한민국임시정부와 대한민국임시의정원을 중심으로 하고, 대통령제와 민주 공화제를 중심으로 한 통합을 인정하는 입장이었던 것 같다.

김정묵은 1920년 1월 20일 당시 임시의정원 의원이었으나[26], 1920년 3월 3일 임시의정원법 제8조에 의하여 오의선, 이규갑, 이정규, 유흥식, 김갑, 박건병과 함께 의원 자격을 상실하였다. 그 이유는 3일간 결석한 때문이었다.[27] 김정묵이 회의에 결석하였다고 하여 의원직을 상실시킨 점으로 볼 때, 김정묵이 스스로 의정원 의원직을 사직하였다고 보는 것이 타당할 듯 싶다.

---

23) 「대한민국임시의정원기사록」, 국회도서관, 『한국민족운동사료』(중국편), 1976, 54·62쪽.
24) 「대한민국임시의정원기사록」, 국회도서관, 『한국민족운동사료』(중국편), 1976, 54쪽.
25) 예를 들어 姜泰東(姜錫龍)은 대동단에 참여하여 李堈公을 옹립하고 한국의 귀족과 衆望의 縉紳을 상해로 유치하여 그곳에서 독립선언을 하려고 하였다(『한국민족운동사료』(중국편), 124쪽.
26) 「대한민국임시의정원기사록」, 국회도서관, 『한국민족운동사료』(중국편), 1976, 62쪽.
27) 『독립신문』1920.3.6, 「임시의정원기사」.

의원사퇴의 변이 확인되지 않으나, 김정묵이 의원직을 물러난 이유는 신채호의 주장을 통해서 어느 정도 파악할 수 있다. 그는 1921년 신채호와 함께 통일책진회를 발기하고 함께 활동하였기 때문이다. 신채호는 1919년 11월 대한민국임시정부가 출범하여 대통령을 선출할 당시 미국의 윌슨에게 위임통치를 요청한 사실을 이유로 들어 이승만을 반대하였다. 신채호는 김창숙, 박은식과 더불어 "이승만은 스스로 조선 민족 대표라 일컬으면서 미국의 노예 되기를 원했음은 광복운동사상에 치욕됨이 크다. 이것은 방치할 일이 아니므로 문책하지 않을 수 없다."고 했다.[28] 그러니까 김정묵도 이승만의 위임통치 청원 사실에 분개하여 임시의정원 의원직을 사퇴하였던 것이다.

의원직을 사퇴한 후 1920년 중반 김정묵은 활동의 중심지를 원 거주지인 북경으로 옮겼다. 그는 북경 西直門 외 萬壽山 正門 앞 八萬亭에 사비로 集(執)義學校를 설립하고 교장으로 교사인 柳時彦, 崔用德, 鄭寅教 등과 한인학생 60여 명을 가르치면서 이들에게 민족의식을 고취시켰다고 한다.[29]

1920년 가을 김정묵은 신채호, 박용만 등이 주도하던 군사통일촉성회에 참여하였을 가능성이 있다. 1920년 8월 이승만의 위임통치에 반대하고 무장투쟁을 통한 독립운동 노선을 주장하던 박용만, 신숙, 신채호, 이회영, 배달무, 김대지, 이갑, 장건상, 남공선 등 15인이 북경에서 군사통일촉성회를 결성하였다.[30] 김정묵은 확인되지 않는 인물 중의 한 사람이 아니었는지

28) 권기훈, 『심산 김창숙 연구』, 선인, 2007, 104~105쪽. 인용문은 국역심산유고간행위원회, 『國譯 心山遺稿』, 1979, 731쪽.

29) 김광조, 「김정묵 공적서」, 1982. 일제의 정보문서에 의하면, 1921년 군사통일회의 직후 만주에서 온 군인 중 경성파에 속하는 李世榮과 金成煥이 敎育會를 조직하고 西山 부근의 香山에 集義學校를 설립하였으나 재정 문제로 1922년에 문을 닫았다고 한다. 芳澤謙吉 支那特命全權公使, 「북경재주 조선인의 최근상황 보고의 건」(1924.3.6.), 『조선인에 대한 시정관계잡건 일반의 부(2)』, 24쪽.

30) 『大同』 3호, 1921.11.9, 3면; 김승학, 『한국독립사』 상(독립문화사, 1965), 441쪽; 조규태, 「북경 '군사통일회의'의 조직과 활동」, 『한국독립운동사연구』 15, 2000, 200쪽.

모르겠다.

1921년 4월 박용만이 북경에서 자신이 하와이에서 조직한 대조선국민군단의 인물, 신숙 등의 천도교 인사, 남공선 등의 대한국민의회계 인사, 송호·이상룡 등의 서로군정서계 인사들과 모여 군사통일회의를 개최하였다. 그리고 이들은 漢城政府를 무시한 통합된 대한민국임시정부의 수립과 위임통치를 주장한 이승만을 대통령으로 임명한 대한민국임시정부와 대한민국임시의정원을 비판하고 그 불승인안을 통과시켰다.[31] 그런데 군사통일촉성회의 결성에 참여한 김창숙은 박용만과 신숙에 대해 "言義가 과장이 많고 不實하며 행동이 荒雜하고 조심성 없다."고 부정적으로 평가하고[32] 군사통일회의에 참여하지 않았다. 김정묵이 김창숙과 함께 활동한 점으로 보면, 김정묵도 군사통일회의에 참석하지 않았다고 보는 것이 합리적 추론일 것이다.

군사통일회의에 참여하는 대신 김정묵은 1921년 초 북경에서 신채호, 박순병, 김창숙과 함께 『天鼓』를 발간하고 독립사상을 고취하였다.[33] 『천고』는 일본 제국주의의 야만성과 동양평화 교란, 항일무장투쟁과 한·중항일연합전선 결성의 필요성을 역설하고, 한일친선의 허위성 등을 폭로하였는데[34], 김정묵도 동일한 논조의 글을 실었을 것이다.

이 즈음인 1921년 5월 21일 김정묵은 상해에서 신채호, 朴鳳來와 함께 '통일책진회'를 발기하고 그 취지서를 발표하였다. 그 주장은 ① 진정한 독

31) 조규태, 「북경 '군사통일회의'의 조직과 활동」, 『한국독립운동사연구』 15, 2000, 200쪽·202~215쪽.
32) 『국역심산유고』, 1979, 736쪽. 조규태, 「북경 '군사통일회의'의 조직과 활동」, 『한국독립운동사연구』 15, 2000, 200·209쪽.
33) 국가보훈처, 『독립운동사자료집』 12, 1977, 345~346쪽; 『동아일보』 1928.8.8, 2면 1단, 「海外風塵十价星霜, 중대사건엔 전부가담 문필로 군사로 다각의 활동, 金昌淑 등 공판 회부」. 宋相燾, 『騎驢隨筆』, 257쪽.
34) 이호룡, 『한국의 아나키즘–사상편–』, 지식산업사, 2001, 153쪽.

립정신 밑에 통일적 광복운동을 함, ② 정부문제를 근본적으로 해결하여 시국을 수습함, ③ 군사 각 단체를 완전히 통일하여 혈전을 꾀함이었다.[35] 이를 통해 보면, 김정묵은 군사단체를 통일하고 혈전을 통해 독립을 이루려는 생각이었다.

그 방편으로 김정묵은 1921년 김원봉, 서왈보, 한진산, 황학수 등과 함께 길림성 왕청현에 근거를 두고 활동하였던 북로군정서의 김좌진과 연락하며 북로군정서를 중심으로 군사단체를 통일하려고 하였다. 구상안에 따르면, 제1대 아라사 正所員, 제2대 朝鮮 靑林黨, 제3대 북경 正兒團, 제4대 간도용정촌 正兒團, 제5대는 조선 고려혁명당, 제6대 북경 광복단 등을 조직할 작정이었다.[36] 그렇지만 자금의 지원이 없는 상황에서, 이것은 한낱 空想일 뿐이었다.

다른 한편 김정묵은 1921년 5월 경 안창호에게 접근하였던 것 같다. 일본 정보문서에서는 김정묵을 李光洙, 玉觀彬, 金九, 金興濟, 李鐸, 孫貞道, 金仁全 등과 같이 안창호파의 인물로 판단하고 있었다.[37] 앞서 살폈듯이, 1918년 초 김정묵이 안창호의 심복으로 활동하였던 정재관과 만주와 연해주에서 활동한 점으로 미루어보면, 일본 측의 판단이 전혀 얼토당토않은 것은 아니었다.

외국의 지원을 받으려고, 김정묵은 소비에트 러시아에 주목하였다. 1921년 말 天津에 머무르던 김정묵은 모스크바에서 개최되는 극동피압박민족회의에 참석하기 위하여 天津에 온 여운형, 남형우, 최창식, 박용만, 국내에서 온 2인과 함께 밀의하였다. 그는 1921년 10월 북경, 장춘을 경유하

---

35) 재상해일본총영사관 경찰부제2과, 『朝鮮民族運動年鑑』, 137쪽.

36) 宋相燾, 『騎驢隨筆 기려수필』, 318쪽.

37) 「참칭 상해가정부 간부의 당파별」(1921.5.10), 『불경단관계잡건-조선인의부-상해가정부 3』.

여 러시아에 입국하기로 결정하였다고 한다.[38]

그런데 김정묵이 극동피압박민족대회에 참석한 사실은 확인되지 않는다. 1922년 1월 21일 크레믈린 궁전에서 개회되어 러시아정교회 제3기숙사에서 두 주간 거행된 소위 극동피압박민족회의(원동민족근로자대표회의: 일본측의 항의로 변경된 정식 명칭)에는 여운형, 김규식, 박헌영, 박진순, 나용균, 이동휘, 장건상, 홍범도, 김원경, 김단야, 현순 등 52명의 한국인이 참석하였다. 이 회의에서는 "조선은 각 단체가 전력을 다하고 그와 동시에 상해대한민국임시정부의 내용을 충실하게 받들어 그 지지에 힘쓸 것"을 결정하였다고 한다.[39] 이후의 김정묵의 행적을 통해서 보면, 1921년 6월 자유시참변을 자행한 소비에트 러시아의 행동에 분개를 느끼고 참석하지 않았을 가능성이 높지만, 갔다고 하더라도 소비에트 러시아에서 깊은 감명을 받아 사회주의를 수용하지는 않았을 것 같다.

이후 김정묵은 대한민국임시정부의 변혁을 위한 국민대표회의의 개최에 관심을 기울였다. 1922년 12월 말 북경에 머무르던 김정묵은 상해에서 개최되는 국민대표회의에 참석하기 위하여 金昌淑, 金大池, 鄭仁敎 3인과 함께 상해로 출발하였다고 한다.[40]

그러나 그가 1923년 1월 상해에서 개최된 국민대표회의에 참가한 사실은 확인되지 않는다. 김창숙은 창조파가 조직한 국민위원회의 국민위원에 응하지 않고[41], 김대지도 창조파가 수립한 조선공화국의 내무총장직에 응하지

38) 「대한국민협회 래도에 관한 건」(1922.1.6.), 『불령단관계잡건-선인의부-재상해지방 4』.
39) 신복룡, 「모스크바에서 본 동방-1921~1922년 극동피압박민족회의 참관기-」, 『한국민족운동사연구』 72, 2012, 233~238쪽.
40) 『동아일보』 1922.12.26, 4면 5단, 「북경에 제류중이던 김정묵씨 국민대표회에 출석코자 상해로 출발」.
41) 「국민위원회 공보 입수에 관한 건」(1924.9.5.), 국회도서관, 『한국민족운동사료』 중국편, 1976, 516쪽.

않았다.[42] 그리고 개조파 간부인 배천택, 개조파 간부부속인 윤자영과 김상
덕, 개조파의 부속대표인 김동삼과 김형식처럼, 대구·경북인들은 대체로 개
조파의 입장을 지지하였다.[43] 이에 입각해서 추론해보면, 김정묵도 김창숙
등의 대구·경북인과 보조를 맞추어 창조파에 동조하지는 않은 것 같다.

이는 김정묵이 대한민국임시정부의 변혁에는 동의하지만 소비에트 러시
아에 의존하여 임시정부를 창조하는 데에는 반대하였기 때문일 듯싶다. 외
교적으로 보면, 김정묵은 소비에트 러시아가 아니라 중국에 의지하여 임시
정부를 변혁하려는 입장이었다. 이는 그의 국제적 정세판단과 아울러 유학
적 배경에서 출생·성장하고, 북경법정전문학교에서 수학한 점 등이 영향을
미친 결과였다.

3. 투쟁적 독립운동노선의 堅持 활동

1923년 여름 김정묵은 북경에서 中韓互助社를 조직하고 그 사원으로
활동하였다. 중한호조사는 1921년 3월 17일 중국의 長沙에서 한국의 李愚
珉, 중국의 賀民范 등의 주도로 처음 조직되었고, 동년 4월 상해에서 한국
의 申翼熙·李裕弼, 중국의 周劍秋·吳山·沈仲俊 등의 주도로 만들어졌다.
동년 8월에는 상해에서 中韓互助總社가 조직되어 9월 5일 오후 2시 上海
三一堂에서 대회가 열리기까지 하였다. 1921년 9월 23일에는 광주에서 신
규식 등의 주도로 중한호조사가 설립되었고, 이후 중경, 성도, 북경, 귀주,
운남 등지에서 설립되었다. 중한호조사는 한국의 독립 지원과 중국의 주권
보장, 문화와 예술의 교류 등을 통한 한중 국민의 행복 도모 등을 위해 활

---

42) 「北京における三南派朝鮮共和政府수립등건」, 김정명 편, 『명치백년사총서』 조선독
    립운동 II, 480쪽.
43) 조규태, 「1920년대 재북경 대구·경북인의 국민당 활동」, 『대구사학』 100, 2010, 357쪽.

동하였다.[44]

김정묵은 1924년 4월 미국 북감리파 동양감독 미국인 선교사 웰치가 경성에서 샌프란시스코로 돌아가 "조선의 치안은 평안하다."라는 취지로 이야기한 것이 北京의 『東方時報』에 보도되자, 북경 거주 한인 6~7명과 임시선전회를 조직하였다. 그리고 김정묵은 南亨祐(원문 南京祐)와 함께 한인이 일본의 통치에 만족하고 있지 않다는 취지의 선언문을 기초하여 북경의 금강동 등 수 곳에 격문을 부착하였다.[45] 이러한 활동은 웰치에 대한 항의이면서, 다른 한편 중국인에게 한인들의 항일의지를 전달하려던 것이었다.

김정묵은 1924년 6월 4일 북경의 천도교실에서 7명의 의원과 임시회를 개최하고 5월 7일의 하얼빈사건을 성토하였다. 그는 "중국군대가 일본총영사의 교섭에 의하여 독립운동가 金萬洙·柳基東(東基)·崔炳鎬 등 3인을 섬멸한 것은 한편으로는 중국이 정치범인을 겁내서 처형한 것이어서 국제법 위반이며, 한편으로 모름지기 중국 군인이 일본관헌의 강박에 중국의 주권이 침해당하게 된 데에 이른 것"이라고 주장하였다. 그리고 이러한 내용의 전단을 발행하여 중국의 국회와 각성의 軍界에 배포하기로 결정하였다. 이때 김국빈은 남형우와 함께 선언문기초위원으로 활동하였다.[46]

김정묵은 1924년 7월 북경한교동지회의 조직에도 참여하였다. 이는 1924년 7월 12일 '高周錫강도사건'으로 체포된 金世晙의 석방을 위한 한인단체의 결성 제기로 만들어졌다.[47] 김정묵은 7월 21일 韓震山, 金在禧, 宋

---

44) 康基柱, 「中韓互助社研究」, 가천대 아시아문화연구소, 『아세아문화연구』 2, 1997, 308~314쪽.

45) 「미국선교사 웰치에 대한 선인의 반응」, 국사편찬위원회 편, 『한국독립운동사 자료』 38 종교운동편.

46) 「임시선전회의 행동에 관한 건」(1924.6.14.), 『불령단관계잡건-조선인의부-재지나각지 3』, 「북경 천진 부근 재주 조선인의 상황 보고서 추달의 건」(1925.3.20.), 『조선인에 대한 시정관계잡건 일반의 부(3)』, 93쪽.

47) 조규태, 「1920년대 민족주의세력의 자치운동의 전개 양상」, 『한국민족운동사연구』 92, 2017, 104~109쪽.

虎, 申肅, 元世勳, 趙鏞翰, 徐國一, 朴崇秉, 崔用德 등과 북경한교동지회의
설립을 발의하고, 7월 24일 오후 1시 東安泰樓에서 李光, 柳薑, 趙國光, 柳
善長, 李玉山, 南徹祐, 金弘善, 金義宗, 張何鳴, 梁모 등과 북경한교동지회
를 조직하였다.[48] 그리고 8월 6일 東安泰樓에서 회칙을 정하고 회명을 북경
한교동지회로 정하였다. "조국광복의 사상이 철저하고 품행이 단정한 사람"
에게 가입자격을 주는 북경한교동지회의 회원으로, 그는 북경재주 한인의
친목호조를 宗으로 하여 지식을 闡發하고, 義에 복종하고 간사함을 배척하
는 활동을 벌였다.[49]

그런데 김정묵은 1925년 하얼빈에 와서 奉天軍 郭松齡 司令府의 軍法課
에서 육군장교로 봉직하며 天津에 파견되어 활동하였다고 한다.[50] 곽송령
은 장학량이 사령으로 있던 제3군의 부사령을 맡았으므로[51], 김정묵은 제3
군사령부 군법과의 장교로 활동하였던 것 같다. 1925년 11월 곽송령이 反奉
戰爭을 일으켰다 실패를 보았지만, 그는 하급 장교이었기에 큰 피해를 입지
않았던 것으로 짐작된다. 1926년 이후 그는 동북군 依蘭縣의 제19여단사령
부 군법처에서 근무하였다. 당시 그는 黃貴浩를 휘하로 배속시켜 함께 활동
하기도 하였다.[52]

奉天軍에 근무하면서, 김정묵은 의열단과 관계하며 김창숙이 주도한 소
위 제2차 유림단사건(1925~1927년)을 후원하였다. 제2차 유림단사건은 만
주나 몽고에 독립운동근거지를 건설하여 새로운 전기를 마련하던 김창숙이

---

48) 「불령단체 북경한교동지회 조직에 관한 건」(1924.7.30.), 『불령단관계잡건-조선인
    의부-재지나각지 4』.
49) 「재북경한교동지회의 조직과 그 후의 상황에 관한 건」(1924.11.18.), 『불령단관계
    잡건-조선인의부-재지나각지 3』.
50) 조선총독부경무국, 『國外における容疑朝鮮人名簿』, 1934, 97쪽; 『소화사상통제사
    료』, 186쪽. 국사편찬위원회, 「한국근현대인물자료」.
51) BaiDu百科, 郭松齡.
52) 황귀호, 「(김정묵) 회고담」(1982.2.10.).

1925년 8월 입국하여 1926년 3월까지 전국 각지를 돌아다니며 군자금을 모금하였고, 이로 인해 유림들이 1927년까지 고통을 겪은 사건이다.[53] 이 사건에서 김정묵은 입국하려고 하얼빈에 들른 金昌淑을 만나 도움을 주고 연락책으로 활동하였다.[54] 김정묵이 이 사건으로 1926년 '대정8년 제령 제7호 위반 및 총포화약류 취체령 위반'으로 입건된 점으로 보면 총포화약류의 획득에 도움을 주었을 가능성도 있다.[55] 또 1927년 10월 18일 張鎭弘이 조선은행 대구지점을 폭파하려던 사건에도 김정묵이 관계하였을 가능성이 높다.[56]

그리고 그는 1926년 '대독립당조직북경촉성회'의 결성에 참여하였다.[57] 대독립당조직북경촉성회는 1926년 10월 10일 원세훈, 장건상, 조남승, 조성환, 배천택, 김광천, 박건병 등이 민족혁명을 위한 대독립당의 결성을 촉구한 데에서 비롯되었다. 김정묵은 장학량군대의 군인으로 근무하였기에, 10월 10일, 10월 12일, 10월 16일 회의에 참석하지는 못하였지만 10월 28일 선언서에 서명하였다.[58] 그리고 그는 일본 제국주의의 박멸, 한국의 절대독립 주장, 한국 혁명 동지의 당적 결합, 민족혁명의 유일전선 결성, 전세계 피압박 민족의 단결 등을 골자로 하는 대독립당조직북경촉성회의 강령[59]을 적극 지지하고, 실천하고자 하였다.

53) 권기훈, 『심산 김창숙 연구』, 선인, 2007, 118~132쪽; 권기훈, 「제2차유림단운동」, 『한국독립운동사사전』 6, 312~313쪽.
54) 조선총독부경무국, 『國外における容疑朝鮮人名簿』, 1934, 97쪽; 『소화사상통제사료』, 186쪽. 국사편찬위원회, 「한국근현대인물자료」.
55) 국가기록원, 「김정묵 형사사건부」. 김정묵은 체포되지 않았으므로 '기소중지' 결정에 따라 불기소 되었다.
56) 이성우, 「滄旅 張鎭弘의 생애와 조선은행 대구지점 폭파의거」, 『한국독립운동사연구』 57, 2017, 99~102쪽.
57) 「대독립당조직 북경촉성회의 선언서 발표에 관한 건」(1926.11.17.), 『경성지방법원검사국문서』.
58) 조규태, 「1920년대 중반 재북경 창조파의 민족유일당운동」, 『한국민족운동사연구』 37, 2003, 269쪽.
59) 경상북도경찰부, 『고등경찰요사』, 1934, 109~111쪽.

김정묵이 행한 김창숙의 군자금 모집 후원, 장진홍의 조선은행 대구지점 폭파 의거 지원, 대독립당조직북경촉성회 참여 등은 독립운동사에 있어서 각별한 의미를 지니는 행동이었다. 왜냐하면 1920년대 중반 독립운동계는 난국에 봉착하였고, 이로 인해 우선 행정적 자치권을 얻기 위한 자치운동을 모색하는 분위기가 팽배하였기 때문이었다. 1925년 1월 20일 소련이 일본과 소·일협약을 체결하여 포오츠머드조약의 정신의 계승과 범인 인도를 약속하였다. 우리가 군사적인 지원을 받으려던 소련이 일본과의 우호를 위해 한인의 독립운동을 지원하지 않겠다는 표시였다.[60] 봉천성 경무처장 우진은 1925년 6월 11일 조선총독부 경무국장 미쓰시 미야쇼[三矢宮松]와 '三矢協定'을 체결하여 한인독립운동단체의 해산과 한인의 무장해제를 약속하였다.[61] 일본과 소련, 일본과 봉천 군벌의 우호적 분위기 속에서 일본은 우리에게 행정적 자치권을 줄 수도 있다고 표명하자, 국내에서는 동아일보계와 천도교 신파의 인물을 중심으로 연정회와 조선농민사를 조직하고 자치권의 부여를 기대하며 자치운동을 전개하였고, 기독교계도 이에 주의를 기울이고 있었다.[62] 그러니까 그의 활동은 독립운동계가 타협적 독립운동노선으로 전환되는 것을 막은 막중한 가치와 의미를 지닌 거사였다.

60) 조규태, 「1920년대 중반 재북경 창조파의 민족유일당운동」, 『한국민족운동사연구』 37, 2003, 255~256쪽.
61) 김주용, 「삼시협정과 한국독립운동 세력의 동향」, 『한국독립운동사연구』 57, 2017, 191~193쪽.
62) 박찬승, 『한국근대 정치사상사연구』(역사비평사, 1992), 336~343쪽; 조규태, 「1920년대 민족주의세력의 자치운동의 전개 양상」, 『한국민족운동사연구』 92, 2017, 104~116쪽.

4. 만주지역 한인의 원호와 한중항일투쟁의 전개

김정묵(자료상 김국빈)은 1920년대 중후반부터 依蘭縣 제19여단의 군법 처장으로 근무하였다. 이곳에서 그는 마적과 토비의 토벌에 상당한 공을 올 렸다. 그리하여 이곳의 마적이나 의용군이 모두 김정묵 하면 모르는 사람이 없을 정도였다고 한다.[63]

또한 그는 만주지역 거주 한인들의 사회·경제적 권익을 옹호하는 활동 을 전개하였다. 먼저 김정묵은 1926년 11월 경 북경의 한인들이 추진한 '入 籍墾民會發起籌備會'에 참여하였다.[64] 북경의 귀화 한인인 장건상, 박숭병, 조성환, 강구우 등이 1926년 10월 30일 남북만주 이주 200만 한인의 정 치·경제상 이익을 옹호하고, 비참한 상황에 빠진 이주민의 권리와 이익을 옹호하고, 압박에 대항하며, 각자 생활의 개선을 위해 각 지방마다 결합하 여 하나의 단체를 만들자고 제안하자[65] 김정묵은 이에 공감하여 동참하였 던 것이다.

다음으로 김정묵은 1930년 중국인들의 한인에 대한 비판적 태도를 개선 하려고 노력하였다. 그는 1920년대 말 중로분쟁이 심화되자 중로전선인 依 蘭縣에 출전하였다가 1930년 1월 17일 봉천(심양)에 돌아왔다. 이곳에서 그 는 육군대좌로 東北省 軍法處의 처장으로 활동하면서 중국인들이 한인을 일본의 정탐으로 보는 태도를 바로잡으려 노력하였다.[66]

더 나아가 김정묵은 1930년 북만주 한국독립당에서 동북정무위원회 직 속으로 한인관리조직을 설치하려는 활동을 후원하였다. 1930년 10월경 돈

---

63) 『신한민보』 1933.03.30, 1면 1단, 「김규식박사의 연설」.
64) 『소화사상통제사료』, 186쪽. 국사편찬위원회, 「한국근현대인물」.
65) 「支那入籍鮮人會의 組織運動에 관한 件」(1926.11.19.), 『국내항일운동자료-경성지 방법원 검사국 문서-언문신문역』.
66) 『동아일보』 1930.2.13, 7면 1단, 「중국전선에 출전한 조선인육군대좌 김정묵」. 그 는 봉천에서 그의 아우 金成黙과 함께 생활하였다. 사진이 있음.

화지역의 공산주의자들이 사회운동의 일환으로 철교를 폭파하고, 保衛團을 습격하려고 한 음모 사건인 '敦化事變'으로, 한인 15명이 총살당하고, 많은 한인들이 공산주의자로 간주되어 처형되는 상황이 발생하였다. 그러자 한국독립당의 金東三, 申肅 등은 간부회의를 통하여 무고한 민중을 구출하기 위하여 당시 동삼성을 장악한 동북정무위원회 직속 하에 가칭 '간민관리국'을 두고, 각 성·현·향·촌에 분국을 두고자 하였다. 이러한 한인들의 활동을 지원하고자 김정묵은 김동삼, 金奎煥 등 7인과 함께 '전만간민대표'의 명의로 청원서를 작성하였다. 그리고 봉천군벌인 장학량 휘하 孫德全군의 군법처장으로 재직하던 정치적 이점을 활용하여 동북정무위원회에 청원서를 제출하였다. 비록 장학량과의 면담 좌절과 1931년 1월 말 동북정무위원회의 거절 답변으로 뜻을 이루지 못하였으나, 이러한 시도는 김정묵의 도움이 있었기에 가능한 것이었다.[67]

1931년 만주사변이 발생한 후 동북군계의 군직을 물러났다.[68] 그리고 김정묵은 관내(關內)로 이동하였다. 일본이 만주를 점령하여 이듬해 만주국을 수립하자 이곳에서 활동이 여의치 않았기 때문일 뿐만 아니라 모종의 독립운동을 전개하기 위함이었다.

그런데 김구의 『백범일지』에 의하면 다음과 같은 기록이 있다.

윤군을 여관으로 보내고 나는 폭탄 두 개를 가지고 金海山군 집으로 가서 김군 내외에게 내일 윤봉길군이 중대한 임무를 띠고 동삼성으로 떠나니 고기를 사서 이른 조반을 지어달라고 부탁하였다.
이튿날 4월 29일이었다. 나는 김해산 집에서 윤봉길군과 최후의 식탁을 같이하였다. 밥을 먹으며 가만히 윤군의 기색을 살펴보니 그 태연자약함이 마치 농부가 일터에 나가려고 넉넉히 밥을 먹는 모양과 같았다.

---

67) 신숙, 『나의 일생』, 일신사, 1963, 94~95쪽.
68) 『國外容疑朝鮮人名簿』, 1934, 97쪽.

김해산군은 윤군의 침착하고도 용감한 태도를 보고 조용히 내게 이런 권고를 하였다. "지금 상해에 민족 체면을 위하여 할 일이 많은데 윤군 같은 인물을 구태여 다른 데로 보낼 것은 무엇이우?"

"일은 하는 사람에게 맡기는 것이 좋지. 윤군이 어디서 무슨 소리를 내나 들어봅시다." 나는 김해산군에게 이렇게 대답하였다.[69]

위의 윤봉길의거와 관련된 김해산이 바로 김정묵이라고 확증해주는 기록은 없지만, 김정묵의 부인은 1960년대에 사망하기 전까지 김정묵과 자신의 윤봉길의거 지원 사실을 이야기하였다고 한다.[70] 그리고 국가보훈처의 1991년 공적 재심사에서는 김해산의 윤봉길의거 지원을 김정묵의 공적으로 인정하였고[71], 『독립유공자공훈록』에서도 이 사실이 김정묵의 공적으로 기술되어 있다.[72]

이 김해산은 윤봉길의거 후 안창호 등 대한민국임시정부의 요인들이 검거되는 상황에서, 1932년 5월부터 12월까지 상해의 浦石路 310호에서 위혜림과 함께 거주하다가 1933년 1월 상해의 마르셀 틸로(Marcel Tillot, 興安路) 153호로 이사하였다.[73] 그리고 1933년 12월 엄항섭, 위혜림, 안공근 등의 한인애국단이 상해에서 소위 친일파인 옥관빈의 형으로 3·1운동 후 평양에서 상해로 나와 각 방면에서 활동하다가 프랑스조계 工部局 朝鮮人系에서 근무하던 玉成彬(48)은 살해사건에 관련하여 체포되었다. 김해산의 주장에 따르면, 김해산, 엄항섭, 위혜림, 안공근 등과 아편제조소를 설립하려던 옥성빈은 1933년 12월 18일 아편제조 문제로 김해산을 만나러갔다가 사망하였다. 그리고 이 사건에 관련된 김해산은 1934년 1월 2일 극비리에

69) 김구, 『백범일지』하권, 송건호 편, 『김구』개정4판(한길사, 1989), 149~150쪽.
70) 원손인 대구한의대학교 교수 김성우의 증언.
71) 국가보훈처, 「독립유공자공적조서」(1991).
72) 국가보훈처, 『독립유공자공훈록』 5권, 1988.
73) 「김해산 등 심문기록」, 『한국독립운동사자료』 20권 임정편 Ⅴ.

국내로 압송되었다.[74]

그런데 이 김해산은 김정묵이 아닌 金文熙이다. 「간도만선접양지 치안정황보고」의 「在滬不逞團의 槪況」의 '강도피해 급 옥관빈피암살' 관련 기록에는 "1933년 7월 2일 아침 佛租界 産坡實路 153호 金海山이라는 金文熙 방에 권총을 휴대한 3명의 鮮人 강도가 押入하여 금품 약 70원을 강취하였던 것을 시작으로"라는 기록이 있다.[75] 윗 문단의 김해산 "마르셀 틸로(Marcel Tillot, 興安路) 153호"와 이 자료 "産坡實路 153호"의 'Tillot'과 '實路'라는 도로명이 유사하고, 번지수가 같으며, 김문희(김해산)가 옥관빈 암살에 관련되었으므로 윤봉길의거에 관련된 김해산은 김문희임이 틀림없다.[76]

요컨대 만주사변 후 김정묵은 상해가 아니라 자신의 거점이며 활동의 중심지였던 북경으로 이동하였던 것이다. 김정묵은 북경의 北平城 德勝門 내의 高廟에 거처를 마련하고 중국인 아내 및 아들 한 명과 거주하였다.[77]

마침 만주사변과 상해사변 직후인 1932년 중반 북경에서는 김원봉이 중심이 되어 중한항일의용군의 조직이 추진되었는데, 김정묵은 여기에 참여하였다. 1932년 6월에서 7월 중순 김원봉은 김규식, 이천민, 조성환, 고활신과 중한항일의용군을 조직하였다. 이 무렵 김정묵은 柳基錫, 金剛岩, 金

---

74) 『동아일보』 1933.12.26, 2면 4단, 「상해에 암살빈발, 옥성빈도 돌연 피살」, 「김해산 등 심문기록」(1934.2.9), 국사편찬위원회 편, 『한국독립운동사 자료』 20, 「1934년 1월 2일 한국으로 압송된 한국인 김해산의 진술」.

75) 「간도만선접양지 치안정황보고」(1934), 「在滬不逞團의 槪況」, 국가보훈처, 공훈전자사료관 소장.

76) 김문희는 평북 초산 출신으로 1920년 평북 초산에서 연통제 장서로 활동하였고, 1924년 대한민국임시의정원 의원, 1926년 중국 상해에서 노병회 회계원으로 활동하였고, 그 후 일경에 체포되어 옥고를 치르던 1933년 11월 임시의정원 평안도 의원에 선임되었으나 옥고로 인한 병으로 활동을 할 수 없자 1934년 9월 의원면직하였다. 1939년 북경에서 임정과 연락을 취하며 지하공작을 전개하였고, 1945년 8월 17일 중경에서 열린 임시의회에서 의정원 의원으로 활동하였다. 국가보훈처, 『독립유공자공훈록』 12, 1996.

77) 「이규채 청취서(3)」(1934.12.8), 국사편찬위원회 편, 『한민족독립운동사자료집』 43권.

世雄과 동북항일구국회에 참여하였다. [78]

　김정묵은 1932년 7월 의열단이 북경의 항일구국회에 제출한 「중한합작에 관한 건의」에서 熱河 지역에 건설될 한인혁명군 책임자로서 거론되었다. 즉, 의열단에서는 김정묵(자료상 김국빈)을 熱河에 파견하여 동남부 각 부대(약 병력 3만, 소총 2천정)와 협력하여 군을 편성하고, 熱河와 遼西의 각 구국군과 함께 열하 주변을 고수하고, 당해 지역의 한인 의용군으로써 '제3총대'를 조직하여 동북의용군을 충실히 하고 한교혁명군을 양성할 것을 제안하였던 것이다. [79]

　김정묵은 1932년 중국 軍分會의 법무관에 보임되었다. [80] 이것은 1932년 8월 국민당에서 張學良의 北平綏政公署를 철폐하고 장학량을 위무하기 위해서 설립한 군사위원회 산하 北平分會를 의미하였다. [81] 그러니까 김정묵은 1932년 8월 직후 장학량이 대리위원장이지만 국민당 정부에서 영향력을 행사하던 이 군사위원회 북평분회에서 법무관으로 활동하였던 것이다. [82] 김정묵은 이제 중국의 국민당 및 군사위원회의 요인들과 의견을 나눌 수 있는 위상을 지니게 되었다.

　1933년 2월 일본의 관동군과 만주국군이 열하성을 공격하여 3개월간 점령한 '열하사변'이 발생한 직후, 중국의 장령 약 50명은 회의에 김정묵(김국빈)을 초청하여 그에게 독립대의 사령관을 맡아달라고 부탁하였다. [83] 의열단의 김원봉이 김정묵을 열하성 지역 동북항일구국군 독립제1지대의 지대

---

78) 김영범, 『한국근대민족운동과 의열단』, 창작과비평사, 1997, 295쪽.
79) 「군관학교사건의 진상」, 446~447쪽, 독립기념관 한국독립운동정보시스템.
80) 「이규채 청취서(3)」(1934.12.8.), 국사편찬위원회 편, 『한민족독립운동사자료집』 43권. 원 자료에는 軍分會로 나온다.
81) 段智峰, 「蔣介石與 1932年北平軍分會成立」, 『浜州職業學院學報』 제6권 3기, 2009.8, 61~62쪽. 장학량은 이 군사위원회 북평분회의 대리위원장이었다.
82) 『소화사상통제사료』, 186쪽. 국사편찬위원회, 「한국근현대인물」.
83) 『신한민보』 1933.3.30, 1면 1단, 「김규식박사의 연설」.

장으로 삼으려던 구상[84]이 실행되는 것 같았다.

　김정묵을 사령관으로 한 한인의용군의 결성은 중한항일군의 강화로 이어지기에 일본은 김정묵의 군사적인 지위가 높아지는 것을 좌시하지 않았다. 일본 당국의 강요로, 1933년 3월 10일 군사위원회 北平分會가 해산될 때 김정묵은 해직되었다.[85]

　그렇지만 김정묵은 해고된 지 얼마 되지 않아 北平市政府 名譽祕書로 활동하면서 중국인 유력자 朱綬光으로부터 봉급을 받아 생활하였다.[86] 주수광(1886~1948)은 晉系 군벌 閻錫山 휘하의 총참모장으로 1928년 북벌공략을 벌여 북경을 탈환하였고, 1932년 2월에도 염석산의 휘하에서 太原綏靖公署 祕書長 등으로 활동한 인물이었다.[87] 그러니까 김정묵은 국민당의 군사위원회와 북경시정부, 그리고 晉系 閻錫山 군벌에 의견을 개진할 수 있었던 위치에 있었다. 더욱이 중국에서도 중한항일군을 결성하여 대일항전을 전개할 필요성이 있었기에, 김정묵의 정치적 입지는 공고하였다.

　이러한 정치적 상황과 위상을 배경으로, 김정묵은 조선혁명군사정치간부학교의 설립과 운영을 지원하였다.[88] 조선혁명군사정치간부학교는 제1기(1932.10.20~1933.4.20)에 26명, 제2기(1933.9.16~1934.4.20)에 55명, 제3기(1935.4.1~1935.9.30)에 44명을 교육하였는데[89], 적어도 그는 조선혁명군사정치간부학교의 개교와 제1기, 제2기의 학생 모집과 학교 운영에 기여하였다. 그 대표적 사례가 북만주 한국독립당의 군사부의 부장 이청천

---

84) 김영범, 『한국근대민족운동과 의열단』, 창작과비평사, 1997, 295쪽.
85) 『소화사상통제사료』, 186쪽. 국사편찬위원회, 「한국근현대인물」.
86) 조선총독부경무국, 『國外における容疑朝鮮人名簿』, 1934, 97쪽. 원문에는 朱光洙로 나오나 오기로 판단된다.
87) Baidu百科, 朱綬光.
88) 「義烈團經營の南京軍官學校の全貌」, 『사상휘보』 4호, 1935.9, 110쪽.
89) 김영범, 『한국독립운동사사전』 6, 2004, 「조선혁명군사정치간부학교」.

밑에서 참모장으로 활동한 李圭彩(李宇精)가 남경 조선혁명군사정치간부학교 입교하기 위해 1933년 4월 북경(北平)에 왔을 때 그에게 4일 동안 숙소를 제공해주었다. 그러면서도 김정묵은 이규채에게 만주지역의 독립운동 상황을 탐문하였는데[90], 이는 그가 국제정세와 만주지역 한국독립의 상황에 주목하였던 것이라 할 수 있겠다. 제2기생 응모자들은 그에 대한 신뢰가 높았다고 한다.[91]

뿐만 아니라 김정묵의 아들 金敎三(金大陸)은 楊振崑, 楊民山이라는 가명으로 1932년 10월 20일부터 1933년 4월 20일까지 조선혁명군사정치간부학교의 대원으로 훈련을 받았다.[92] 그리고 그는 1933년 9월 16일부터 1934년 4월 20일까지 조선혁명군사정치간부학교 제2기의 교관으로 진중요무령(陣中要務令), 유격대조직법, 폭탄제조사용법, 중기관총조종법과 경기관총조종법의 야간연습과 야외연습 등을 교육하였다.[93] 김교삼은 1933년 9월경 남경에서 安貞得의 신분을 조사한 후 그를 남경 교외 강녕진의 조선혁명군사정치간부학교로 인솔하였고[94], 1934년 5월 김원봉으로부터 받은 100원을 洪加勒에게 주어 그의 반일반전의식을 고취하기 위한 국내 선진대 활동을 후원하였다.[95] 또한 1935년 3월 尹世胄, 申榮三, 金容宰, 金饌泰, 李正

90) 「이규채 청취서(3)」(1934.12.8), 국사편찬위원회 편, 『한민족독립운동사자료집』43권. 「이규채 신문조서(3)」(1935.1.21), 국사편찬위원회 편, 『한민족독립운동사자료집』43권.

91) 「義烈團經營の南京軍官學校の全貌」, 『사상휘보』4호, 1935.9, 110쪽.

92) 「이초생경찰신문조서(제4회)」(1939.11.21), 국사편찬위원회, 『한민족독립운동사자료집』, 1946. 「김방우 경찰신문조서(제2회)」(1934.12.5), 국사편찬위원회, 『한민족독립운동사자료집』30, 1997.

93) 「김방우 경찰신문조서(제2회)」(1934.12.5), 「안정득경찰신문조서(2)」(1934.12.21), 국사편찬위원회, 『한민족독립운동사자료집』30, 1997.

94) 「안정득 경찰신문조서」(1934.12.20), 「안정득검사신문조서」(1935.1.14), 국사편찬위원회, 『한민족독립운동사자료집』30, 1997.

95) 「홍가륵검사신문조서(2회)」(1934.12.18), 국사편찬위원회, 『한민족독립운동사자료집』30, 1997.

淳, 河東禹 등과 남경의 의열단 본부에 기거하며 활동하고 있었다.[96]

한편 김정묵은 1934년 2월 중국 河南省 洛陽 소재 중국육군군관학교 洛陽分校 내에 설립된 한인군관학교의 설립에도 기여하였던 것이나 아닌지 모르겠다. 金九는 1933년 봄 安公根·嚴恒燮·朴贊翊과 함께 남경의 중앙육군군관학교로 蔣介石을 방문하여 회담하여 그의 도움으로 한인군관학교를 설립하였다. 한인군관학교는 金九가 고문 자격으로 그 운영을 총괄하고, 安恭根이 학생보호계, 安定根이 생도계, 梁東五가 보호계를 맡고, 교도총관 李靑天, 그 외에 吳光鮮·李範錫·趙擎韓·尹敬天·韓憲(宋虎, 宋弘萬)이 교관을 맡아 군사교육과 정치교육을 실시하였다.[97] 김정묵의 정치적 위상으로 보건대, 그는 낙양 한인군관학교의 설립을 위해 중국 국민당의 관계자에게 부탁을 하였을 것으로 추측되나 자료상 확인되지는 않는다.

1934년 이후 김정묵의 행적은 잘 드러나지 않는다. 그런데 1920년대 중반 동북 육군 제19여단사령부 군법처의 군법처장 김정묵의 부하로 활동한 黃貴浩의 「회고담」에 따르면, "생이 滿警에 재직 당시 선생께서 북경에서 왜경에 체포되어 함북경찰부에서 옥고중이라는 敎一君(海山先生 長男)의 연락을 받고, 생이 오랫동안 교섭한 결과 약 2년 2개월 만에 출옥하였다."고 한다. 1936년 중반에 석방된 김정묵은 북경에 거주하면서 정양한 후 1941년 이후 북경에서 黃貴浩, 金始顯, 朴時穆, 權愛羅, 金峯年, 朴鳳弼, 李敏浩 등과 함께 독립운동을 전개하였다고 한다.[98] 이 시기의 활동과 그 성격에 대해서는 앞으로 추가적인 검토와 연구가 요망된다.

김정묵은 1944년 4월 19일 오후 2시 북경 시내 5區 德勝門 내 高廟 甲

---

96) 「김공신 청취서(3)」(1935.3.26), 국사편찬위원회, 『한국독립운동사자료집』3.
97) 한상도, 「김구의 한인군관학교(1934~35) 운영과 그 입교생」, 『한국사연구』58, 1987, 90~93쪽.
98) 黃貴浩, 「회고담」(1982.2.10).

10호에서 사망하였다.[99] 독립운동을 하러 국외로 나온 지 33년만이었고, 향년은 57세였다.

5. 맺음말

경북 선산의 양반가 출신인 金正黙(1888~1944)은 경술국치 후 1911년 중국으로 망명하였다. 그리고 장인의 동문 한계 이승희가 있는 중국 밀산 한흥동에 가서 독립운동기지를 건설하는 활동을 전개하였다.

한계 이승희가 공교회운동을 하러 1914년 북경으로 이동한 것에 맞추어, 김정묵도 북경에 유학하였다. 그는 1914년 북경법정전문학교 법률과에 입학하여 4년간 수학하였다. 그는 근대적 학문을 수학하여 국권 회복의 길을 찾고자 하였던 것이다.

1918년 제1차 세계대전의 종전에 즈음하여 그는 활발히 독립운동을 전개하였다. 북경에서 한인들에게 독립의식을 고취하였고, 정재관과 만주 훈춘 등지에서 일본의 군비를 파악하고 한인들의 독립의식을 고취시켜 일본과의 개전에 대비케 하였다. 특히 그는 광복회에 참여하여 장진홍과 하바로프스크에 가서 한인들의 군사훈련을 독려하였고, 남경과 북경 등지를 다니며 광복회의 조직을 확장하는 활동을 전개하였다.

1919년 3·1운동 후 상해에서 대한민국임시정부가 수립되자, 그는 임시의정원 경상도 의원에 선임되어 제도를 정비하고, 각종의 정책을 결정하고, 독립운동자금을 마련하기 위한 방책을 마련하였다. 그리고 1919년 대한민국임시정부와 한성정부와 대한국민의회의 통합될 때, 그는 대한민국임시정부와 대한민국임시의정원 중심으로 통합되고, 대통령제의 민주정체가 수립되는 것을 옹호하였다.

---

99)「김정묵제적부」.

그러나 그는 1920년 이승만이 위임통치를 주장한 것을 알고 임시의정원 의원을 사직하였다. 그리고 신채호, 박용만 등과 군사통일촉성회를 조직하고 무장투쟁세력의 통일을 촉구하였다. 다만 그는 소비에트 러시아의 지원에 의해 군대를 양성하려는 박용만과 신숙 주도의 군사통일회의에 참여하지 않고, 김좌진 등과 연계하여 중국의 지원에 의한 군사단체의 통일을 이루려고 하였다.

1920년대 중반 소·일협약과 三矢協定에 의해 일본과 소련, 일본과 봉천 군벌과의 화해 분위기기 형성되고 중국과 연해주에서의 독립운동이 난관에 봉착하고, 또 국내에서도 타협적 독립운동인 자치운동이 전개되자, 그는 투쟁적 독립운동노선을 견지시키기 위한 활동을 전개하였다. 그는 1925~26년 의열단과 연계하여 김창숙의 제2차유림단의거를 지원하였고, 1926년 대독립당조직북경촉성회에 참여하였다.

한편 그는 1926년 11월 경 북경에서 入籍墾民會를 발기하고 만주지역 한인의 입적을 도와 이들의 권익을 옹호하기 위한 활동을 전개하였다. 아울러 만주지역의 한인을 괴롭히는 마적과 관계를 개선하고, 반한인감정을 갖고 있던 중국인들의 태도를 개선시키기 위한 활동을 전개하였다.

1931년 만주사변이 발생한 후 그는 만주에서 북경으로 이동하여 1932~33년 경 김원봉과 항일구국회 활동을 전개하였고, 열하에 중한항일전을 전개하기 위한 한인의용군 사령부를 조직하려고 하였다. 한편 그는 1932년 8월 이후 군사위원회 북평분회 법무관이 된 것을 활용하여, 중국 국민당의 간부 및 군사위원들과 접촉하여 조선혁명군사정치간부학교와 낙양군관학교의 개설과 학생의 모집, 운영 등을 후원하였다.

양반으로서 고등교육을 받아 유복하게 살 수 있었지만 그는 독립운동이라는 험한 길을 걸었다. 국망 직후인 1911년부터 1944년까지 광복회, 대한민국임시정부, 군사통일촉성회, 유림단, 대독립당조직북경촉성회, 의열단, 항일구국회 등 여러 단체에 관계하며 그는 줄곧 독립운동을 전개하거나 후원하였다. 뿐만 아니라 그는 대표적인 양반가 출신이지만 자신의 기득권을 유지하기보다 국민 다수의 이익을 고려하여 제정이 아닌 민주공화정의 임시정부 수립을 옹호하였다. 이 점에서 그는 '노블리스 오블리제'를 실천하고, 시대의 이념에 따라 국민을 이끌었던 규범이 될 만한 선각적 독립운동가였다.

【참고 문헌】

「임시의정원기사록 제4회」(1919.4), 국사편찬위원회, 『대한민국임시정부자료집』
　　2, 2005.

「임시의정원기사록 제5회」(1919.7), 국사편찬위원회, 『대한민국임시정부자료집』
　　2, 2005.

「임시의정원기사록 제6회」(1919.8), 국사편찬위원회, 『대한민국임시정부자료집』
　　2, 2005.

「국권회복을 표방하는 불령선인 검거」(1918.08.16.), 『불령단관계잡건-조선인
　　의부-在內地 2』

「배일선인의 행동에 관한 건」(1918.04.12.), 『불령단관계잡건-조선인의 부-만
　　주의 부 6』

「참칭 상해가정부 간부의 당파별」(1921.05.10.), 『불경단관계잡건-조선인의
　　부-상해가정부 3』

「대한국민협회 래도에 관한 건」(1922.1.06.), 『불령단관계잡건-선인의부-재상해
　　지방 4』

「재상해 독립신문사 지방특파원 김병구가 진술한 동 신문경영의 내용 급 불령단
　　의 행동 등에 관한 건」(1924.02.13.), 『불령단관계잡건-상해가정부 5』

「불령단체 북경한교동지회 조직에 관한 건」(1924.07.30.), 『불령단관계잡건-조
　　선인의부-재지나각지 4』

「국민위원회 공보 입수에 관한 건」(1924.09.05.), 국회도서관, 『한국민족운동사
　　료』 중국편, 1976.

「재북경한교동지회의 조직과 그 후의 상황에 관한 건」(1924.11.18.), 『불령단관
　　계잡건-조선인의부-재지나각지 3』

「장진홍 등 판결문」(대구복심법원, 1930.04.24.)

「김해산 등 심문기록」(1934), 『한국독립운동사자료』 20권 임정편 Ⅴ.

「이규채 청취서(3)」(1934.12.8.), 국사편찬위원회 편, 『한민족독립운동사자료집』 43권.

「義烈團經營の南京軍官學校の全貌」, 『사상휘보』 4호, 1935.

「군관학교사건의 진상」, 독립기념관 한국독립운동정보시스템.

『독립신문』 1920.03.06, 「임시의정원기사」

『신한민보』 1933.03.30, 「김규식박사의 연설」

『동아일보』 1930.02.13, 「중국전선에 출전한 조선인육군대좌 김정묵」

조선총독부경무국, 『國外における容疑朝鮮人名簿』, 1934.

신숙, 『나의 일생』, 일신사, 1963.

김구, 『백범일지』 하권, 송건호 편, 『김구』 개정4판, 한길사, 1989.

국가기록원, 「김정묵 형사사건부」

권기훈, 『심산 김창숙 연구』, 선인, 2007.

권대웅, 『한계 이승희의 생애와 독립운동』, 성주문화원, 2018.

김영범, 『한국근대민족운동과 의열단』, 창작과비평사, 1997.

김희곤, 『안동사람들의 항일투쟁』, 지식산업사, 2007.

김희곤, 『안동의 독립운동사』, 안동시, 1999.

김희곤, 『한국독립운동의 역사』 23, 독립기념관한국독립운동사연구소, 2009.

박영석, 『화사 이관구의 생애와 민족운동』, 선인, 2010.

박찬승, 『한국근대 정치사상사연구』, 역사비평사, 1992.

손염홍, 『근대 북경의 한인사회와 민족운동』, 역사공간, 2010.

안동대학교 안동문화연구소, 『경북독립운동사』 Ⅳ 국외지역 항일투쟁, 안동대학교, 2013.

이현주, 『한국독립운동의 역사』 47, 독립기념관한국독립운동사연구소, 2009.

康基柱, 「中韓互助社研究」, 가천대 아시아문화연구소, 『아세아문화연구』 2, 1997.

권대웅, 「한계 이승희의 생애와 독립운동」, 『성주문화원』, 2018.

금장태, 「한계 이승희의 생애와 사상」, 『대동문화연구』 19, 1985.

김주용, 「삼시협정과 한국독립운동 세력의 동향」, 『한국독립운동사연구』 57, 2017.

段智峰, 「蔣介石與 1932年北平軍分會成立」, 『浜州職業學院學報』 제6권 3기, 2009.

박환, 「정재관: 미주의 공립협회 총회장에서 러시아의 혁명가로」, 『한국민족운동사연구』 38, 2004.

신복룡, 「모스크바에서 본 동방-1921~1922년 극동피압박민족회의 참관기-」, 『한국민족운동사연구』 72, 2012.

이성우, 「창려 장진홍의 생애와 조선은행 대구지점 폭파의거」, 『한국독립운동사연구』 57, 2017.

鄭小林, 「近代法政專門學校及其政治學課程的設置與發展」, 『煤炭高等教育』 29-2, 2011.3.

조규태, 「1920년대 민족주의세력의 자치운동의 전개 양상」, 『한국민족운동사연구』 92, 2017.

조규태, 「1920년대 중반 재북경 창조파의 민족유일당운동」, 『한국민족운동사연구』, 2003.

조규태, 「북경 '군사통일회의'의 조직과 활동」, 『한국독립운동사연구』 15, 2000.

한상도, 「김구의 한인군관학교(1934~35) 운영과 그 입교생」, 『한국사연구』 58, 1987.

3장

海山 金正黙의 만주지역 활동과 집안의 민족운동

박 환

海山 金正黙의 만주지역 활동과 집안의 민족운동

박환

1. 머리말

김정묵(1888~1944)은 경북 선산 출신으로, 독립운동 당시에는 金海山, 金國賓, 金圭(奎)煥 등으로 불리웠다. 1919년 상해에서 대한민국임시정부가 수립되자 대한민국임시의정원 의원으로 활동하였다. 그 뒤 북경을 중심으로 신채호와 『天鼓』를 간행하는 한편, 의열단과도 일정한 관계를 갖고 활발한 독립운동을 전개하였으며, 1932년 4월에는 백범 김구를 도와 윤봉길 의거용 폭탄을 보관하였을 뿐만 아니라, 거사일 아침 여러 가지 편의를 제공한 것으로 알려져 있다. 또한 김정묵의 집은 만주사변 후 만주지역에서 활동하던 한국독립군 李圭彩가 북경으로 피신하였을 때에도 묵어간 것처럼 독립군의 은신처였던 것이다. 이규채는 일본의 심문과정에서,

> 北平(북경-필자주)에서는 그 전에 거주한 일도 있고, 당시 친구가 北平의 德勝門 안에 호수 미상으로 金海山 곧 金國賓(慶尙道 사람으로 중국에서 생장한 당 50세쯤으로 중국국민군 군분회에 근무하고 있었음)을 방문하여 그 집에서 四박을 하고 南京으로 갔다.[1]

라고 하여 김정묵의 집을 언급하고 있다. 또한 중국군 장교 출신이었던 김

---

1) 『한민족독립운동사자료집』 43권 중국지역독립운동 재판기록 1.한국독립당 관련 李圭彩事件(國漢文), 경찰신문조서, 청취서, 제二회.

정묵은[2] 청년들을 중국군관학교에 입학시키는데도 일익을 담당한 것으로 보인다.[3]

이처럼 김정묵은 1920년대 북경, 상해 등지에서 활발히 항일운동을 전개하였다. 또한 중국 관내뿐만 아니라, 만주지역에서도 활발한 항일투쟁을 전개하였다. 그의 만주동북군벌 군대에서의 장교활동은 특이한 경력이다. 그는 1910년대 만주 동북군벌 군대에 입대한 것으로 알려져 있다. 1930년에는 동북군벌군대의 군법처장으로 고위직에서 활동하여 『동아일보』 1930년 2월 13일자에 대서특필되기도 하였다. 그럼에도 불구하고 그의 만주지역에서의 활동은 거의 주목을 받지 못하였다. 이에 김정묵의 만주지역에서의 활동에 대하여 살펴보고자 한다. 아울러 북경에서 김정묵이 설립한 集義학교 제자인 黃貴浩의 만주지역 첩보활동과 김정묵의 지도에 대하여도 밝혀보고자 한다. 이는 황귀호의 기록을 새롭게 발굴함으로써 가능하게 되었다.[4]

다음으로는 김정묵 집안의 항일민족운동에 대하여 알아보고자 한다.[5] 형의 독립운동을 음지에서 지속적으로 돕다가 일경에 체포되어 고문 후유증으로 순국한 김정묵의 동생 金成黙, 그리고 부친의 영향으로 의열단에서 활동한 김정묵의 세아들 金敎一, 金敎三, 金大陸 등에 대하여도 알아보고자 한다. 김정묵의 동생 김성묵도 형을 따라 만주로 이동하여 봉천(심양), 하얼빈 등지에서 함께 살며 김정묵의 독립운동을 도왔다. 그러나 김성묵에 대한 자료들이 거의 없어 김성묵의 항일운동은 밝혀지지 못하였다. 다만 최근 그의 부인인 李龍述의 「七十老回歌」가 새롭게 발굴되어 김성묵의 항일민족

---

2) 조규태, 「1920년대 중반 재북경 창조파의 민족유일당운동」, 『한국민족운동사연구』 37, 2003, 250쪽.
3) 『대한민국임시정부자료집』 9권 군무부, Ⅳ.한인군관학교, 15.군관학교 입학 용의자에 관한 건.(1935. 2. 25)
4) 다만 황귀호의 기록에 대하여는 차후 신중한 검토가 요청된다.
5) 장신교수의 「김정묵가의 민족운동」(미발표논문)이 있어 본 논문 작성에 큰 도움이 되었다. 논문을 제공해 준 장신교수께 감사드린다.

운동의 일단을 살펴볼 수 있게 되었다. 또한 김정묵의 세 아들 김교일, 김교삼, 김대륙 등도 의열단에서 활동하였는데, 그에 대하여도 지금까지 밝혀진 바가 없어 이에 대하여도 검토하고자 한다. 특히 둘째 아들 김교삼은 해방 후 월북하였고, 김성묵의 아들 김교웅도 사촌형 김교삼을 따라 월북한 것으로 알려지고 있다.

2. 김정묵의 만주지역 활동

1) 김정묵의 중국군 입대

김정묵은 독립운동가가 아니고 단순한 생계형 중국군인가? 『동아일보』 1930년 2월 13일자에서 김정묵은,

> 씨로부터 몇 가지 고국소식을 물음이 있음에 대답하고, 뒤를 이어 금번 출전감상을 물으니, 씨는 중국식으로 천천치 말을 내여서, "감상이라고 별로 말할 것이 없습니다. 거저 밥벌이로 이렇게 있으니 출전하였을 뿐입니다. 다만 감상이라고 말하자면 조선 사람들의 일이올시다."

라고 하여 겸손하게 자신의 활동을 생계형으로 언급하고 있다.

우선 김정묵의 중국과의 인연에 대하여 살펴보자. 경북 성주사람으로 韓溪 李承熙의 차남인 李基仁이 작성한 「密山追憶記」에 수록된 다음의 기록은 이와 관련하여 주목된다.

> 청나라 국경에 도착하여 수레를 내려 걸어서 밀산부 快常別里에 도착하여 점심을 먹고 호수를 끼로 동쪽으로 7리를 가니 우리의 신개척지 한흥동이다.(중략) 문하에는 李鍾甲, 李民馥, 김정묵, 李愚弼 등의 사람들이 있었다. 모두 식견이 높고 행동이 단정하여 본받을 만한 어른들이다.

위의 기록을 보면, 김정묵은 한계 이승희의 문하로서 1910년부터 1911년 사이에 북만주 密山에 있었던 것으로 보인다. 이중 이우필은 寒洲 李震相의 문하에서 이승희와 함께 동문수학했던 勉窩 李德厚의 3남이다. 이우필은 1911년 아버지 이덕후를 따라 밀산으로 들어왔다. 그런데 김정묵은 이덕후의 사위이며 이우필의 매부로서 두 사람은 함께 연해주로 이거하였다.[6]

김정묵의 손자인 김광조가 작성한 기록에 따르면,

> 김정묵(金正黙)은 1905년(고종 42) 을사조약이 강제로 체결되자 중국으로 망명하였다. 그리고 1914년 북경 서성 중국대학(北京西城中國大學) 정치학과를 졸업하였으며, 1915년 항일투쟁을 목적으로 중국 동삼성(東三省) 장작림(張作霖) 휘하 곽송령(郭松齡) 부대에 입대하여 군사훈련을 받았다라고 되어 있다.

라고 하여, 김정묵이 일찍이 중국으로 망명한 인사임을 언급하고 있다. 만주로, 러시아로 망명했던 김정묵은 그 후 중국본토로 이동한 것 같다. 이 이동이 한계 이승희와 연계된 것인지 앞으로 검토해야 할 사항인 것 같다.

김정묵은 중국본토 북경으로 이동하여 대학에서 정치학을 공부한 인물로 기록되고 있다.[7] 이 부분에 대한 자세한 사항을 알려주는 기록은 보이지 않는다. 다만 앞서 언급한 이규채의 김정묵에 대한 진술 내용을 보면 이러한 사실이 상당한 신빙성이 있어 보인다.

> 10. 北平에서는 그 전에 거주한 일도 있고, 당시 친구가 北平의 德勝門 안에 호수 미상으로 金海山 곧 金國賓(慶尙道 사람으로 중국에서 생장한 당 50세 쯤으로 중국국민군 군분회에 근무하고 있었음)을 방문하여 그 집에서 四박을

---

6) 권대웅, 『한계 이승희의 생애와 독립운동』, 성주문화원, 2018, 193~194쪽.
7) 조규태의 다음 논문이 참조된다. 조규태, 「1920년대 북경지역 한인유학생의 민족운동」, 『한국독립운동사연구』 30, 2008.

하고 南京으로 갔다.[8]

즉, 이규채는 김정묵을 "경상도 사람으로 중국에서 생장한"이라고 표현하고 있는 것이다. 우리는 김정묵이 상당이 젊은 나이에 중국으로 이동한 것을 짐작해 볼 수 있다. 북경으로 망명한 김정묵은 그곳 북경 서성 중국대학에서 1915년까지 중국어와 중국정치를 공부한 것으로 판단된다.

학교를 졸업한 그는 1915년 중국 동삼성 張作霖 휘하 郭松齡부대에서 군대생활을 시작하였다. 그가 군대에 그것도 만주 곽송령부대에 입대하게 된 이유는 무엇일까. 『대한민국임시정부자료집』 9권 군무부 「Ⅳ. 한인군관학교」 15. 군관학교 입학 용의자에 관한 건(1935. 2. 25) 鄭熙範의 경우에, "군관학교를 졸업하면 장래 독립단원 또는 중국군 장교가 될 수 있으니 열심히 공부하라"에서 짐작해 볼 수 있는 것처럼, 대학을 졸업하고 중국군에 입대하면 일면 장래가 보장되는 한편 독립군으로도 활동할 수 있는 토대를 마련할 수 있기 때문이 아닌가 한다. 그리고 군관학교를 졸업한 김정묵은 소위로 임관되었던 것이다. 1918년 중국에서 군관교육을 받고 소위로 임관한 다음 중국에서의 토대가 마련된 후 김정묵은 가솔을 거느리고 1918년 만주로 망명하였을 것으로 보인다.

김정묵이 입대한 봉천파는 만주를 기반으로 한 군벌이다. 주요 인물은 장작림과 그의 아들 張學良이다. 김정묵이 입대한 부대는 동삼성 장작림 휘하 곽송령(1886~1925) 부대라고 한다. 곽송령은 遼寧省 출생으로 장작림의 아들 장학량의 교육을 맡았다. 1925년 장학량의 부사령으로서 華北에 들어갔으나, 남방혁명파에 접근한 馮玉祥의 국민군과 결탁하여 11월 장작림에게 하야를 요구, 동북국민총사령으로서 동북으로 역진격을 시작하였

---

8) 『한민족독립운동사자료집』 43권 중국지역독립운동 재판기록 1, 한국독립당 관련 李圭彩事件(國漢文), 경찰신문조서, 청취서(제二회).

다. 일본의 관동군은 장작림의 패퇴를 겁내어 무장간섭에 나서서 滿鐵 연선에서의 작전을 허락하지 않았기 때문에 기회를 잃고, 12월 新民屯에서 패하여 그 아내와 함께 총살되었다.[9]

일본 측 정보기록『사상통제사』, 186쪽에 따르면 김정묵은

> 1918년 9월 奉川省으로 건너가, 1919년 北京으로 이주, 재 중국 조선인의 연락과 조선독립운동에 매진.
> 1925년 하얼빈으로 와서 봉천군 곽송령의 사령부 軍法課에서 육군장교로 봉직하며 天津에 출동.
> 1925년 7월경 하얼빈에서 잠복중인 金昌淑과 몰래 만나, 同人이 조선독립운동 자금모집을 위해 조선으로 들어가는 데 즈음하여, 그의 연락책이 됨.
> 1926년 10월 北京에서 발표한 대한독립당북경촉성회 조직선언서의 발기서명자 23명 중의 1인.
> 義烈團 北京지방연락원으로서 활약.
> 北京군사 분회소속 법무관으로서 근무하며 조선인의 비호에 힘썼으나 일본 측의 항익에 의해 同分會의 해산과 함께 免官.

라고 있듯이, 1918년 9월 만주 봉천성으로 간 것으로 되어 있고,『용의조선인명부』에는,

> 일찍이 동북군계에 봉직했으나 만주사변 후 군직을 물러남.
> 1934년 현재 북평시정부 명예비서로서 중국인 유력자인 朱光沐에게 봉급을 받아 생활하고 있다 함.
> 의열단과 연락하는 것으로 의심됨.

라고 하여 군직에서 물러나 의열단과 연락하고 있는 것으로 되어 있다. 즉,

---

9) 송한용,「郭松齡의 '反奉事件'」,『역사학연구』19, 2002, 호남사학회.

위의 기록을 통해 보면, 김정묵은 1925년 하얼빈으로 가서 봉천군 곽송령의 사령부 군법과에서 육군장교로 봉직하였으며, 만주사변 후에는 군직에서 물러났다. 그 후 북경에서 북경시 정부 명예비서로 활동하고 있다. 특히 그는 "북경군사 분회소속 법무관으로서 근무하며 조선인의 비호에 힘썼으나 일본 측의 항의에 의해 同分會의 해산과 함께 免官"이란 기록을 통해 볼 때 법무관으로서 조선인을 돕기 위하여 노력하였던 것이다. 그의 이러한 조선인 비호활동은 1929년 중소국경지대에서 벌어진 중국과 소련과의 전투에서 잘 나타나고 있다.

한편 奉蘇(봉천군벌과 소련군과의 전투-필자주)전투에서는 러시아에 살고 있는 우리 동포들도 전쟁에서 희생되기도 하였다. 하바로프스크 시내 중심가에 김유천 거리가 있는데, 러시아에서 고려인 이름을 딴 거리는 이곳이 유일하다. 원래 이름은 김유경인데 1929년 소련이 철도를 둘러싸고 중국과 분쟁을 벌일 때 소련군 중위로 참전해 전공을 세운 인물이라고 알려져 있다.

2) 봉소전쟁시 동삼성 군법처장으로, 재만동포 옹호에 앞장

김정묵의 만주지역에서의 활동이 크게 부각된 것은 『동아일보』 1930년 2월 13일자에 대서 특필되면서부터라고 생각된다. 「중러전선에 출전한 조선인 육군대좌 김정묵, 중국육군계에서 대활약 중, 현직은 동삼성군법처장(肖)」에

> 봉천에서 동삼성군법처장으로 오래전부터 조선사람 김정묵씨가 있었는데, 금번 중러전선 출전중이다가 지난달 27일 봉천에 돌아왔다. 기자는 지난 3일에 그를 찾았더니, 그는 중국 平服을 입고 풍체좋은 얼구레(얼굴에-필자주) 화기가 만만하여 마져준다(맞아준다-필자주). 초면 인사말을 한 후, 씨는 씨의 아우 金成黙씨를 면회시켜 준다. 이곳은 사택은 아니었으나 아우까지 만나게 함은 가족적이었다.

라고 하여, 그가 오래전부터 봉천에서 동삼성군법처장으로 활동하고 있음을 보여주고 있다. 손자 김광조의 증언에 따르면, 1924년 중국동북육군 제19여단 군법처장으로 재입대한 것으로 이야기하고 있다. 계급은 上校였다고 한다. 그러고 보면 신문기사처럼 1924년부터 1930년까지 근무하고 있었으므로 오래전부터라는 표현은 적절한 것으로 보인다.

김정묵이 중국동삼성 군법처장으로 재임하던 1929년, 중국은 중동철도문제를 중심으로 러시아와 갈등관계에 있었다. 中東鐵道는 중국 만주지방에 있는 철도로 길이 2,430㎞이며 원래 러시아가 부설한 것이었으나 만주사변 후 일본에게 양도했으며, 제2차 세계대전 후에는 소련이 중국에 무상으로 양도하였다. 일본의 만주 점령 당시는 東淸鐵道·東支鐵道라고 하였다.

중동철도사건은 1929년 7월 10일, 봉천군벌의 수장 장학량이 소련 소유의 철도인 중동로를 전격적으로 회수한 것이다. 이로 인하여 소련과 봉천군벌 사이의 봉소전쟁이 발발하였다. 1929년 7월 20일에 시작된 소련과 봉천군벌 사이 무력충돌로, 9월 19일 바실리 블류헤르 장군이 이끄는 소련군이 전격적으로 만주를 침공했다. 7월 10일의 중동로 사건에 대한 보복이었으며 봉천군벌은 12월 5일 우수리스크 의정서와 12월 22일 하바로프스크 의정서를 체결하면서 사실상 소련에 백기투항하였다.[10]

조선인의 안위가 걱정되었던 동아일보 기자가 봉소전쟁에 참여했던 김정묵을 방문하여 전쟁에 대한 인터뷰를 가졌던 것이다. 이에 대해 김정묵은,

> 씨로부터 몇가지 고국소식을 물음이 있음에 대답하고, 뒤를 이어 금번 출전
> 감상을 물으니, 씨는 중국식으로 천천치 말을 내여서, "감상이라고 별로 말할
> 것이 없습니다. 거저 밥벌이로 이렇게 있으니 출전하였을 뿐입니다. 다만 감상

---

10) 송한용, 「장학량과 중동로사건」, 『중국사연구』 10, 중국사학회, 2000, 149~180쪽.

이라고 말하자면 조선사람들의 일이올시다."

라고 하고, 조선사람의 학살 소문에 대하여 다음과 같이 언급하고 있다.

즉, 이번 중러관계로 하여서 조선사람이 중러국경에서 많이 학살되었다고 선전되었으나 물론 전쟁판이니까 조선사람뿐 아니라 중국사람이나 외국사람도 살상된 사람이 없지는 않을 것이지만, 내가 아는 범위와 또 내가 있는 군대에서는 조선사람을 학살한 일은 없습니다.

내가 근거하여 있기는 依蘭地方인데 한번 봉천 본부로부터 조선사람을 주의하라고 명령이 왔다고 여단간부가 모이어 회의하는데, 나도 한사람으로 참석하여 본즉, 그 명령은 백파노인이 중국군사당국에 보고하되, 국경방면에 있는 조선사람은 모두 러시아 정탐이오, 또 러시아 군대에는 태반 조선사람이니, 주의하라고 한 것에 의하여 한 명령이었습니다. 나는 여기에 대하여 나의 직무가 직무인지라 만치 절대로 그렇지 않은 것을 말하였습니다.

현하 중국에 입적한 사람은 중국군인이오, 로군에 입적한 사람은 로군군인이니, 두나라 군대에 조선사람이 군인으로 있는 것은 면치 못할 사실이나, 조선사람이 정탐이라고 함은 거짓말이라고 주장하였습니다.

그러나 중국 하급군인들은 공연히 조선사람에게 의심을 가진 사람도 있었겠지만, 대체로 양해되고 있었습니다. 그리고 신문상으로 많이 전하는 구축문제도 전혀 무관한 일은 아니겠지오만 그것은 어느 소지역에 조금 있는 일이겠지, 그다지 떠들만한 일은 못되겠습니다. 만주에 백만이나 사는 조선사람들을 어찌 구축하겠습니까. 다른 사람의 선전으로 중국사람이 감정을 갖게 되는 일도 없지 않으니 조선사람 자신이 좀 자중하여야지요. 그리고 오지에 있는 조선농민이 중국지주에게 학대받는 일은 참담한 일이 있슴은 나도 몇가지 아는 바있습니다. 이것은 중국언론기관에서 위정당국에 경고하여서 악지주를 제지하여야 하겠지요. 내가 책임지고 하는 말은 아니올시다만은 조선사람을 잘 아는만치 조선---"하면서 가슴속에 뭉쳐있는 말을 유순한 목소리로 더듬없이 성의있게 들리어 준다.

이번 중국측 손해는 얼마나 되는 가요.

손해는 자세하게 알 수는 없습니다만 민간과 관변을 합하면, 한 오천만원

되겠지요. 남경정부에서는 莫德惠씨가 예비교섭을 잘못하였다고 대단히 분개한 모양이더니, 요사이는 그 교섭을 승인하였으니, 그것이 어찌된 일인가요 하고 물을 즉, 그것은 물론 그리 될 것이 올시다. 국민당정부에서는 분개도 하겠지요만, 알고 보면 아니 그럴 수도 없는 일이올시다고 말을 마치고, 후기를 약속한 후 헤어졌다.(초)

라고 하여 조선인에 대한 학살문제, 조선인에 대한 비호 등에 대하여 자신의 감상과 역할을 보여주고 있다.

3) 김정묵의 만주지역 첩보활동 지도와 황귀호

김정묵은 1920~30년대 만주, 중국본토 등에서 활동하면서 다양한 독립운동을 전개하였다. 그 가운데 자신과 인연이 있는 인물들의 독립운동도 지도하였던 것이다. 황귀호의 경우는 그 한 사례가 아닌가 추정된다.

黃貴浩(黃南勛, 1907~1988)의 고향은 경남 창녕군 南旨이다. 1914년 만주로 이주하였으나 조실부모하여 고아로서 길림성 영길현 新安村 李圭東을 만나 吉興학교를 1회로 졸업하였고, 당시 이규동 교장의 신임을 받았다고 한다. 그 후 중국학교를 거쳐 중국동북군벌정권의 강무당(사관학교)를 졸업하고, 보병중위로 있다가, 만주사변 후 만주국이 성립되자, 만주국 고급 경찰에 채용되었다. 한국인으로서 일본 장춘 영사관 경찰로 유명한 金太德의 추천과 관동군출신으로 한국인으로 대단한 세력가인 尹相弼의 추천이 있었다고 한다. 그 후 장백현 경찰국장(계급은 警正. 만주국 시절 한국인으로는 최고 지위)으로 근무하였으며, 장백, 안동, 북경 등지에서도 일하였다. 1945년 해방 후 미군정하에서 일시 성북경찰서장을 역임하였다.

황귀호의 증언에 따르면, 이규동 교장의 독립정신을 길흥학교에서 배웠으며, 그 후 이규동의 소개로 상해 임정 김구의 비밀공작원으로 동삼성의

실정을 임정에 보고하는 비밀 임무를 지고, 만주국 고급경찰로 근무하였다고 한다.[11]

황귀호의 증언에 의하면, 비록 자신은 괴뢰 만주국의 고위 경찰 간부로 있었지만 비밀리에 독립운동가들을 지원했었다고 한다. 특히 그는 김구와 특별한 관계를 맺고 독립운동가들이 만주지역에서 활동을 계속할 수 있도록 갖은 편의를 봐 주었으며, 이규동과는 특별히 師弟之間이라는 관계에 있었으므로 그가 일본경찰에 체포되었을 때, 만주로 돌아올 수 있도록 여러 가지 도움을 주었다고 하였다.[12]

황귀호는 자신의 기록에서 다음과 같이 언급하고 있다. 즉,

> 1. 본인은 13세 때 즉, 1918년 3월경 부모님을 따라 만주 봉천성 무순현 東社村에 이주. 1919년 3·1 만세 때 이곳 盛東학교에서도 태극기를 만들고 만세를 부르다가 일군의 습격으로 학교문을 닫고 그 해 5월 초에 교장 柳時彦(경북 하회인, 호는 河崗)선생님을 따라 북경에 와서 香山慈幼院 중국학교에 다니다가 나와서 만수산 集義소학교(교장 金正黙, 교관 유시언·崔用德·鄭寅敎)를 졸업하고 다시 봉천에 나와서 1922년 8월에 무순현립중학교에 입학하여 1925년 7월에 졸업한 후 다시 북경으로 돌아와 김정묵(일명 國賓, 호는 해산)선생님의 지도를 받아 1925년 7월 동북육군강무당에 입학하여 봉천성 彰武縣 哈爾套街분교에서 졸업.

라고 있듯이, 1919년 북경에서 김정묵이 교장인 집의소학교를 졸업하였다. 그리고 "1925년 7월에 졸업한 후 다시 북경으로 돌아와 김정묵(일명 國賓, 호는 해산) 선생님의 지도를 받아 1925년 7월 동북육군강무당에 입학하여

---

11) 박영석이 황귀호와 가진 면담 재인용(1979.6.7).
12) 황귀호는 훗날 이 같은 공적을 인정받아 독립유공자로 포상을 받았는데, 이규동의 歸滿을 적극 주선했었다는 점은 그와 이규동과의 특별한 관계로 보아 있을 법한 일이나, 나머지 행적에 관해서는 과연 신빙할 수 있겠는지 여러 가지 생각되는 바도 없지 않다. 황귀호와 박영석과의 대담 재인용(1979.12.10).

봉천성 창무현 합이투가 분교에서 졸업"이라고 하여 동북육군강무당에 입학하였음을 밝히고 있다.

황귀호가 다닌 香山慈幼院은 북경에서 유명한 고아원이었다. 설립자인 熊希齡(1870~1937)은 湖南 鳳凰古城 사람으로 자는 秉三이고, 호는 明志閣主人, 雙淸居士이다. 淸末民初 시대에 정치가이자 교육가, 자선가이다. 천부적으로 총명하고 지혜로워 일찍이 '湖南神童'으로 일컬어진다. 1894년에 進士 급제하여 翰林院庶吉士로 낙점되었다. 1913년에 民國 제1대 總理에 선출됐다. 원세개가 다시 봉건 황제제도로 회귀하는 것에 반대하고 사직했다. 그 후에 慈善과 敎育事業에 매진하여 1920년에 향산자유원을 창설했다.[13)

황귀호가 집의학교에 다닐 때 교사는 柳時彦(1895~1945, 이명 柳海東, 金世鎭)이었다. 그는 경상북도 안동 豊川 河回洞 709번지 출생으로, 1919년 보성(普成)전문학교를 졸업한 후 3·1운동이 일어나자 고향에서 시위를 주도하고, 동지를 규합하여 독립운동을 계획하다가 상해로 망명하였다. 이곳에서 임시정부의 비밀명령을 받고, 같은 해에 국내에 돌아 와 유성우(柳性佑)와 함께 경북지방에서 군자금 모집 활동을 벌였다. 그러나 이러한 사실이 일경에 탐지되어 유성우는 체포되어 옥사하였으며, 그는 1921년 11월 29일 대구지방법원의 궐석판결에서 징역 10년형을 언도받았다. 그러나 일경의 감시를 피해서 의주와 만주를 거쳐 북경으로 피신한 그는 이곳에서 김정묵·崔用德 등과 함께 集義學校를 설립하여 후진양성에 전념하였다.[14)

유시언에 대하여는 (秘)關機高收 제13344호의 4(1924년 6월 26일) 재류금지 처분에 관한 건에,

---

13) [네이버 지식백과] 웅희령 [熊希齡, xióng xī líng] (중국역대인물 초상화, 한국인문고전연구소).
14) 독립유공자공훈록 유시언 참조.

본적 : 조선 경상북도 안동군 풍남면 하면동 16번지 당시 주소부정
柳時彦, 당 30세. 블라디보스토크 고려공산당 선전원

본인은 향리에서 東華學校를 졸업하고 19세부터 23세까지 조선 경성부 普
成法律學校에서, 수업하였는데 원래 신사상주의에 농후한 그는 조선에 머물
기를 원치 않아, 1919년 5월 奉天으로 옮기고 다시 撫順縣에 가서 東社 盛東
學校에서 조선인 자제들을 가르치고, 1920년 10월 북경으로 이전하여 같은
지역의 萬山에서 集義學校 교사로서 약 1년간 있었으나 주의연구를 위해서는
심히 迂遠함을 깨닫고, 1921년 4월 사직하고 吉林省에 옮겨 왔으나

라고 하여, 그가 무순현 동사 성동학교, 북경 집의학교에서 교사로서 활동
하였음을 짐작해 볼 수 있다.

황귀호는 그가 작성한 글에서 김정묵이 근무했던 동북육군 제19여단사
령부 군법처에 1927년에 근무했었음을 다음과 같이 기록하고 있다. 이때
북경에 이어 김정묵과 다시 재회한 것으로 보인다.

2. 1927년 강무당을 졸업하고 동시에 육군 소위로 임관되어 동북육군 제19여
단사령부 군법처에서 복무하다가, 1928년 8월 육군중위로 승진되어 通遼 · 치
치하얼 · 흑하 · 수분하 등지로 전전하다가, 1930년 9월 초 봉천성 盤山縣 · 營
口 · 溝封子 등지에 이주 주둔 중, 1931년 9월 18일 유조구사건으로 만주사변이
일어나자 동북 전체 군인이 관내로 퇴각하게 되니 정국은 극도로 혼란하고 군대
는 保定, 石家莊까지 밀려 우왕자왕 할 때.

다음으로 황귀호는 1931년 만주사변 후 동년 12월 중순경 북경 서성에
서 김정묵을 만나 비밀첩보활동을 전개하게 된다. 그중 특별히 주목되는 것
은 김정묵이 체포되었을 때 그를 석방시켜준 일이다.

(나) 1938년 4월 중순경 북경에 계시던 김정묵선생께서 뜻밖에도 일본 경찰
에 체포되어 함경북도(羅南) 경찰부에 이송되어 三輪이라는 고등과장에게 고
문 취조를 당하고 계신다는 급보를 선생의 장남 敎一 군으로부터 받고 약 3개
월 동안 공작과 교섭을 거듭하여 온 결과, 이에 성공하여 본인이 선생의 신병
을 보증인수하여 북경 자택까지 모셔다 드렸으며.

김정묵의 지시로 황귀호가 한 활동 내용은 황귀호의 다음과 같은 기록
을 통해 짐작해 볼 수 있다. 1932년부터 해방이 될 때까지의 기록이며, 이
와 관련하여서는 비교해 볼 수 있는 기록들이 제한되어 있어 앞으로 보다
신중한 검토들이 요청되는 부분이다. 1931년 만주사변 이후 김구와의 만남,
만주에서의 활동 등 다양한 중요한 내용들이 있다. 좀 길긴 하나 차후 후학
들의 연구를 위하여 수록하고자 한다.

　　3. 1931년 12월 중순 경 북경 서성에 계시는 김정묵 선생님을 배방하였던
　　바, 시국을 매우 걱정하시면서, "황군은 군인 생활을 그만두고 만주의 지
　　리도 잘 알고 중국어도 능통하니 장차 만주에 나가서 일을 하는 것이 어
　　떠하냐"고 물으시기에 하명하시는 대로 이행하겠다는 대답을 드린 바.
　　익년 즉, 1932년 2월 초순 김정묵 선생의 연락을 받아 수명의 선생들이
　　모인 석상에서 김정묵 선생님의 소개로 金少校님(載浩)[15]을 대면하고 3
　　일 후 김소교님을 따라 상해로 가서 백범 선생님을 뵙고 오라는 김정묵
　　선생의 하명을 받아 같은 해 2월 6일 주시는 친서와 여비를 받고 김소교
　　님을 수행하여 북경을 출발.

　　4. 다음 날 상해에 도착하여 김소교님이 가시는 대로 따라가 백범 선생님을

---

15) 김재호(1903~1990)는 평남 평양출생이다. 3·1운동 참여, 중국본토와 만주에서
　　항일운동을 전개한 것으로 언급되고 있다.(김승학, 『한국독립사』 하, 독립문화사,
　　1966, 339쪽)

뵙고 김정묵 선생님의 친서를 전달하였던 바. 두 분의 군인을 만나보니 마음 든든하고, 만주에 나가서 군인직을 유지하면서 앞으로 우리의 할 일을 잘하라는 훈시를 하시면서 상세한 것은 북경 해산 동지의 지시를 받으며 연락은 북경까지 곤란할 때는 산해관으로 하라는 지시를 받고 상해에서 일박한 후.

5. 그 다음날 상해를 떠나 남경에 올라와서 모처에 계시는 김원봉 선생을 김소교님의 소개로 배면 인사드리고 동시에 김소교님의 즉석 추천으로 의열단에 입단할 것을 권유받아 간단한 약식으로 선서 입단하고 의열단의 취지, 단체 규칙, 암호 등은 김소교 동지에게 잘 들어 지식을 얻도록 하고, 그 후 모든 지시 등에도 김동지를 통하여 잘 받으라는 말씀과 왜놈들이 만주에서 변을 일으킨 것은 장차 중국 전체를 삼키려는 야심에서 온 것이니 만약 중국이 망한다면 우리의 광복 활동의 근거지가 없어지는 것으로, 만주의 흥망이 곧 우리의 독립과 직결되는 것이니 두 분은 모름지기 대의를 위하여 만주에 나가서 군인의 현직을 고수하면서 능동적인 투쟁에 과감하라는 격려와 훈화를 가슴깊이 간직하고 절치부심하면서 2월 10일 북경을 출발하여.

6. 2월 10일 남경으로부터 북경에 돌아와서 상해에 갔던 경과지사를 김정묵 선생님께 일일이 보고드리고 수일 후 만주 내의 일본의 병력배치 및 이동 상황과 일본의 對滿정책, 만주요인들의 동정, 재만 동포들의 동태 등을 세밀히 내부 조사하여 보고하되, 거리상 북경까지 곤란할 경우에는 산해관 역전 日昇棧 金光玉씨에게로 하라는 등 만주파견의 임무를 김정묵 선생으로부터 지시를 받는 한편, 의열단의 義자 破자로 義자 위의 글자인 ○자 羊体印刻 · 羊尾鳳蕩 · 左手握手 · 눈 · 모다뜨기 · 닭다리 · 八眞味 등등의 암호며 본인의 암호(ㅗ)를 정하는 등 김소교님의 교육을 받고 대기 태세를 취하고 있던 바.

7. 1932년 4월 6일 김정묵 선생으로부터 본명 귀호를 [金山]으로 변명한 것과 200원의 여비를 받아 의복, 신발 등을 준비한 후 4월 10일 북경발 기

차편으로 만주에 향하였던 바. 산해관은 무사히 통화하였으나 大凌河 철교에서 일본 군인의 조사가 심하다는 말을 듣고 錦縣에서 하차하여 대릉하 旬子에서 본선을 이용하여 彼岸까지 착륙할 순간 倭憲兵에 체포되어 봉천성 내 헌병대 본부에 끌려가 藍衣社 便衣隊로 몰려 무수한 고문을 당하고도 끝내 실토를 하지 않고 봉천시내 羅景錫 · 李憲 두 분의 후의로 신병이 보증 인수되어 약 2개월 만에 석방에 이르자.

8. 이상 두 분의 인연을 기회로 취직 알선을 간청하였던 바, 같은 해 6월 초에 소위 만주국 민정부 警務司에 傭員으로 취직되어 본인이 원했던 군계는 아니지만 위선일보의 통로를 얻는데 성공, 민정부에서 충실히 근무하면서 전기 수명 사항을 산해관까지 밀행하여 제반 종합적 자료를 김광옥씨에게 수교하고,

9. 같은 해 10월 중순경 朝陽鎭 역전 廣濟의원 원장 金載浩선생으로부터 병원개업식에 초대한다는 빙자로 초대장을 받고 광제병원 밀회에 참석한 바, 각 처에서 참집한 동지 10여 명이 본부서 하달된 여러 가지 지명을 김원장으로부터 전달받고 그 이후 연락에 있어서 산해관은 중지하고 김원장에게로 할 것을 약속함과 동시에 반만항일 지하단체인 구국회에 대한 처리문제를 품의한 바, 한국독립군이나 반만항일 구국회원이나 동일시, 동일 전우로 처우하여 보호구제에 최선을 다하라는 김원장의 지시를 받고 병원에서 일박 후 다음날 신경으로 귀환하여 계속 활동 중,

10. 1935년 소위 속관으로 승진되어 신설 安東省 公署 警務廳으로 전근되어 약 1년 동안 재직하면서

(가) 반만항일단체인 구국회(한중애국인사들로 조직된 지하단체)회원 수백 명이 일군토벌대에 의하여 安奉線 鳳凰城 · 本溪湖 등지에서 체포되어 마구 처형을 당하던 1935년 5월 하순경 본계호 東方 城廠이란 산골짜기에서 모조리 총살에 처할 현장에서 이들을 엄밀히 조사하여 특수 공작에 이용하겠다고 빙자하고, 본인이 인수할 것을 일본군 대장에게 건의 교섭한 결과, 의외로 이

것이 적중되어(당시 본인은 안동성 경무청 특수공작반 소속) 2백여 명의 구국회원을 인수하여 정밀 조사를 빙자하고 조사기일을 천연시켜 서서히 석방할 기회를 얻어 전원의 생명을 구출하였으며.

(나) 이와 같이 소위 만주국관리로 있으면서도 항상 왜관헌의 주목을 받아 소위 일본의 2·26사건으로 1936년 2월 28일 안동현 일본헌병대에 검속되어 약 1개월 동안 옥고를 겪다가 3월 말에 석방되었으며(당시 故 片德烈 동지 역시 옥중 同苦)

(다) 1936년 7월 중순경 제반 자료를 종합 보고하기 위하여 산해관에 갔을 때 독립투사 李圭東(호는 貫一)선생을 길림까지 안전하게 인도하라는 서면 지시를 받고, 같은 해 7월 하순경 북경까지 출장하여 이규동 선생을 모시고 안동까지 안착시켜 본인의 집에서 약 1개월간 유숙하신 후 길림까지 무사히 안내하였으며.[16]

11. 1937년 6월 초 안동성으로부터 통화성 경무청으로 전근되어 근무하면서 표면으로는 체육회라 칭하고 이면으로는 동지들을 규합하기 위하여 통화유지를 망라한 단체를 조직하여 반만항일정신을 고취시키면서.

(가) 通化省 관하 각 지방에 피검되어있는 구국회원 130여 명을 특수공작에 이용한다는 빙자로 각 현 경무국으로부터 신병을 인수하여 정밀 조사를 운운하면서 시일을 천연시켜 李澤禧·金東成·黃載昊·咸然浩 외 130여 명의 애국인사들을 석방하는데 성공하였으며.

(나) 1936년 12월 중순경 통화성 무송현 공서경무국에 체포되어 이미 사형이 결정되어 처형장으로 끌려 나가는 일보직전에서 독립군 鄭龍虎(장백현 사람)·白基鉄 외 21명을 역시 특수공작에 이용한다는 명분과 구실을 내세워 상부의 연락과 갗은 방법으로 교섭한 결과, 이를 인수하는데 성공하여 23명의

---

16) 이규동과 관련된 부분은 박영석의 다음 논문이 참조된다. 박영석, 「일제하 재만한인유이민 신촌락형성—울진 경주이씨 일가의 이주사례—」, 『한민족독립운동사연구—만주지역을 중심으로—』, 일조각, 1982.

생명을 극적으로 구출하여 이들을 성공서로 인솔하여 와서 귀향증을 발급하여 각기 귀가 조치를 취하였고 (당시 이 사건에 적극 협력 하신 분 무송현 참사관 池金龍씨)

12. 통화성에서 재직할 때부터는 산해관 보고보다도 당면적인 본인 직접행동이 더욱 시급함을 절감하면서도 명령을 받는 사항은 이전과 같이 충실히 수행하면서 1937년 12월 초 통화성에서 장백현 공서에로 전근되어 근무하면서

(가) 縣警務局長이란 직위를 기화로 전자 함경북도지방 및 장백현을 중심으로 일어났던 보천보사건(애국자 朴達동지를 위시한 수 백병의 학살사건)에 관계되어 장백현 관하의 각 서(6개 서)에 구속되어 옥고를 겪고 있는 애국투사 150여 명을 본인의 직권을 善用하여 단계적으로 석방 조치를 취하는 한변 전기 구국회에 관련된 사건 조사는 일체 중지시켜 애국자 검속에 종지령을 내렸으며 (이로 인하여 大山이란 次席의 밀고로 省本部에 호출되어 조사 받은 일이 있음) 이로부터는 거리관례와 시간관계로 월정보고를 실행하지 못하고 정해지지 않은 기간적으로 보고하여 오던 바.

(나) 1938년 4월 중순경 북경에 게시던 김정묵선생께서 뜻밖에도 일본 경찰에 체포되어 함경북도(羅南) 경찰부에 이송되어 三輪이라는 고등과장에게 고문 취조를 당하고 계신다는 급보를 선생의 장남 교일 군으로부터 받고 약 3개월 동안 공작과 교섭을 거듭하여 온 결과, 이에 성공하여 본인이 선생의 신병을 보증인수하여 북경 자택까지 모셔다 드렸으며.

13. 그 다음해 1939년 5월 초순경 뜻밖에 김정묵 선생께서 북경서 장백현까지 오신 바. 내용인 즉 [현직포기 원대복귀]라는 쪽지의 지령을 남기시고 삼일후 장백현을 떠났으며 본인은 이 지령을 받고 對岸惠山鎭道立병원의 [肺浸潤]이란 폐병 진단서를 첨부하여 병가를 제출하고 (당시 제출자는 본인의 비서 金德圭경위. 현재 경주시 노서동 94~5주거) 전지요양을 빙자하고 장백현을 떠나 三防 약수포 · 서울성모병원 · 五龍背

온천 등지를 전전하다가 같은 해 5월 하순경 북경에 복귀함으로써 만주에 파견된 임무가 해지되고 변명 [김산]에서 본명 귀호로 환원되었음.

14. 북경에 복귀한 후 과반 만주공작상황을 김정묵·김재호 두 선생에게 보고를 드리고 복귀사유에 대한 설명도 상문하였으며 시국이 날로 긴박하니 이후 공작은 不必也求하고 북경에서 할 일이 많다고 하시면서 북경주재의 지시를 받고 西城 新街口 孟家大院에 본거지를 두고 적의 기관의 정보 수집과 동지 규합에 활동하면서 북경에 집결된 애국청년 李敏浩·金峯年·朴熙圭·黃世淳·朴鳳弼 30여 명에 대하여 신변보호, 거주주선, 행로안내, 여비조달, 식량피복보급 등의 활동을 하는 한편 일본경찰에 체포령이 내린 金始顯·朴時穆 두 선생을 河北省 란현城 내 春鳴인쇄소 주인 金琪斗씨(현 서울 거주) 집에까지 안내하여 약 2개월 동안 피신시키는 등 갖은 고난을 겪으면서 활동하여 오던 중,

15. 호사다마로 이 사실이 북경 일본경찰에 탄로되어 1943년 8월 16일 왜경에 체포되어 무수한 고문을 당한 나머지 오른쪽 발목에 골절상을 입어 행보 불능으로 동지들 등에 업혀 다니면서 혹독한 고문을 당하고 무기한 옥고를 치르다가 8·15 해방을 맞아 출옥되었으나 이 사건으로 말미암아 동지 수명이 옥사되었음은 실로 통탄을 금치 못할 뿐임.

3. 김정묵 집안의 민족운동

김정묵은 1888년[17] 12월 9일(음)에 아버지 金洙東과 어머니 趙南運의 삼형제 중 장남으로 태어났다. 둘째는 김사묵, 셋째는 김성묵이다. 김정묵은 碧珍 이씨 遇淑(1886~1961)과 결혼했다. 이우숙 아버지는 파리장서사건에 관여한 李德厚이다.[18] 1909년 11월 11일에 장남 敎一, 1912년 2월 18

---

17) 국가보훈처의 공적조서에는 1888년으로 기록되어 있다. 제적부에는 1894년으로 되어 있다.

18) 이덕후는 성주지역 국채보상운동에도 참여하였으며, 1908년 5월 이승희가 블라디보스토크로 망명하자 함께 배종하였다. 1911년 그의 삼남 李愚弼과 함께 이승희를

일에 차남 教三, 1907년 4월 14일에 장녀 教曾[19]을, 그 다음 1917년에 차녀 교순을[20] 선산군 高牙面 元湖洞 21번지에서 낳았다. 1920년을 전후해 삼남 大陸(太陸)[21]을 중국 여인과의 사이에 얻었다.[22]

1) 김정묵 형제들의 항일운동

(1) 金思默

김사묵은 1892년[23] 즈음에 차남으로 경상북도 善山郡 龜尾面 元塘洞에 서 출생하였다.[24] 1922년 12월 10일 경상북도 대구부 鷄林旅館에서 서로군 정서와 연결된 '朝鮮獨立後援義勇團' 사건에 연루되어 경상북도경찰부 고등 경찰과에 체포되었다. 같은 해 12월 18일 관련자가 검찰에 송치될 때 풀려 났다.[25] 1926년 8월 16일에 사망했다.[26]

김사묵이 관여한 조선독립후원의용단은 칠곡군 인동면 출신인 장탁원

따라 밀산에 들어갔다가 돌아오기도 하였다. 이우필은 1911년 노령으로 망명하여 1917년 러시아혁명 시 백위파와 국권회복을 도모하던 중 실종되었다.(안동대학교 안동문화연구소, 『경북독립운동사IV』, 경상북도, 2013, 87~90쪽)

19) 김교증은 해방 후 대구에서 사망하였다.(김교일의 아들 김광조 증언)

20) 김교순은 일제시대에는 흑룡강성 눌하학교에서 교사로 일하였으며, 해방 후 구미초 등학교 교사로 일하다가 월북하였다. 남편과는 일찍 사별하였다고 한다.(김교일의 아들 김광조의 증언)

21) 『北支地方に於ける要視察(容疑者を含む)朝鮮人の槪況』, 1940.2. 24쪽; 또 다른 자 료에는 1917년생으로 楊振崑으로 불리우며 의열단군관학교 모집연락원인 김정묵 의 庶子라 했다. 實家를 알 수 없으며 어머니 성을 따랐다고 한다. 군관학교 1기생 이다. 「義烈團經營の南京軍官學校の全貌」, 『思想彙報』 4, 1935.9, 115쪽.

22) 김사묵 등 김정묵의 형제들에 대한 내용은 장신의 다음 논문에 크게 도움을 받았 다. 장신, 「선산김씨 3형제의 독립운동」(미발표논문)

23) 1922년 경상북도경찰부에 체포되었을 때 30세였다.

24) 慶尙北道警察部, 『高等警察要史』, 1934, 210쪽.

25) 이에 대해 『매일신보』와 『동아일보』의 보도가 다르다. 『매일신보』는 12명, 『동아일 보』는 23명이 송치된 것으로 보도했다.

26) 사망일 추정은 제적부에 나오는 처 노주수와 혼인관계가 해소된 날에 따랐다. 아버지 김수동의 사망 신고일과 계모 오정렬(吳貞烈)의 혼인해소일이 같은 데서 착안했다.

이 활동한 독립운동단체로 3·1운동 이후인 1920년 9월에 경상북도 김천에서 비밀리에 조직되어 1922년에 일제 당국으로부터 탄압을 받을 때까지 활동한 단체이다. 조선독립후원의용단의 주요 인물은 金燦奎, 申泰植, 李應洙, 張世明 등 대부분 경상도 출신이었다. 조선독립후원의용단의 목적은 독립운동 자금과 독립운동 활동가를 모집하여 서로군정서를 지원하는 것이었다. 김찬규는 조선민족대동단의 단원으로 활동한 인물이었고, 1920년에 중국 길림성에서 안동 출신의 金應燮을 만나 독립운동을 계속하기로 하고 국내로 들어와서 1920년 9월에 경북 김천에서 신태식, 이응수 등과 만나 조선독립후원의용단을 결성하였다. 1920년 12월 무렵 김찬규는 김천에서 이응수에게 金東鎭으로부터 전달받은 서로군정서 발행의 군자금 모집 임명장, 서로군정서 군무총장 노백린 발행의 사형선고서, 상해 임시정부 명의의 독립선언에 관한 경고문 등을 넘겨주었다. 이후 대구에서 이태기와 양한위, 예천에서 김병동, 경남 창녕에서 김돈희, 거창에서 정내우 등을 설득하여 단원으로 가입시켜 조직을 강화하였다. 당시의 조직 구성을 보면, 경북 단장에 신태식, 총무국장 이응수, 군무총장 장세명, 군량총장 이명균, 재무총장 김병동, 군무국장 김병포, 재무국장 서상업·손성운, 경주지국장 허달, 경남 단장 김찬규, 총무국장 김홍기, 재무국장 김돈희 등이다.

조선독립후원의용단은 경상북도 각 지역의 부호들로부터 군자금을 확보하기 위한 활동을 벌였다. 1922년 1월부터 11월 사이에 경북 경산의 安炳吉, 청송의 趙奎漢·黃普薰·趙炳植, 안동의 李中晃·崔命吉·權炳奎, 영일의 李慶淵·李源璣, 영천의 權重晃, 군위의 洪海根, 洪貞修, 영덕의 권모 외 1명, 경남 창녕의 辛延植 등에게 자금 지원을 촉구하는 서신과 불응할 때 처단한다는 '사형선언소'를 발송하는 등의 활동을 벌였다. 1922년 11월 28일에 대구에서 이태기, 김사묵 등 4명이 체포됨으로써 이 단체의 실체가 밝혀졌다. 당시 1922년 12월 18일과 28일에 검거된 인원은 총 42명으로 경상북도 출신자는 30명이며 그중 칠곡군 인동면 신동 출신의 장탁원도 포함되어 있었다.

(2) 金成黙

김성묵은 1902년 4월 7일에 삼남으로 경상북도 善山郡 龜尾面 元坪洞 391번지에서 출생하였다. 제적부의 이름은 愿黙이다. 1919년 10월 17일에[27] 延安 이씨 李龍述(1901년생)과 결혼했다. 1924년 11월 21일[28] 만주 奉天市 大和區 柳町 10번지에서 장녀 敎玉을,[29] 1933년 2월 22일 하얼빈에서 장남 敎雄을 낳았다.[30]

1919년(또는 1920년)에 만주 봉천으로 건너가 형 정묵과 함께 독립운동에 나섰다. 1923년(또는 1924년)에 아내를 봉천에서 다시 만나 가정을 꾸리고 1928년 무렵에 하얼빈으로 이주했다. 독립군자금 모집 사건으로 일본 영사관경찰에 체포된 적도 있으며, 여성독립운동가 남자현과 교유했다. 『동아일보』 1930년 2월 13일 7면의 다음의 기사를 보면, 봉천에 형 정묵과 함께 있음을 짐작해 볼 수 있다.

中露戰線에 出戰한 朝鮮人 陸軍大佐 / 중국 육군계에 대활약중
【현직은 東三省 軍法處長】

---

27) 이용술은 「칠십노회가」에서 '병진년(1916년) 스무 하루'로 술회했다. 아마도 이 기억이 맞을 것이다.

28) 제적부에는 1924년 12월 27일으로 되어 있다.

29) 김교옥의 남편은 서종문이다. 그리고 김교옥의 아들이 서일교수다. 그는 연세대학교 의과대학 학장을 역임하였다.

30) 제적부에 따름. 김교웅은 해방 후 선산에서 초등학교를 졸업한 후 중학교에 낙방하자 작은 아버지가 있는 북한으로 공부하기 위해 갔다고 전해진다. 당시 어머니 이용술은 만주에 있던 상황이라 결국 생이별을 하게 되었다(김광조와의 면담에서 청취, 2018.7.13).

봉천(奉天)에 있는 동삼성(東三省) 군법처장(軍法處長)으로 오래전부터 조선사람 김정묵(金正黙)씨가 있었는데 금번 중로전선(中露戰線) 출전(出戰) 중이다가 지난달 27일 봉천에 돌아왔다. 기자는 지난 3일에 그를 찾았더니 그는 중국 평복(中國平服)을 입고 풍채 좋은 얼굴에 화기가 만만하여 맞어준다. 초면 인사말을 한 후 씨는 씨의 아우 김성묵(金成黙)씨를 면회시켜준다. 이곳은 사택(私宅)이 아니었으나 아우까지 만나게 함은 가족적이었다.

또한 『조선일보』 1930년 7월 8일 6면에도 다음과 같은 기록이 있어 1930년 김성묵이 봉천에서 거주하였음을 짐작해 볼 수 있다.

奉天留學生 爲하야 義誠學院 設立
주장은 어학을 가르킨다
有志 金成黙氏 發起

국내로부터 봉천에 유학 오는 학생은 어학준비에 있어 막대한 고통을 느끼는바 봉천유지 김성묵씨 외 다수 인사의 발기로 의성학원을 설립케 되어 일반 유학생에게 막대한 편의가 된다 하며 학원의 내용은 아래와 같다더라.

일. 명칭   義城學院
일. 위치   遼寧省城
일. 목적   중국 중등이상 각학교에 입학할 자격을 양성함
일. 과목   漢語 漢文 英語
일. 입학금 2元   월사금 1원
일. 기숙비 9원

1936년 1월 29일 만주국 하얼빈에서 사망하여[31] 남강외인묘지에 묻혔

---

31) 「칠십노회가」에 따랐다. 제적부에는 1934년 7월 8일 오전 3시 만주국 봉천시 대화구 류정에서 사망한 것으로 되어 있다.

다. 김성묵의 부인 李龍述의[32] 「칠십노회가」에는[33] 김성묵의 망명을 다음과 같이 서술하고 있다.

> 십팔 세 청년으로 다사(多事) 분주하는 일 무슨 소관인지 일시도 한가한 때 없이 분망하더니, 어느 날 하는 말이 친가 다녀오라 하며 같이 가서 즉시 떠나며 대구로 간다더니 수일 후에 편지가 오길 만주봉천 도착했다 하며 속히 돌아갈 것이니 안심하고 몸 편히 잘 있으라 하였으니 속절없는 이별이라.

아울러 남편을 찾아 만주로 찾아가 만난 순간이 이야기를 다음과 같이 기록하고 있다.

> 출가외인 되온 몸이 군자를 못 섬기고 허송세월 원통하여 백년 주인 만나려고 가기를 결심하고 아버님전 여쭈오니 완고하신 애정에 "여자 행지(行地) 수

<hr>

32) 김성묵의 부인 李龍述 연보

1901년	10월 15일 아버지 연안 이씨 현항(鉉沆)과 어머니 이정숙(李貞淑)의 장녀로 경상북도 김천군(金泉郡) 구성면(龜成面) 미평리(米坪里) 55번지에서 태어남.
1916년	김성묵과 혼인.
1919년경	남편 김성묵 만주 봉천으로 떠남. 그 전에 친정에 가서 머뭄.
1923년 4월 중순	친정 오빠와 함께 봉천에서 김성묵을 만나 함께 삼.
1923~4년경	독립군자금 사건으로 일본 영사관 경찰에 피검. 5~6개월 고초.
1924년 11월	장녀 교옥을 봉천에서 낳음.
1927~8년경	봉천에서 하얼빈으로 이주.
1933년	장남 교웅 태어남.
1936년	남편 김성묵 사망. 하얼빈 남강 외인 묘지에 매장.
1938년경	이름을 알 수 없는 아들 사망(모두 4남 2녀 낳음). 이후 하얼빈을 떠남
1943년	장녀 교옥. 달성 서씨 鍾文(大竹鍾文)과 결혼.
1946년	4월 10일. 14세이던 교웅이 종형(김교삼으로 추정)을 따라 북한으로 감.
1950년경	한국전쟁 발발 후 교웅이 인민군으로 말을 타고 경북 의성에 나타나 서종문의 동생을 만남. 이용술은 국군의 방어선 안에 있는 대구에 있었거나 또는 피난을 간 상태로 교웅을 만나지 못함. 나중에 이야기 들음.
1990년	사망. 교웅에게 줄 용돈을 맏외손녀 서성희에게 맡김.

33) 이원승, 「칩십로회가 주해—어느 독립운동가 집안 한 아내의 한 많은 일생」, 『도남학보』 25, 2015.

만리 타국 호지(胡地)를 어찌 행하리." 하시며 만류하시나 만단사정(萬端事情) 수일 만에 남매가기 작정하여 마중오라 편지하고 계해년(1923) 사월 중순에 녹음방초 성화(盛華)시라. 산천초목 물들어서 청청(靑靑)한 우리 강산 잊지 못할 산천이며, 연고(年高)하신 조상부모 유정다정 혈육친지 애연(哀然)이 떨칠 적에 생이사별(生離死別)이라. 누수(淚水)로 작별하고 선풍도골(仙風道骨) 우리 오빠 남매 동행 여한 없이 기차에 몸을 실어 평양 가서 유숙하고 떠나 한 깊은 압록강을 순식간에 넘어 안동현 도착하니 그곳이 중국 땅이라. 독립사상인도 왕래하여 마중와서 만나오니 한없이 반가우나 조사가 심하여서 중국인 차림으로 서있더라.

끝으로 항일운동과 고문, 순국을 다음과 같이 간략히 서술하고 있다.

아연(啞然)[34] 작별 가득한 심회 무언무소 감수하고 화락동심 수월 간에 뜻밖에도 악독한 일본 영사관에 검거되어 형제이력 총출하여 김해산, 김해남 수령으로 독립운동 군자금 전달이며, 수많은 부하지도 중형 죄목 모진 형벌 초사 겪고 오륙삭(五六朔)만에 출옥은 하였으나 팔척장체(八尺長體) 허(虛)한 기질에 피골이 상접하여 한약 신약을 복용하나 회복하지 못하고 이십삼사 청춘 시절 조석 한 때 감식(甘食)을 모르고 골수에 병으로 십여 년간 남북만주 모진 삭풍 자유없이 가는 곳마다 동지 손님 떠날 날이 없사오니 생활은 불신(不信)이고 남녀 생산 4남 2녀 하였으나 삭풍설한(朔風雪寒) 불길한데 적빈소처(赤貧所處)[35] 잘못하여 없애온 듯 원통하고 아까우나 할 수 없이 낱낱 희망 기대하는 중 만주사변(1931) 일어나니, 대국천지 복색 다른 일본인이 남북만주 점령하니 대천지에 원수인데 피할 곳 전혀 없어 구사도명(九死禱命)[36] 근근유지 하는 중에
우연첨상(偶然添床)[37] 감기라 하고 누운 병석 삼사월 고통하나 삼십사 춘

---

34) 놀라는 모양.
35) 몹시 가난한 상황.
36) 구사일생(九死一生)의 뜻.
37) 우연히 자리에 더해짐.

광(春光)[38]이라 차차 회복 기대하여 답답하다 하며 안 죽는다 맹세하고 조급하다 책망하더니 백년언약을 믿었더니 천도(天道)가 무심하고 조물이 시기함인지 운명이 그 뿐인가 병자년(1936) 정월 이십구일 영락(零落) 풍전낙화(風前落花) 눈 못 감고 유명을 달리하였으니 함언무지(含言無知) 모르오니 애정하던 이 식구 뉘를 믿고 산단말고, 애고답답 하늘이 무너진 슬픔과 설음 원통한 심장이 막혀 호흡이 불통이라. 그 때 같이 따라 죽으며 영광 길을 가고 싶지만 그 것 역시 허사로다.

2) 김정묵의 아들들의 항일운동

(1) 金敎一

1909년 11월 11일에[39] 아버지 김정묵과 어머니 李愚淑 사이의 장남으로 태어났다. 본적은 경상북도 善山郡 龜尾面 元坪洞 391번지다. 1935년 8월 5일에 1911년생인 함경도 출신 밀양 박씨 允周(1961년 사망)와 혼인했다. 1936년 4월 8일에 장녀 允子를, 1938년 6월 16일에 차녀 珠子를,[40] 1940년 1월 16일에 장남 光祖를 하얼빈에서 낳았다.[41] 또 1943년 2월 15일에 삼녀 英子를, 1946년에는 사녀 甲祚를 각각 대구부 南城町 122번지에서 낳았다. 김교일은 아버지 김정묵을 따라 중국으로 건너가 의열단 관계 군관학교에 입학했다는 기록이 있다.[42]

김성묵의 처 이용술의 「칠십노회가」에 보면, 1930년대 치치하얼 너머시에 거주한 것으로 보인다.

---

38) 젊음에 비유.
39) 1909년 6월 12일이라는 기록도 있다. 「義烈團經營の南京軍官學校の全貌」, 『思想彙報』 4, 1935.9, 124쪽.
40) 경상북도 대구부 新町 302번지에서 낳았다는 설도 있다.
41) 김광조는 하얼빈에서 출생한지 6일만에 국내로 들어왔다고 한다(김광조 증언, 필자와의 면담, 2018.7.14).
42) 「義烈團經營の南京軍官學校の全貌」, 『思想彙報』 4, 1935.9, 124쪽.

현순백결(懸鶉百結)[43] 세 식구가 갈 길이 묘연(杳然)하여 교일을[44] 찾아 행하오니 수 천리 원정 용강성 너허[45]를 향해 차를 타고 시베리아 벌판 오륙십도 심한 추위 어느 지경인지 얼어 못 간다 하여 일야를 요동(搖動) 안하여 기한이 극심하여 허허벌판 무인가에 중국사람 빵 사러 가는데 따라나선 옥아(십사세 어린 것이)의 행방이 여덟 시간 지났으나 돌아오지 않으니 무슨 타액(他厄) 또 남아서 억수간장 타는 중 엄마! 하고 돌아오니 반갑기 한이 없어 너허 큰집 찾아가니 어른 아해 대식구에 난처 빛이 완연하니 그도 역시 못하겠고 월여(月餘) 지체후 봉천으로 오려하나 하처(何處)에 지인이 없이 가련행색 비참하다. 옛적시절 감루지회(感淚之悔) 억제하기 극난하나 도리없어 서울댁을 찾아가니 인후하신 성덕으로 친숙(親叔)같이 우대하오시니 고맙고도 황송한 마음 잊을 길이 없더라.

해방 전에는 1930년 심양에서 농업에 종사하였으며,[46] 해방 직후 고향으로 귀국하였다고 전한다.[47]

(2) 金敎三

일명 金民山, 楊民山이다. 일본 측 정보기록인 『소화사상통제사자료』에서는 김교삼에 대하여 다음과 같이 기록하고 있다.

나　이: 26세(1939년 현재)
출신지: 慶尙北道 善山郡 高牙面 元湖洞 21
현주소: 北京 西城永王府後門內 23호(현주)
현직업: 무직
학　력: 北京소재 支那측이 경영하는 사립중학교를 졸업, 支那군관학교

---

43) 옷이 헤어져서 백군데나 기웠다는 뜻으로, 남루한 옷차림을 뜻함.
44) 큰 댁 아들인 김교일.
45) 지명.
46) 김광조 소장 사진 참조.
47) 김교일의 장남 김광조와의 면담에서 청취(2018.7.13).

경력 및 활동: 1935년 3월경 당시 中南支那의 민족혁명당 金元鳳의 內命을
받아 군관학생 모집을 위해 北京에 밀파된 金學武의 권유로 무단가출하여 남
경으로 가서, 김원봉의 소개로 남경소재 支那군관학교 제1기생으로서 통학.
民革黨 가입. 남경함락에 따라 黨首 金元鳳과 함께 漢口를 거쳐 長沙방면으로
이동.
사회관계: 金正黙, 金學武, 金元鳳

김교삼은 1912년 2월 18일에 아버지 김정묵과 어머니 이우숙의 차남으
로 태어났다.[48] 본적은 경상북도 선산군 구미면 원평동 391번지이며, 출신
지는 선산군 高牙面 元湖洞 21번지다. 중국 북경에서 중국인이 운영하는 사
립중학교를 졸업했다. 조카인 김광조에 의하면, 연안파로서 형제들 간에 제
일 총명하였다고 한다.[49]

1935년 3월 의열단이 운영하는 남경군관학교(조선혁명간부학교)에 제1
기생으로 입학하고, 김원봉 계열의 조선민족혁명당에 가입활동했다는 기록
이 있다.[50] 특히 그는 윤세주, 김세광, 이춘암 등과 같이 김원봉사람들로 불
리워지는 인물이었다.[51]

1939년에는 조선민족혁명당원, 1941년에는 조선의용대에서 활동한 것
으로 보인다. 여기에 등장하는 양민산이 김교삼이다. 『한민족독립운동사자
료집』 46권, 중국지역독립운동 재판기록 4 「民族革命黨員 李初生事件(國漢
文) 경찰신문조서 증인 李尙奎 신문조서(제二회)」에,

---

48) 김교삼의 어린 시절 사진이 있다(김광조 소장).
49) 김광조와의 면담에서 청취(2018.7.13).
50) 『北支地方に於ける要視察(容疑者を含む)朝鮮人の槪況』1940.2. ; 반면에 조선혁명
간부학교 재학생이나 졸업생의 활동에서 동생인 김대륙의 이름을 볼 수 있지만 김
교일과 김교삼은 확인되지 않는다. 김영범, 『한국근대민족운동과 의열단』, 창작과
비평사, 1997, 309~314쪽 · 331~339쪽.
51) 염인호, 『조선의용군의 독립운동』, 나남출판, 2001, 99쪽.

문: 宜昌에서 체재 중 일어난 사건의 상황을 진술하라.

답: 宜昌에 체재 중 金元鳳으로부터의 명령(통신)에 의하여 조선민족혁명
　　당원 金斗鳳(당 五三세 金元鳳의 종형), 申岳 (당 五〇세 가량), 楊民山
　　(당 二八세가량)의 3인이 漢口에서 金元鳳의 지배하에 공작을 하기 위
　　하여 漢口로 돌아간 것 이외에는 별다른 일은 없었다.

라고 있듯이, 1941년에는 조선의용대에서 활동하였다. 『한국독립운동사자
료 26권』 임정편 XI, 독립 및 교포 관련 公私書函 목록, 1941(臨政 23/民國
30)」, 金學奎 · 王俊誠이 朱家驊에게,

　　그들의 제1과 제2의 두 개 支隊는 漢口에 있을 때부터 그런 마음을 품고 있
었다. 최근 3년 동안 그들이 왜 洛陽과 老河口에 먼저 가서 주둔하고 있었는가
도 바로 여기에 있다. 그들은 끊임없이 延安과 왕래하고 있으며, 1939년 延安
의 抗日大學에 가서 교육받은 자의 수는 수 10명에 달한다. 그들은 벌써부터
그 쪽으로 가고 싶었으나 黃河를 건너가야 할 조건이 마땅치 않아 특히 洛陽
에 있는 中國當局의 때때로의 감시와 渡河證을 발급해 주지 않았기 때문에 그
들의 소원은 실현되지 못했던 것이어서 항상 고민속에서 나날을 보냈었다. 금
년 3월 상순 그 義勇隊의 제3支隊를 重慶으로부터 洛陽으로 이동시킨 후 그
隊의 隊長 金若山과 朴孝三(이 두 사람은 中央軍官學校 제4기 졸업생이라 中
國 친구가 많음)등은 重慶과 洛陽에서 渡河證 운동을 한 결과 금년 3월중에
제3支隊의 渡河證을 洛陽에서 받고 石正 · 朴孝三 · 楊民山 · 全世日 · 李春南
(註 : 李春岩의 誤일 것임)등이 영도하여 제3支隊의 전원을 인솔, 渡河하여 林
縣의 中國 제40軍團이 駐防하고 있는 범위로 들어 갔다(그곳에서 中共區域과
는 50華里임). 그러나 그 후 한달도 못되는 사이 그들은 40軍團의 駐屯範圍를
이탈하고 中共區域으로 넘어갔다. 이렇게 된 다음 洛陽과 老河口에 있던 제1
과 제2 두개 支隊는 政治部의 명령도 없이 金學武 · 王子仁 · 胡哲明 등이 인
솔하여 6월 下旬에 黃河를 몰래 넘어 中共 품안으로 바로 갔다.

라고 있다. 한편 조선의용군 화북지대에서도 활동하였으며,[52] 김두봉의 비서로 연안에서 활동하기도 하였다.[53]

해방 후에는 아들 둘과 함께 북한으로 갔으며,[54] 북한에서 활동한 내용들도 보인다. 이름은 김민산·양민산 등으로 나타나고 있다. 1946년 2월에는 평양에서 개최된 독립동맹 전체대회에 참여하였다. 아울러 이 대회에서 독립동맹이 조선신민당으로 개편되자 김두봉, 최창익, 백남운 등 17명 중앙집행위원 가운데 1인으로 양민산이란 이름으로 임명되기도 하였다.[55] 또한 『조선일보』, 『경향신문』 1948년 4월 25일자에 보면,

> 남북연석회의 3일째
> 4월 23일 평양방송은 남북회담 제3일의 광경을 다음과 같이 보도하였다.
> 남북정당사회단체대표자연석회의 제3일은 22일 상오 10시 20분부터 牡丹峰극장에서 근로인민당 부위원장 白南雲의 사회로 진행되었다. 청년대표의 축하가 있은 다음 제2일에 이어 토론으로 들어갔다. 근로인민당 宋강 인민공화당대표 윤성산 북조선문학예술총연맹 洪淳哲 전평 許成澤이 토론에 참가하였다. 상오 12시 20분 휴게 동 45분에 재개하였다. 이때 한독당 金九·趙素昻·趙琬九 민주독립당 洪命憙가 참석하게 되어 회의는 이 4씨를 주석권으로 보선하였다. 하오 회의에는 金九·趙素昻·洪命憙 3씨의 축사가 있었으며 이어 민중동맹 黃郁 재일조선인연맹 이봉민 북로당 金民山 등 제씨의 토론이 있었다.

라고 하여 북로당 김민산을 언급하고 있다. 旬刊『북조선통신』 1948년 8월 하순호, 「북한지역 조선최고인민회의 제1기 대의원 선거」에서도 대의원 명

---

52) 염인호, 앞의 책, 117·122쪽.

53) 위의 책, 154쪽.

54) 김광조와의 면담에서 청취.

55) 염인호, 위의 책, 231쪽. RG242. 조선신민당(전 조선독립동맹, 선언 강령 규약) 1953.

부에 김민산의 이름이 보이고 있다. 아울러 전쟁 중인 1952년 8월 9일 (『자료대한민국사』제26권, 1952년, 林炳稷, 임병직) 토론토에서 개최된 제18차 국제적십자회의에서 한국전쟁과 관련하여 논의된 상황 등을 이승만에게 보고한 것에도 다음과 같은 내용이 있다.[56]

(4) 전쟁포로와 세균전 문제

토론토의 회의에 참석한 북한 공산주의자들은 김석복(Kim Sek Bok), 김민산(Kim Min San), 김배준(Kim Pai Joon)이었다. 김민산은 그 팀의 대변인이다. 이들의 사진을 이 보고서 말미에 첨부하였다.

김민산은 총회에서 한국말로 연설하였다. 그의 연설은 힘차고 훌륭했다. 그의 연설 주제는 유엔군의 세균전 전개와 전쟁포로 학대인데, 소련 및 중국 공산세력의 연설과 거의 동일한 내용이었다. 김민산의 연설은 중국 여성에 의해 영어로 통역되었다. 그러나 그녀의 통역에는 김민산이 말하지도 않은 내용이 많았다. 회의 의장인 프랑스 대사 앙드레 프랑수아-뽕세(Andre Francois-Poncet)가 이 점을 강하게 지적했다.

아울러 1953년 간행된『근로자』에도「조국 전선을 강화함에 있어서 우리 당의 지도적 역할」을 발표하고 있다.

(3) 金大陸

김대륙은 김정묵의 3남으로 중국 부인과의 사이에 난 자식이다.[57] 아버지인 김정묵과 오랜 시간을 보낸 아들이며, 조선말은 못하고 중국어만 가능하였다고 한다.[58] 이명은 楊振崑이다.[59] 일본사상통제사 자료에는 김대륙에 대하여 다음과 같이 기록하고 있다.

---

56) 『대한민국사자료집: 이승만관계서한자료집 4(1952)』31권, 284~291쪽.
57) 중국 어머니와 10대에 찍은 사진이 있다(김광조 소장).
58) 김광조와의 면담에서 청취.
59) 『사상정세시찰보고집』제2권, 255 · 377쪽.

나 이: 19세(1939년 현재)

출신지: 慶尙北道 善山郡 高牙面 元湖洞 21(본적)

현주소: 北京 西城永王府後門內 23호

가족관계: 부 金正黙

가족관계 기타: 둘째 형 金敎三

현직업: 학생

학 력: 1936년 7월 중국 측이 경영하는 盛新중학교에 입학했으나, 다음해
인 1937년 3월 진급 시 험에 낙제했음. 北京소재 사립 鏡湖중학교
로 전학하여 현재 통학 중.

경력 및 활동: 낙제한 뒤 春期휴학을 이용하여 河南省 開封에 거주하는 전
동창생 孫一의 집을 찾아 휴양하기 위해, 實父가 보관중인 현
금 25원을 갖고 무단가출하여 河南省 開封로 갔으나, 1937년
7월 중순경 돌아왔다.(둘째형인 敎三이 있는 곳으로 가던 도
중에 돌아온 것으로 추측된다)

사회관계: 둘째 형 金敎三과 내통의 혐의가 있다.

위의 내용을 통해 볼 때, 김대륙은 김정묵의 아들로서 1939년 당시 19세
이다. 다른 기록에 따르면, 만주에서 출생하였다고 한다.[60] 1936년 7월 중
국 측이 경영하는 盛新중학교에 입학했으나, 다음 해인 1937년 3월 진급시
험에 낙제하였다. 그 후 북경소재 사립 鏡湖중학교로 전학하였다. 낙제한
뒤 春期휴학을 이용하여 河南省 開封에 거주하는 전 동창생 孫一의 집을 찾
아 휴양하기 위해, 實父가 보관중인 현금 25원을 갖고 무단가출하여 河南
省 開封로 갔으나, 1937년 7월 중순경 돌아왔다. 둘째형인 敎三이 있는 곳
으로 가던 도중에 돌아온 것으로 추측된다.

한편 김대륙은 1932년 10월 조선혁명군 정치군사간부학교를 제1기로 입
학하여 1933년 9월 졸업하였다. 중국어에 정통하고 김원봉의 신임이 두터

---

60) 『사상정제시찰보고집』 제2권 22, 428쪽.

위, 1934년에는 藍衣社 간부 양성소에서 제2기 졸업생 實永周와 함께 훈련을 받고, 1936년 3월 남의사 고등양성소에서 훈련을 받았다.[61] 그 후 그는 일경에 체포되어 순국하였는데, 집안에서는 그가 조선말을 못하여 일경에게 맞아 죽었다고 한다. 결혼은 하지 않았다고 한다.[62]

4. 맺음말

학계에서는 우당 이회영 가문, 석주 이상룡 가문, 왕산 허위 가문 등 수많은 항일운동 명문가문들에 대하여 연구하여 왔다. 이들 집안과 가문들의 역할이 우리 민족의 광복과 해방에 큰 기여를 하여 왔음은 주지의 사실이다. 그러나 그동안 그에 필적하는 다양한 문중들이 항일투쟁에 참여하였음에도 불구하고 학계의 무관심과 자료 부족 등으로 인하여 많은 가문들과 항일투사들이 잊혀져 온 것 또한 사실이다. 잊혀져 온 가문 중의 한 가문이 바로 선산 김씨 김정묵 집안이다.

그동안 김정묵과 그의 형제들, 자녀들의 민족운동은 세상에 알려지지 않았다. 그러나 지금까지 검토해 온 바와 같이, 김정묵 가문의 여러 독립운동가들은 국내와 만주, 중국본토에서 독립운동을 치열하게 전개하여 왔다. 특히 의열단 등 다양한 독립운동단체에서 활동하였다. 특별히 주목되는 것은 김정묵이 만주와 중국본토에서 중국군출신으로서 독립운동의 현장에서 독립군으로서 뿐만 아니라 독립군의 후원세력으로서 큰 후원을 하였다는 점이다. 아울러 김정묵의 동생 김사묵은 국내의 조선독립후원의용단에서, 김성묵은 만주벌판에서 항일운동을 전개하였다. 또한 김정묵의 아들 3형제

---

61) 『사상정세시찰보고집』 제2권 22, 428쪽.
62) 김광조와의 면담에서 청취. 김대륙에 대하여는 자료들이 제한되어 있어 활동들이 김교삼과 중첩되어 있는 부분들이 있는가 등 앞으로 보다 신중한 검토가 필요할 것으로 보인다.

인 김교일, 김교삼, 김대륙 등은 의열단에서 활동하였다. 특히 김교삼은 조선의용대, 조선의용군으로서 항일투쟁을 전개하였던 것이다. 김정묵가의 이러한 항일투쟁은 경북지역 가문의 항일투쟁의 대표적인 사례로서 역사적으로 큰 의미가 있다고 할 수 있을 것이다.

그러나 김정묵의 만주지역 활동과 그의 집안의 민족운동에 대한 부분은 아직도 자료부족으로 충분히 검토되었다고 보기 어려울 것 같다. 김정묵의 망명과정, 만주지역에서의 활동 및 황귀호와의 관계, 김정묵의 동생들인 김사묵, 김성묵의 독립운동, 김정묵의 아들 김교삼, 김대륙에 대한 보다 정확한 규명 그리고 월북한 김교삼의 북한에서의 활동 등도 앞으로의 과제가 아닌가 한다.

4장

중국 군벌과 한국독립운동가들의 교류와 연계활동

- 해산 김정묵을 중심으로 -

장세윤

중국 군벌과 한국독립운동가들의 교류와 연계활동

- 해산 김정묵을 중심으로 -

장 세 윤

1. 머리말

경북 선산(구미) 출신의 海山 金正黙 선생은 1963년 대통령표창, 1991년에 건국훈장 애국장에 추서되었지만, 최근까지 그의 독립운동에 대한 연구는 거의 없었다. 2019년 2월 "해산 김정묵과 그 집안의 독립운동"을 주제로 하는 학술회의가 최초로 개최되면서, 그 결과물 2편이 2020년 전문 학술지에 게재되었다.[1] 아직 그의 형제 및 아들들의 독립운동에 대한 조사와 정리, 그리고 독립운동유공자로 포상도 이루어지지 않았다.

김정묵은 1918년 가족과 함께 북만주 奉天(현재 瀋陽)으로 망명하여 北京·上海·奉天 등지에서 대한민국임시정부 임시의정원 경상도의원과 중국 국민당정부의 군벌 張學良 휘하에서 軍法處長으로 활동하였다. 이 기간 중 광복회, 국민대표회의 北京統一策進會, 北京韓僑俱樂部, 北京韓僑同志會, 한국유일독립당 북경촉성회, 한인애국단, 의열단 등의 독립운동 단체에서 활동하다가 1944년 4월 북경에서 별세한 것으로 알려져 있을 뿐, 그의 행적은 아직도 베일에 싸여있다고 해도 과언이 아니다.[2]

김정묵은 1911년 장인의 동문인 韓溪 李承熙가 있는 중국 密山 韓興洞에

---

1) 권대웅, 「海山 金正黙의 사회적 연망과 해외 망명」, 『민족문화논총』 74호 영남대학교 민족문화연구소, 2020; 조규태, 「海山 金正黙의 중국 關內에서의 민족운동」, 『대구사학』 138권, 대구사학회, 2020.
2) 권대웅, 위의 논문 1~2쪽.

가서 독립운동기지를 건설하는 활동을 전개하였다. 그리고 1914년 한계 이승희가 孔敎會운동을 하기 위해 북경으로 이동함에 따라 북경에 유학하였다. 그는 1914년 북경 법정전문학교 법률과에 입학하여 4년간 근대적인 학문을 수학하였다. 1918년 제1차 세계대전 종전에 즈음하여, 중국동북지역(만주)과 러시아 연해주에서 다양한 활동을 전개하다가 1919년 4월 경 중국 상해에서 대한민국임시정부가 수립되자, 이에 참여하였다. 그는 임시의정원 경상도 의원으로 제도를 정비하고, 여러 정책을 결정하는 한편, 독립운동자금을 마련하기 위한 방책을 마련하였다. 또 그는 임시의정원 의원으로서 1919년 9월 대한민국임시정부와 한성정부·대한국민의회의 통합에 기여하였다. 그러나 그는 통합 후 임시정부와 임시의정원의 운영에 불만을 품고 임시의정원 의원을 사직하였다. 이후 북경으로 가서 申采浩 등과 무장투쟁세력의 통일과 이를 통한 독립운동을 추진하였다. 다만 그는 소비에트 러시아의 지원에 의해 군대를 양성하려는 朴容萬과 申肅 주도의 군사통일회의에 참여하지 않고, 金佐鎭 등과 연계하여 중국의 지원에 의한 군사단체의 통일을 이루고자 했다.[3]

1920년대 중반 러일협약과 三矢協定에 따라 일본과 러시아, 일본과 중국 동북의 패권자인 奉天군벌과의 화해 분위기가 형성되면서 중국과 연해주에서의 독립운동이 어려움에 봉착하고, 또 국내에서도 타협적 독립운동인 자치운동이 전개되었다. 그러나 그는 절대독립을 지향하는 투쟁적 독립운동노선을 고수하였다. 특히 그는 1925~26년 의열단과 연계하여 金昌淑(경북 성주)의 '제2차 유림단의거'를 지원하였고, 1926년 '대독립당조직 북경촉성회'에 참여하였다. 한편 그는 1926년 11월 경 북경에서 入籍墾民會를 발기하고 만주지역 한인의 입적을 도와 이들의 권익을 옹호하기 위한 활동

---

3) 조규태, 앞의 논문, 116쪽.

을 전개하였다. 또한 만주지역의 한인을 괴롭히는 마적과 관계를 개선하고, 反韓人 감정을 갖고 있던 중국인들의 인식과 태도를 개선하기 위한 활동을 전개하였다.[4]

1931년 일본의 중국 동북지방 침략사태인 '만주사변(일명 9·18사변)'이 발생한 후 그는 중국 동북에서 북경으로 이동하여 1932~33년 경 金元鳳과 항일구국회 활동을 전개하였고, 熱河지방에 중한항일전을 전개하기 위한 '한인의용군 사령부'를 조직하고자 했다. 한편 그는 1932년 8월 이후 중국 군사위원회 北平分會 법무관이 된 것을 이용하여, 중국국민당 간부 및 군사위원들과 접촉하여 '조선혁명군사정치간부학교'와 낙양군관학교의 개설과 학생 모집, 운영 등을 적극 후원하였다.[5] 중국의 고등교육을 받아 안일하게 살 수 있었지만, 독립운동과 한민족의 권익신장, 공동체, 公共善에 기여하려는 험난한 길을 걸었다.

이에 중국 군벌과 한국독립운동가들의 교류와 연계활동이라는 주제를 김정묵의 활동을 중심으로 개략적으로 검토·정리하고자 한다.

2. 김정묵의 생애 개관

현재 국가보훈처 발간 독립유공자 서술내용과 북경지역 활동을 간략히 살펴보기로 한다.

1) 국가보훈처 공훈록 내용

* 김정묵(1888.12.9~1944.4.19)
  경상북도 선산 사람이다.

---

4) 위와 같음.
5) 조규태, 위의 논문, 116~117쪽.

유교적 영향권이 큰 고장에서 성장한 그는 일찍부터 나라가 外勢에 좌우되고 있는 것을 막지 못하면 마침내 나라도 없어질 것이라는 시대적 흐름에 그대로 따랐다. 儒林들로부터 받은 그의 국가관은 바로 유교적 정치이념 그대로 였기 때문에 여느 유림들이 주창하는 倭洋一體를 함께 부르짖었다.

1910년 합방으로 인하여 주권이 완전히 상실 당하자 실력으로서 독립을 되찾는 항일 운동을 전개해야겠다고 느낀 그는 일제의 탄압이 심한 국내에서 더 이상 독립운동을 전개할 수 없음을 느끼고 1918년 만주로 이주하였다. 이곳에서 그는 張鎭弘 · 李國弼 등과 함께 향후의 독립운동 방향을 논의하였다. 그리고 그는 중국 동북군벌인 張作霖 정부의 軍法處長직을 맡았으나, 이때 장작림 군대는 일제의 괴뢰로서 在滿韓人을 탄압키 위해 일본과 야합하려 하기 때문에 그는 郭松(郭松齡의 오자: 필자)과 함께 遼東軍을 조직하고 장작림과 교전하였다고 한다. 여건상 불리한 위치에 놓인 요동군은 장작림군의 우세한 전투력을 능가치 못하고 패배하자 그는 북경으로 망명하였다.

이후 상해와 북경 등지를 오가며 독립운동에 열중하던 중 상해에 대한민국임시정부를 수립키 위한 방법이 모색 중이라는 소문을 들은 그는 곧 상해로 거처를 옮긴 후 즉시 대한민국임시정부의 일을 맡아보게 되었다. 상해와 露領, 漢城의 셋으로 나누어져 있던 임시정부는 통합하여 하나로 된 단일정부 아래서 독립운동을 전개할 필요를 느꼈다. 이에 각 시방의 대표자로 구성된 임시의정원은 임시정부의 통합을 위한 방편으로 1919년 4월 30일부터 제4차 회의를 개최하였다. 이 회의는 임시의정원법에 의한 제1차 회의로서 임시의정원법 제1장 2조에 의한 각 도별 지역별로 의원을 선출하였다. 이때 선산 출신의 그는 산청의 柳璟煥, 대구의 白南圭, 성주의 김창숙, 상주의 李東澄과 함께 경상도의원으로 선출되어 참석하였다.

각 지역구 출신 의원들은 본격적인 의정활동을 개시하여 의장 부의장의 선출 및 임시정부 章程의 의결, 財源方針에 대한 의결 등 중요안건을 의결하였으며, 국무총리의 선거 법무총장의 補選 시정방침연설의 청취 등 의정기관으로서 본 궤도에 오르도록 하였다.

동년 7월 7일부터 19일까지 상해 장안리 거류민단사무소에서 열린 5차의 정원회의에서도 그는 백남규, 김창숙, 유경환, 金甲, 尹顯振 등과 함께 경상도 대표의원으로 참석하였다. 계속해서 임시정부의 일을 맡아 독립운동에 앞장

서던 그는 1921년 5월 申采浩 등과 함께 統一策進會를 발기하였다. 그리고 김
창숙, 朴純秉, 申采浩 등과 한문으로 된 월간지 『天鼓』를 발행하여 중국인들
에게 한국의 민족정신을 알리고 조국광복을 위한 독립정신을 고취하였다.

1924년 2월에는 다시 만주에서 독립신문사 吉林 지국장을 맡기도 하였으
며, 1926년에는 하얼빈에서 義烈團 활동을 적극 지원하여 일제 요인 암살과
일제 기관의 폭파 계획에 참여하기도 하였다. 또한 동년 11월에는 북경에서
姜扶弱, 金廣善, 申翼熙, 曺成煥 등과 함께 한국독립유일당 북경촉성회를 조
직하여 『獨立黨促成報』를 발행하였으며, 일본제국주의의 박멸과 독립운동자
의 단결을 위해서 노력하였다. 이후에도 북경과 만주, 상해 등지를 오가며 계
속 독립운동에 참여하였으며, 1932년에는 홍구공원에서 장쾌한 의거를 일으
킨 윤봉길의사가 거사 당일 그의 집에서 함께 아침 식사를 하기도 하였다.[6]

이후 북경시의 명예비서 등으로 활동하다가 일경에게 체포되었다 하며, 조
국의 광복을 보지 못하고 1944년에 영면하였다고 하나 상세한 기록은 발견되
지 않는다.

정부에서는 고인의 공훈을 기리기 위하여 1991년에 건국훈장 애국장(1963
년 대통령표창)을 추서하였다.[7]

위의 내용을 보면 아직까지 김정묵의 생애와 독립운동이 충분히 조명되
거나 체계적으로 정리되고 있지 않은 상황을 보여주고 있다고 생각된다.

---

6) 다만, 이 부분은 同名異人인 金海山(본명 金文熙, 평북 초산 출신, 1894[5]-?)의
   공적이 잘못 포함된 것으로 파악된다.
7) 국가보훈처, 『독립유공자공훈록』 제5권, 1988: 국가보훈처 홈페이지 참조(검색
   2020년 6월 6일).

국내 언론에 그의 동향이 처음 보도된 것은 『동아일보』 1922년 12월 기사가 아닌가 한다.

이 신문 기사는 단신인데, 다음과 같이 동향을 전하고 있다.

김정묵씨 상해 출발.
북경에 체류중이던 김정묵씨는 국민대표회에 출석코
자 김창숙 김대지 정인교 3씨와 共히 일간 상해로 출발
한다더라(北京)

이 기사는 1923년 1월부터 상해에서 임시정부의
진로 등을 논의하기 위해 열리는 국민대표회의에 참
석하려고 분주히 활동하는 김정묵의 동향을 보여주
고 있다.

『동아일보』 보도 기사.
1922년 12월 26일(4면)

2) 김정묵의 '대독립낭조직북경촉성회' 참여 등 북경지역 활동

임시정부 내무총장을 지내는 등 임시정부의 핵심 인물이었던 안창호는
독립운동을 통일적으로 영도하는 '唯一大黨' 결성을 위해 북경 독립운동 세
력을 움직이고자 했다. 사실 북경은 임시정부 반대세력이 대거 집결해 있
던 곳으로, '유일대당'을 결성하는 데 가장 큰 방해요인이었다. 이에 그는
첫 대상지로 북경을 목표로 정했고, 1926년 8월과 9월에 북경의 유력자이
며 좌파세력의 대표인 元世勳을 만나 대동단결을 촉구했다. 이 만남이 곧
촉성회 결성을 위한 최초의 본격적인 접촉이었다. 두 사람은 유일당의 결성
에 대하여 각지에 먼저 세포조직을 설치한 후, 통일하여 대독립당을 결성하
자는 방안에 합의하였다. 이후 10월 10일부터 3차에 걸친 모임을 갖고, 같
은 달 28일에 선언서를 발표하여 '대독립당조직 북경촉성회'(이하 '북경촉성

회')를 창립하였다.

북경에서 발표된 이 선언서에는 러시아의 무산혁명자가 공산당 깃발 아래 모인 것과 중국의 혁명자가 국민당에, 그리고 아일랜드의 혁명자가 신페인당으로 집결한 사실을 예로 들면서 다음과 같이 당적 결합의 당위성을 강조했다.

> 이것은 일계급 · 일국민 · 일민족의 행복과 자유를 생각하는 동서의 혁명자 등이 각각 일정한 주의 · 강령과 훈련 · 규율하에서 一黨에 결합하는 것을 明證하는 것이다. 전세계 인류의 행복을 위해 세계적 혁명을 완성시키는 것과 마찬가지로 세계일당의 원칙하에 그 총참모부이고 대본영인 第三國際黨의 붉은 기치 하에 모이는 것은 누구보다 잘 알고 있는 바가 아닐까[8]

이 내용은 북경촉성회의 구성원들이 러시아 · 중국과 같이 '以黨治國'의 형태로 민족협동전선을 결성코자 한 사실을 보여주고 있다. 또한 이 선언서는 김정묵 등 북경촉성회 구성원들이 사회주의적 성향을 강하게 띠고 있음을 보여주는 것이기도 하다.[9]

북경촉성회의 선언은 끝으로 "일본제국주의를 박멸하라!", "한국의 절대 독립을 주장하라!", "한국의 혁명 동지는 黨的으로 결합하라", "민족혁명의 유일전선을 作하라", "전 세계 피압박민중은 단결하라!"라고 하여 강력한 항일투쟁과 절대 독립, 그리고 대당의 결성을 민족전선 통일의 방법으로 내세웠다.[10] 이 선언서를 통해 당시 김정묵의 사상의 일단을 파악할 수 있다.[11]

---

8) 경상북도경찰부, 『高等警察要史』, 1934, 111쪽.
9) 「임시정부의 수립과 독립전쟁」, 『신편 한국사』 48, 국사편찬위원회, 2000.
10) 경상북도경찰부, 『高等警察要史』, 1934, 111쪽.
11) 이 조직의 회원은 집행위원과 일반회원으로 구성되어 있었는데, 당시 구성원은 다음과 같다. ①집행위원 元世勳 · 曺成煥 · 朴健秉 · 裵天澤, ②일반회원 姜扶弱(姜九禹) · 金廣善 · 金雲坡 · 金有成 · 金人濟 · 金一成 · 金贊 · 金海山(善山) · 權敬止 · 李光 · 李贊 · 朴海觀 · 宋虎 · 裵雲英 · 申翼熙 · 尹慇椎 · 元興 · 黃郁(黃一山)(경상북도

한편 김정묵은 1921년 5월에 북경에서 申采浩·朴鳳來 등과 함께 발기한
「통일촉진회 발기취지서」를 상해에 반포했는데, 그 주장의 요점은 다음과
같다.

   ① 진정한 독립정신 하에 통일적 광복운동을 한다.
   ② 정부문제를 근본적으로 해결하여 시국을 수습한다.
   ③ 군사 각 단체를 완전 통일하여 혈전을 꾀한다.[12]

이 내용을 볼 때, 김정묵은 일찍부터 대한민국임시정부의 통합과 민족
운동 세력의 단결을 도모하며, 강력한 무장투쟁을 주장하고 있음을 알 수
있다.

한편, 1932~1933년 만주에서 한국독립군 요원으로 활동하던 李圭彩기
남쪽으로 이동하여 활동하다가 상해 일본총영사관 경찰에 체포되어 심문을
받는 과정에서 김정묵에 대해 몇 차례 진술을 남긴 것이 있다. 그 내용을 보
면 김정묵은 북경에 거주하면서 만주지역 독립운동과 중국 남방의 독립운
동 세력을 연계하는 거점으로서의 역할을 훌륭하게 수행하고 있음을 알 수
있다. 이규채는 아래와 같이 세 차례나 진술하고 있다.

경찰부, 『高等警察要史』, 111쪽)
12) 「朝鮮民族運動年鑑(1921.5.21)」, 『朝鮮獨立運動』 2(民族主義運動篇), 金正明 編, 東京:
原書房, 1967, 274쪽.

全世界ノ被虐民衆ハ團結セヨ——、

建國紀元四千二百五十九年十月二十一日ニ
大独立党組織北京促成會
會員

金宏善
金人淑
金海山（金鼎默）
姜挾弼（鎭九號）
金雲坡　金有成
金一成　金賢
權敬止　張建相
李資　朴觀海
李先生
朴健東
裴天澤　裴雲英
宋虎
申翼熙　元老勳
尹潤雄
元興（元奎應）曹成煥
黃郁（黃一山）

通信所「北京郵務總局信箱四十六號」培達民

宣言書

同一ノ目的ニ同一ノ成功ノ為ニ運動シ鬪争スル革命者ハ其ノ少
ス一ツノ旗幟ノ下ニ集リ一ツノ号令ノ下ニ集ッテコノ相當ノ効果ヲ
收メ得ヘカルコト始メテ見ユ……
貴族ノ絆權ヲ高調スル者ト軍利ニ顛覆センメテ衆者ハ……
者ノ福祉ノ進通スル露西亞ノ無產革命者ハ階級的ノ國
驅逐シ内ニ建置ノ旗幟ノ下ニ集ノ四千萬ノ國民ノ自由ト幸
福ハ唯一ノ共產党ナル旗幟ノ下ニ集リテ外ニ異族ノ敵ヲ鷲
噫一ナル共產党ト……中國ノ國民革命者ハ階級的ノ國
民覺ノ族幟ニ外ナラス……ニ侵略到强勢力ヲ
相當ノ……
犬タル自治派ト共血鬪スル中國ノ廢墟革命者ノ……
大似政綱ヲ墓リ唯一ニシンフエン党ニ基ッテ……
ニ主義政綱ニ基リ一國民ノ一民族ノ幸福ト自由ノ思ヲ東西ノ革
ハ一階級ノ一國民ノ一民族ノ章福ト自由ノ思ヲ東西ノ華

위 선언서 내용의 일부와 참여자 명단(일제 보고자료). 김해산 · 김정묵 · 김국빈이 같은 사람임을 알 수 있다.

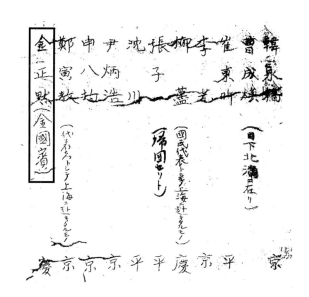

韓鎮橋
曹成煥
崔東曦
李子蓋光
張子川
沈炳浩
尹八均
申寅数
鄭寅琦
金正黙（金國賓）

일제 보고자료에 나오는 김정묵 = 김국빈 이름

문 : 北平에서 교유 또는 면접한 인물은 누구누구인가.

답 : 金海山 곧 金國賓, 경상도 사람, 당 50세쯤, 北平城內 德勝門內 高廟 안에서 중국인 아내, 아들 1명과 거주하면서 (중국의) 軍分會에 근무 중임.

북평(北平: 현재 북경)에서는 그 전에 거주한 일도 있고, 당시 친구가 북평의 德勝門 안에 호수 미상으로 김해산 곧 김국빈(경상도 사람으로 중국에서 생장한 당 50세 쯤으로 중국국민군 군분회에 근무하고 있었음)을 방문하여 그 집에서 4박을 하고 南京으로 갔다.[13]

문: 그대가 北平에 도착하여 어떤 행동을 했는가.

답: 북평에 도착한 것이 소화 8년(1933년: 필자) 4월 중순 경인데, 북평 덕승문의 김국빈이라는 사람을 방문하여 그 집에서 4박했다. 김국빈은 중국국민군 군분회에 근무하는 사람으로 이전부터 이름은 듣고 있었다. 북평에는 아는 사람이 없었으므로 그를 찾아 갔었다. 그리고 만주에서 내가 독립군을 조직하여 활동한 경과 등을 말했으나, 그 밖에 말한 것은 없다. (중략) 그리고 김국빈의 집에서 4박을 하고 남경으로 갔다.[14]

한편 다른 일본 측 자료에는 다음과 같이 파악되고 있는 것을 찾아볼 수 있다.

* 金正黙
- 異　名: 國賓, 海山, 金海山, 金國賓
- 생년월일: 1888.12.9, 55세(1939년 현재)
- 출신지: 경상북도 선산군 高牙面 元湖洞 21(본적)
- 현주소: 북평, 북경 西城 永王府 後門內 23
- 현직업: 무직
- 경력 및 활동

---

13) 「이규채 청취서(제2회)」, 『한민족독립운동사자료집』 43권(중국지역독립운동 재판기록1), '한국독립당 관련 李圭彩 사건(國漢文)'(경찰 신문조서 청취서 제2회); 국사편찬위원회 한국사 데이터 베이스(검색일: 2020년 8월 15일).

14) 「이규채 청취서(제3회)」, 『한민족독립운동사자료집』 43권(중국지역독립운동 재판기록1), '한국독립당 관련 李圭彩 사건'(경찰 신문조서 청취서 제3회); 국사편찬위원회 한국사 데이터 베이스(검색일: 2020년 8월 15일).

① 대한독립당촉진회원.

일찍이 동북군계에 봉직했으나 만주사변 후 군직을 물러남.

1934년 현재 북평시 정부 명예비서로서, 중국인 유력자인 朱光沐에게 봉급을 받아 생활하고 있다고 함. 의열단과 연락하는 것으로 의심됨.

② 1918년 9월 奉川省으로 건너가, 1919년 북경으로 이주. 재중국 조선인의 연락과 조선독립운동에 매진. 1925년 하얼빈으로 와서 봉천군 郭松齡의 사령부 군법과에서 육군 장교로 봉직하며 天津에 출동. 1925년 7월 경 하얼빈에서 잠복중인 김창숙과 몰래 만나, 同人이 조선 독립운동 자금모집을 위해 조선으로 들어가는 데 즈음하여, 그의 연락책이 됨. 1926년 10월 북경에서 발표한 대한독립당 北京促成會 조직선언서의 발기서 명자 23명 중의 1인. 의열단 북경지방 연락원으로서 활약. 중국의 북경 군사분회 소속 법무관으로 근무하며 조선인의 비호에 힘썼으나, 일본 측의 항의에 의해 同 분회의 해산과 함께 免官

- 인물평 외모: 절대독립주의[15]

위의 내용은 한국인 밀정이나 일본인 첩자의 보고 내용으로 추정되는데, 비교적 사실에 가까운 것으로 판단된다.

한편 김정묵의 제자인 黃貴浩는 1939년 5월 초순 김정묵이 뜻밖에 만주의 오지라고 할 수 있는 長白縣(백두산 서남부, 함경남도 혜산진 건너편)까지 찾아와 자기를 만났다는 사실을 술회하고 있다.[16] 그러나 필자가 보기에

---

15) 朝鮮總督府 警務局 編, 『國外ニ於ケル容疑朝鮮人名簿』, 1934, 97쪽 및 「北支地方に於ける要視察(容疑者を含む)朝鮮人の槪況(昭和14年6月末 現在)」, 『昭和思想統制史資料』 24권 (『한국근현대 인물자료』, 국사편찬위원회 한국사DB).

16) "그다음 해 1939년 5월 초순 경 뜻밖에 김정묵 선생께서 북경서 장백현까지 오신 바, 내용인 즉 [현직포기 원대복귀] 라는 쪽지의 지령을 남기시고 삼일후 장백현을 떠났으며, 본인은 이 지령을 받고 對岸 惠山鎭道立병원의 [肺浸潤]이란 폐병 진단서를 첨부하여 병가를 제출하고 (당시 제출자는 본인의 비서 金德圭 경위, 현재 경주시 노서동 94~5 주거) 전지 요양을 빙자하고 장백현을 떠나 三防 약수포·서울 성모병원·五龍背 온천 등지를 전전하다가 같은 해 5월 하순 경 북경에 복귀함으로써 만주에 파견된 임무가 해지되고 변명 [김산]에서 본명 귀호로 환원되었음." "북경에 복귀한 후 과반 만주 공작상황을 김정묵·김재호 두 선생에게 보고를 드리고 복귀사유에 대한 설명도 상문하였으며, 시국이 날로 긴박하니 이후 공작은 不必也

이 진술은 그 사실성이 의심된다. 왜냐하면 북경에서 중국 동북의 장백현까지 가는 여정은 매우 멀고 교통이 불편한 위험 지역이라서 찾아가기가 정말 힘든 곳이기 때문이다.

3. 중국 군벌과 재만 한인, 한국독립운동

한국사회에서 '군벌'의 정의는 "정치적 세력 집단을 이룬 군인들의 패"[17]라고 단순하게 정의되고 있지만, 중국 군벌을 개관해보면 그렇게 단순한 개념과 용어가 아니라는 사실을 쉽게 간파할 수 있다.

1910~20년대 중국의 군벌은 일반적으로 보수적 반동세력으로 반민족적 성향을 보임으로써 중국인 민중의 삶을 황폐하게 하고, 중국의 개혁과 근대적 국민국가로 성장하는 과정에서 걸림돌이 되는 존재라고 정의할 수 있다. 이들은 袁世凱가 죽은 후 한 때 북경의 중국정부를 이끌었다. 이 기간 동안 각 지역 군벌들 간의 패권을 차지하기 위한 전쟁이 자주 일어나 중국인들은 큰 고통과 어려움을 겪었다.

중국 군벌의 뿌리는 중국의 19세기 말 洋務運動期 李鴻章의 군사력 강화 과정까지 거슬러 올라간다. 중국근대사에서 군벌시대는 원세개가 죽은 후 段祺瑞와 馮國璋 등이 북경의 중국정부를 이끌던 시기를 말한다. 이들은 보수적 세력으로 반민족적 성향을 보임으로써 중국이 외세를 몰아내고 근대적

求하고 북경에서 할 일이 많다고 하시면서 북경 주재의 지시를 받고 西城 新街口 孟家大院에 본거지를 두고 적의 기관의 정보 수집과 동지 규합에 활동하면서 북경에 집결된 애국청년 李敏浩 · 金峯年 · 朴熙圭 · 黃世淳 · 朴鳳彌 30여 명에 대하여 신변보호, 거주주선, 행로안내, 여비조달, 식량피복 보급 등에 활동하는 한편, 일본 경찰에 체포령이 내린 金始顯 · 朴時穆 두 선생을 河北省 란현城 내 春鳴인쇄소 주인 金琪斗씨(현 서울 거주) 집에까지 안내하여 약 2개월 동안 피신시키는 등 갖은 고난을 겪으면서 활동하여 오던 중."(박환, 「해산 김정묵 집안의 민족운동」, 『해산 김정묵과 그 집안의 독립운동』, 3 · 1운동과 임시정부 수립 100주년기념 학술대회 발표문, 2019, 70쪽)

17) 연세대학교 언어정보개발연구원 편, 『연세 한국어사전』, 1998, 211쪽.

민주국가로 성장하는 과정에서 청산되어야 할 대상이었다.[18] 물론 중국 군벌을 반드시 부정적으로만 평가할 수 없다는 주장도 있다.[19]

이들은 군사력을 바탕으로 자신들의 근거지를 장악했는데, 군사력 유지에 필요한 막대한 비용은 농민과 상인, 시민 등으로부터의 수탈, 또는 폭력적 방법을 통한 약탈 등으로 조달되었다. 심지어는 아편 재배·판매 등으로 돈을 벌었으며 외국의 차관이나 무기원조를 통해 세력을 확대하기도 했다. 군벌 자체가 대지주거나 기업에 투자하는 대자본가이기도 했다. 군벌의 중심부대에는 빈농, 도시 유이민, 비적들이 많았다. 잦은 군벌 간의 전쟁, 막대한 군비조달을 위한 가혹한 세금수탈 등으로 삶의 근거를 잃은 농민들이 군벌의 용병이 되었다.[20]

중국의 군벌은 크게 북양군벌과 서남군벌로 나뉜다. 원세개 사후 북경정부의 권력을 장악했던 세력은 북양군벌 계열로 단기서·풍국장·吳佩孚·장작림 등이 대표적 인물이다.

원세개의 심복이었던 단기서가 원세개의 뒤를 이어 1916년에 중앙정부를 장악했다. 그는 자신의 정책에 반대하는 기존의 국회를 해산하고 새로운 국회를 구성하면서 갖은 방법을 동원하여 자기 세력을 국회에 심었다. 일본에 山東지방의 이권을 넘겨주는 대가로 차관을 도입하여 자신의 권력 강화를 꾀했다. 단기서에 실질적으로 대항할 수 있는 세력은 북경 부근 直隷지역의 풍국장이었다. 두 군벌세력은 타협하여 문관출신 서세창을 새로운 총통으로 선출했다.[21]

한편, 제1차 세계대전이 끝나고 전후처리를 위한 파리 강화회담이 열렸

---

18) 안정애·양정현, 「군웅할거하는 군벌들」, 『중국사 100장면』, 가람기획, 2001, 347쪽.
19) 권성욱, 『중국 군벌전쟁』, 미지북스, 2020 참조.
20) 안정애·양정현, 앞의 책, 347~348쪽.
21) 동양사학회 편, 「신해혁명과 중화민국의 수립」, 『개관 동양사』, 지식산업사, 1986, 317~318쪽.

을 때 군벌정부는 일본에 밀려 산동지방의 이권을 되찾는 데 실패하는 무능함을 보였다. 이는 중국 민중의 거센 반발을 불러일으켜 5·4운동을 촉발했다. 군벌정부의 반민족적 자세에 대한 중국인들의 대대적인 저항이었다. 그러나 이러한 저항은 군벌을 무너뜨리는 데까지 나아가지 못했다.[22]

이러한 군벌시대는 1920년대 중반까지 계속되었으며, 이러한 군벌 사이의 대립은 마침내 전쟁으로 확대되었다. 당시 군벌세력을 양분하고 있던 직예파는 영국과 미국의 지원을 받고 있었는데, 결국 직예파가 안휘파 군대를 격파함으로써 단기서 군벌정권은 붕괴되었다. 직예파 군벌 세력이 점차 확대되자 그들과 제휴하여 안휘파를 밀어내는 데 큰 역할을 한 세력이 봉천파였다. 동북의 장작림이 이끌었는데, 직예파와 대립하였다. 결국 이 대립은 1922년 봉·직전쟁으로 폭발했고 역시 직예파가 승리하였다.

이후 직예파 군벌은 중국 대륙을 차지하기 위해 북경의 중앙정부를 중심으로 한 무력통일에 적극적으로 나섰다. 이들의 싸움은 외세를 몰아내기 위한 것도 아니었고, 중국인을 위한 것도 아니었디. 중국대륙의 패권을 차지하는 것이 목적이었다. 이 '분할전쟁' 권력다툼으로 고통받는 것은 민중이었다.

이처럼 중국의 군벌세력이 서로 싸우고 있던 시기에 남부의 혁명세력은 군벌을 직접 몰아낼 만한 힘이 없었으므로, 서남지역의 일부 군벌세력과 연합하기도 했다. 결국 1926년 중국국민당의 국민혁명군 사령관 蔣介石은 대대적인 북벌을 선언하고, 군대를 이끌고 남방의 廣東부터 북경을 향하는 '북벌운동'을 단행하였다.[23]

군벌타도는 곧 신해혁명의 뜻을 잇는 국민혁명의 연속되는 과정이었다. 중국 남방의 광동을 떠난 중국국민당의 북벌군은 빠르게 북상하여 6개월여 만에 양자강 유역을 장악했다. 군벌들에게 고통받고 있던 중국인들은 북벌

---

22) 안정애·양정현, 앞의 책, 349쪽.
23) 위의 책, 350~351쪽.

군을 크게 환영했으며, 군벌세력이 설 자리는 더욱 좁아졌다.

　광동 국민정부 군대는 각지의 군벌들을 격파하면서 북상했는데, 동북지방의 유력한 군벌이었던 장작림이 1928년 6월 일본군의 음모로 열차에서 폭사당함으로써 군벌시대는 끝나게 되었다. 이로써 중국은 장개석 중국국민당 정부의 완전한 통치 아래 들어가게 되었다.[24]

　이하에서 한국과 관련이 있는 주요 중국 군벌을 간단히 정리해 보기로 한다.

원세개　　　　　　　　장작림　　　　　　　　장개석

풍옥상　　　　염석산(山西군벌)　　　　장학량

---

24) 위의 책, 351쪽.

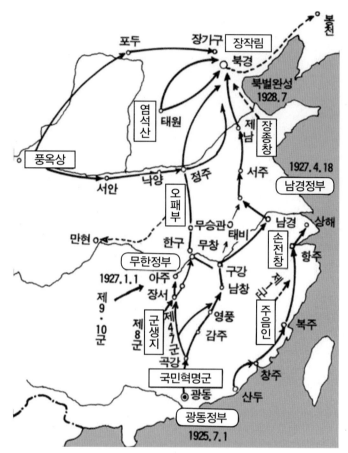

중국 군벌 및 북벌 완성지도 (안정애 · 양정현, 『중국사 100장면』, 가람기획, 2001, 350쪽)

1) 袁世凱(1859. 9~1916. 6)

1859년 9월 16일 중국 河南省 項城에서 태어났다. 그의 가문은 정2품의 고관을 지낸 명문가였으며 項城縣에서 유명한 권세가였다. 1876년 하남성 향시에 낙방하고 1879년에도 응시했지만 낙방했다. 과거에 실패한 뒤 慶軍統領인 吳長慶 휘하에 들어가 군사적 재능을 인정받고 瓾務處의 일을 맡았다.

1882년 조선에서 임오군란이 일어나자 조선 정세를 안정시킨다는 빌미로 오장경을 따라 조선에 부임하였다. 임오군란의 주동자로 지목된 흥선대원군을 납치하여 청나라로 압송, 연금하였고 임오군란을 일으킨 군사들과의 전투에도 참전하였다. 1884년 조선에서 개화파 김옥균이 주도하는 갑신정변이 일어나 고종이 납치되자 청군을 동원하여 일본군을 물리치고 고종을 구출하였다. 그는 중국으로 돌아갔다가 1885년 8월 연금에서 석방된 흥선대원군과 함께 다시 조선으로 건너왔다. 그동안 조선에서의 공적을 인정받아 1885년 11월 21일 조선 주재 總理交涉通商大臣에 취임하여 서울에 주재하게 되었다. 이때부터 원세개는 두각을 나타냈는데, 그는 조선의 내정·외교를 조정·간섭하고 청나라 세력을 부식하면서 일본, 러시아와 경쟁하였다. 1894년 청일전쟁에 패퇴한 뒤 直隷按察使가 되었고, 天津 부근에서 서양식 군대를 훈련시켜 段祺瑞·馮國璋 등의 부하를 양성하여 北洋軍閥의 기초를 마련했다. 이것이 훗날 원세개의 정계 진출 초석이 되었으며, 여기서 양성된 고위 장교들이 중화민국 성립 후 북양군벌의 수뇌가 되었다.[25]

1898년 중국의 戊戌變法(일명 100일 개혁) 때에는 譚嗣同 등 개혁파의 부탁을 받았지만, 그들을 배반하여 변법을 좌절시키고, 西太后의 신임을 얻어 山東巡撫로 승진하였다. 1900년 義和團의 난 때에는 산동성에 있으면서 난을 잔혹하게 진압하고 외국인을 보호함으로써 열강의 신임을 얻었다. 1901년 이홍장이 죽은 뒤 그의 뒤를 이어 直隷總督·北洋大臣이 되어 자기세력을 확대시켜 나갔고, 직속의 신식군대, 즉 新建 육군을 증강하여 일종의 독립된 정권을 형성하였다. 그러나 청나라 귀족들의 시기를 받아 외무부 尚書, 軍機大臣으로 전보되었고, 1908년 宣統帝가 즉위한 뒤 정계에서 물러났다. 1911년 신해혁명 발발로 다시 군사의 전권을 장악하게 되었고, 11월 내각 총리대신이 되어 청나라 조정의 실권을 잡았다.

---

25) 李盛平 主編, 『中国近現代人名大辞典』, 北京: 中国国際廣播出版社, 1989, 543쪽.

이후 그는 중국혁명파의 임시 대총통 孫文을 사임시키고, 1912년 3월 임시총통에 취임함으로써 중화국민을 정식으로 출범시켰고, 수도를 南京에서 북경으로 옮겼다. 그 뒤 1913년 3월 중국국민당 당수 宋敎仁을 암살하고 다수파인 국민당을 탄압하였으며, 열강과 차관협정을 맺어 이를 바탕으로 '討袁軍'을 진압하였다. 같은 해 10월에 정식으로 초대 '대총통'에 취임하였고, 1914년에는 중국국민당을 해산하고 대총통선거법을 개정하여 독재체제를 확립하였다.[26]

중국의 황제가 되려는 야심으로 1915년 5월 일본의 '21개조 요구'를 받아들였다. 1916년 1월 스스로 황제라 칭하고, 연호를 洪憲으로 개원한다고 선언했다. 1915년 雲南 蜂起를 계기로 도처에서 일어난 反袁運動의 확대로 영국·러시아·일본 능 주변 강대국도 황제제도 취소를 권고하여, 결국 1916년 3월 황제제도 취소를 선언했다. 그 후 계속되는 反袁運動의 소용돌이 속에서 이 해 6월 사망했다.[27]

북양군벌의 시조격 인물이 바로 원세개이다. 그런데 아이러니하게도 이회영·이상룡 등 독립운동가들이 1910년대 남만주 서간도 지역에서 독립군 기지를 건설하고 신흥무관학교 등을 설립, 운영하면서 여러가지 어려움에 부딪힐 때, 원세개의 조선에서의 인연을 내세워서 그에게 도움을 요청하여 상당한 실적을 거둔 경우가 있었다. 독립운동 기지 마련을 위한 대량의 토지 매입과 중국 入籍 등 한인 이민자들의 생활상의 어려움을 타개한 경우가 몇 차례 확인되고 있다.[28]

26) 馬洪武 外, 『中国革命史辞典』, 北京: 檔案出版社, 1988, 874쪽.
27) [네이버 지식백과] 위안스카이(袁世凱, 두산백과) (검색일: 2020년 9월 6일.)
28) 안동독립운동기념관 편, 「중화민국의 지도층 인사와 재계 · 학계 여러분께 드리다」, 국역 『石洲遺稿』 상, 경인문화사, 2008, 395~397쪽 및 이은숙, 『서간도 始終記』, 일조각, 2017 등 참조.

2) 張作霖(1873~1928. 6)

중국 遼寧省에서 태어났다. 마적단 출신으로 러·일전쟁 때 張景惠 등과 함께 일본군의 별동대로 비밀리에 활약하였고, 그 후 東三省 총독의 지배하에 들어가 1909년 巡防대장(순방영전로통령)이 되었다. 중화민국 수립 후 봉천(현재 심양)에 들어가 1919년경 奉天督軍 겸 省長으로서 중국동북의 실권을 장악하였다.

1920년 중국 華北지방에서 직예파와 安徽派의 군벌전쟁에서 직예파를 지지하고 중앙정계로 진출하였다. 이후 熱河·察哈爾 등을 세력범위에 넣은 뒤 직예파의 吳佩孚와 화북 쟁탈전을 여러 차례 벌여 江蘇지역까지 세력을 뻗쳤다. 한 때 동북으로 후퇴했다가, 1926년 직예파 군벌과 합세하여 다시 북경에 진출, 남방의 국민혁명군 북벌 저지에 나섰다.[29]

1927년 열강의 묵인 아래 북경의 공사관 구역으로 군사를 투입하고 러시아대사관 수사 등 탄압을 가하여 李大釗 등 20명을 처형하였다. 그 해 6월 대원수라 칭하고 일본을 배경으로 북경정부를 장악하였다. 그러나 장개석 국민혁명군의 북벌군에게 패배하여 북경에서 열차를 타고 퇴각하던 중 1928년 6월 7일 봉천 부근에서 폭사하였다.[30]

장작림이 중국 동북지방의 패자로 등장하여 실권을 장악하고 있던 1920년대 후반 일본의 압력을 물리치지 못하고, 재만한인들에 대한 박해와 驅逐정책을 본격화한 사실은 그와 우리 역사, 특히 한국근현대사와 독립운동사와의 악연을 생각하게 한다.

---

29) 馬洪武 外, 『中国革命史辞典』, 818쪽.
30) 徐徹 지음, 유가원 옮김, 『만주군벌 張作霖』, 아지랑이, 2011 참조.

3) 張學良(1901. 6~2001. 10)

중국 요녕성 海城縣에서 출생했다. 중국 동북지역 봉천군벌의 수령이었던 장작림의 장남이다. 장작림은 마적 생활을 청산하고 청나라 군부에 투항하여 원세개 휘하에서 실력을 인정받는 군인으로 성장하였다. 원세개가 스스로 황제가 되려다 급사하자 장작림은 만주일대를 지배하는 군벌로 성장하였고, 북경 일대까지 영향력을 행사하였다. 장학량은 이때 장작림이 세운 동북강무당을 졸업하고 주요 지휘관으로 활동하였다. 장개석이 이끄는 중국국민당군이 북벌을 단행하자 장작림은 중국 동북지방으로 철수하게 되는데, 이 과정에서 1928년 6월 일본군의 폭파 공작으로 사망했다. 그는 이후 일본에 반발하여 장개석의 국민정부를 지지하게 되었다.[31]

일본은 1931년 9월 이른 바 '만주사변'을 도발하여 중국동북(만주) 대부분을 점령했다. 장학량은 장개석의 무저항 정책에 따라 화북지방으로 철수하여 중국공산당을 공격하는데 주력했다. 1935년 국민당군의 공격으로 중국공산당이 소위 '대장정'을 거쳐 서북지역으로 쫓겨갔다. 장학량은 舊東北軍을 이끌고 西北剿匪(공산당 비적을 모조리 없앰) 부사령관으로 西安에 있으면서 중국공산당 근거지를 포위하였다.

1936년 12월 장학량은 마침 督戰차 서안으로 찾아온 장개석에게 중국공산당과의 전쟁을 중지하고 항일전쟁을 전개할 것을 요청했지만 거절당했다. 이에 장학량은 楊虎城과 함께 華清池에 머물고 있던 장개석을 습격하여 체포하고 그를 감금하였다(서안사변). 이는 세계를 놀라게 한 충격적 사건이었는데, 중국현대사의 매우 중요한 전환점이 되었다. 장학량은 중국공산당의 周恩來, 중국국민당의 宋子文 등과 협의하여 내전정지·일치항일을 약속받았다. 결국 항일민족통일전선 결성(제2차 국공합작)의 계기를 만든 것

---

31) 위의 책, 574~576쪽.

이다.[32]

　이 사건으로 장학량은 군 지휘권이 박탈되고 10년 금고형에 처해졌다. 1949년 국공내전에서 패퇴한 국민정부와 함께 대만으로 옮겨가 연금생활을 했으나, 1990년 6월 연금이 해제되었다. 하와이에서 살다가 2001년 10월 노환으로 사망했다.[33]

　장학량은 부친 장작림이 일본군에 의해 폭사당한 뒤, 반일태도를 분명히 하게 되었다. 소위 '東北易幟'를 표방하며, 중국 국민당정부에 순응하여 중국 동북지방이 '중화민국'의 일부로 편제되었던 것이다. 이에 따라 장학량은 중국 국민정부의 소수민족이나 변경지역 이주민에 대한 방침을 준수하면서, 중국 동북지역 상황에 부응하는 한인정책을 취했지만, 많은 문제를 드러냈다고 평가할 수 있다.

　1931년 7월 초의 '만보산사건' 이후 중국 동북지방 관민들의 국권회수 열기는 더욱 고조되었다. 특히 장학량 등이 관련된 중국동북 政務委員會는 대규모의 對日 대책을 세울 목적으로 중앙정부에 대하여 외교·국방·철도·이민 등의 대책을 제출하여 협조를 요청하였다. 즉 중국 동북지방의 실력자 장학량은 실력배양주의 방침에 따라 점진적 수단으로 일본세력을 만주에서 구축하려 했던 것이다. 이 때 동북정무위원회에서 기초한 대일계획 가운데는 한인 문제도 상세히 진술되었다.[34]

---

32) 동양사학회 편, 앞의 책, 334~340쪽.
33) 앞의 『만주군벌 張作霖』, 575~576·609쪽.
34) 『동아일보』, 1931.8.17, 1면. 이 동아일보 보도에 따르면 이 때 수립된 對日計劃의 주요 내용은 다음과 같다. 중국 동북지방을 최대 國防區로 정하고 일본 및 러시아와의 국경에 중요군대를 주둔시켜 유사시에 대비할 것. 이민 및 屯墾制를 실시하여 외세의 침입을 저지할 것, 延邊 각현(延吉·汪淸 등 간도지방)을 특별구로 정하고 군사·외교의 중요기관을 설치할 것, 국내 자본가 및 화교의 동북지방 투자 장려와 동북철도망 계획 완성, 기타 일본 경제세력 봉쇄 등.

4) 馮玉祥(1882. 9~1948. 9)

중국 安徽省 출생으로 원명은 馮基善, 保定武備學堂을 졸업했다. 후일 중국의 민주화를 지향했으며, 장개석과 쟁패한 붉은 장군, 그리스도교도 장군이라고도 불렸다. 처음에는 군벌 단기서의 安福派에 속했으나, 뒤에 직예파에 가담하여 1922년 봉천군벌과의 奉直戰爭에 참가하고, 陝西·河南도독을 지냈다. 1924년의 제2차 봉직전쟁 때는 장작림의 봉천파와 손을 잡아 직예파의 曹錕을 몰아내고 북경을 점령하여 전 청나라 황제 溥儀를 추방하였다. 이 해 10월 중국국민군 총사령 겸 제1군 군장이 되어 세력을 떨쳤다.[35] 김창숙 등의 풍옥상 연계활동은 이런 배경에서 가능했다.

풍옥상은 1925년부터 反帝·反軍閥의 민중운동에 영향을 받아, 11월 봉천군벌 장작림을 타도하려 했지만 실패했다. 1926년 모스크바에 갔다가 돌아와 중국국민당에 입당하고, 이듬해 5월에는 서안에서 서북국민연합군(국민혁명군 제2집단군) 총사령으로서 북벌에 협력하였다. 1928년 동북의 봉천군을 쫓아내고 중국국민당 중앙집행위원이 되었지만, 장개석과 대립하였다. 1930년 反蔣운동을 펴다 실패하여 국민당에서 제명되었다. 1933년 5월 중국공산당과 합작하여 북경 부근의 張家口에서 항일동맹군을 조직하고 총사령을 맡았다.[36]

1936년 국민당에 복귀하여 국민정부 군사위원회 부위원장을 맡았지만, 장개석의 독재 정책에 반대하여 중국공산당에 동조했다. 1937년 양당의 國共合作 이후 국방최고위원이 되었다. 1946년 미국에서 장개석의 내전정책 비판성명을 발표하고, 1948년 정치협상회의에 참가하기 위해 러시아를 거쳐 귀국하던 중 선박 화재사고로 사망하였다.[37]

---

35) 李盛平 主編, 앞의 책, 115쪽.
36) 위와 같음.
37) 馬洪武 外, 앞의 책, 715쪽.

이러한 배경에서 해산 김정묵 역시 김창숙 등 다수의 한인 독립운동가들과 마찬가지로 1930년대 초반 풍옥상의 협조를 받아 한중 공동투쟁, 혹은 한중 연대를 도모하였지만, 별다른 성과를 거두지는 못하였다.

5) 김창숙의 중국 유지 및 군벌과의 교류와 독립운동

심산 김창숙(1879~1962)은 1919년 2월 서울에서 활동하고 있던 成泰英의 연계로 3·1운동을 주도한 민족대표의 1인으로 참여할 기회가 있었지만, 모친 병환으로 서울에 가지 못했기 때문에 3·1운동 거사에 참여할 수 없었다. 그는 이를 매우 아쉬워했고, 특히 3·1운동의 주도층(민족대표 33인)에 유림계 인사들이 참가하지 못한 사실을 수치스럽게 생각했다. 이 때문에 3·1운동 발발 직후 유림측에서 독자적 독립운동을 추진하게 되었으니, 이것이 바로 소위 '파리장서'사건이다. 김창숙은 여러 동지들과 함께 때마침 프랑스 파리에서 개최되고 있던 평화회의에 독립청원서를 보낼 것을 모의하였다.

이에 따라 그는 이 독립운동 주역의 한사람으로서 그 해 3월 23일 郭鍾錫과 金福漢 등 영남 및 충청도 유림 137인의 서명으로 이루어진 長書를 휴대하고 중국 上海로 건너가게 되었다. 나흘 뒤 현지에 도착한 그는 이미 金奎植 등이 민족대표로 파리에 파견된 것을 알게 되었다. 그래서 직접 그곳으로 가는 것을 포기하는 대신 장서를 영역하여 우송하는 것으로 맡은 바 소임을 다하였다. 이후 주위 독립운동 동지들의 권유로 상해에 머물며 독립운동에 투신하게 되었다.

1919년 4월 상해 대한민국임시정부가 수립되자 김창숙은 임시의정원의 의원(경북대표)으로 선출되었다. 이후 그는 경북 선산 출신인 김정묵과 가까이 지내며 중국 국민혁명의 지도자 손문 등과 회합하여 한·중 양민족의 협력과 공동투쟁 방안을 논의하기도 했다. 1923년에는 북경에서 개최된 국민대표회의의 대의원으로 선출되어 독립운동 진영의 단합을 위해 매진하였다. 1925년에는 직접 국내로 들어와 독립운동 자금을 모집하는 상당한 성과를 거두었고, 이를 바탕으로 1926년 羅錫疇의 동양척식주식회사 폭탄투척 의거를 성사시킬 수 있었다. 1925년 임시의정원 부의장으로 선출되어 임시정부의 주요 간부로 활동하였다.[38]

특히 김창숙은 당시 중국 熱河지방과 내몽골 일대를 장악하고 있던 중국군벌 馮玉祥 등 유력인사들의 지원을 바탕으로 1924년 만주와 몽골 접경지대의 황무지를 빌려서 개간하는 새로운 독립운동기지 건설계획을 추진하였다. 그는 그 곳에 군정학교를 설립하는 등 독립운동 기지 건설을 위한 개간자금 마련을 위해 1925년 8월 金華植과 함께 국내로 잠입해 모금 활동을 펼쳤으나 당초 계획한 성과를 거두지 못하고 다시 중국으로 돌아갔다.[39] 이때의 모금 운동으로 600여 명의 유림들이 투옥되는 이른 바 '제2차 유림단 사건'이 발생했다.[40] 결국 독립운동 기지 계획은 1927년 6월 김창숙이 일경에 체포되는 등 여러 가지 사유로 성사되지 못했다.

김창숙은 유교적 소양을 바탕으로 손문을 비롯한 李文治·林福成 등 중국국민당계열 인사들과 교류하였고, 그들로 하여금 한국독립후원회와 韓中互助會를 결성하게 하는 데 공헌하였다. 특히 중국으로 이주 망명한 한국청년들의 교육에 힘써 중국인 凌越·吳山 등의 도움을 받아 50여 명의 학생에게 숙식을 제공하고, 영어·중국어 강습을 받도록 주선하였다.[41] 그러나 믿었던 이문치에게 모금액을 뜯기는 등 중국인 유지들에게 배신을 당하는 경

---

38) 이상은 장세윤, 「심산 김창숙」, 『월간 독립기념관』, 1997년 5월호 참조.
39) 심산사상연구회 엮음, 『김창숙 文存』, 성균관대학교 출판부, 1987, 230~233쪽.
40) 위의 책, 233~248쪽.
41) 위의 책, 209~212쪽.

우도 있었다.[42]

김정묵은 김창숙과 함께 1920년대 초 대한민국임시정부 임시의정원의 경북지역 의원으로 동지로서 활동을 같이하기도 했지만, 김창숙이 1927년 6월 피체됨으로써 유력한 동지를 잃게 되었다.

김정묵은 같은 경북 출신인 김창숙·배천택·남형우 등과 북경에서 함께 어울리며 독립운동 비밀결사 '국민당'을 조직하고, 같이 북경의 명소를 유람하기도 했는데, 안동 출신의 저명한 독립운동가 이상룡이 보낸 다음과 같은 편지가 있어 소개한다. 김정묵이 이상룡에게 보낸 편지에 대한 답신이다.

　　김국빈 정묵에게 답하다(答金國賓正黙). 신유년(1921)
　　넉 달이나 함께 다니다가 하루아침에 헤어져 산골 오두막에 누워 있으니, 가슴에 그리워하는 마음 아직도 끊임없던 차에 먼저 보내주신 편지를 받고 보니 위로되고 감사하기 한이 없습니다.
　　더위가 한창인 이때 고향을 떠나 지내시는 기후가 늘 신의 가호가 있으시고, 상해에서는 국회 籌備를 주창하시고 연경(燕京 – 북경의 별칭: 필자)에서는 軍事統會(군사통일회의: 필자)를 개설하셨음을 알았습니다만, 두 가지 일 모두 진척이 되지 않으니 참으로 탄식을 금치 못하겠습니다. 그러나 이번 일에서도 民意의 向背를 알 수 있었으니, 일을 착수하기 전에 먼저 국민들의 향배를 보고 미리 그 성공여부를 점쳐야 할 것입니다. 이곳에서는 따로 말씀드릴 만한 사정이 없습니다. 이미 벌여 놓은 춤을 갑자기 멈출 수는 없지만, 또한 자신의 실력도 생각하지 않고 경거망동해서도 안 될 것입니다. 봄에 한번 나갔던 일도 오로지 이 일을 위해서였는데 필경 아무 소득이 없이 그저 남의 비난만 받고 돌아왔을 뿐입니다.
　　전해주신 동쪽에서 온 소식은 저로 하여금 정신이 번쩍 들게 하였습니다. 속히 힘을 쓰시어 대사를 진전시키시기를 바랍니다. 다시 소식 주시어 울적한 심사에 위로를 주시길 바랍니다.[43]

---

42) 위의 책, 212~217쪽.
43) 안동독립운동기념관 편, 『국역 石洲遺稿』 하, 경인문화사, 2008, 432쪽.

특히 이상룡은 북경 방문시절 활동을 기록한 「燕薊旅遊日記(1921.1.21
조)」에서 김정묵이 북경을 방문한 이상룡의 숙소를 장건상(칠곡)·김대지(밀
양)·구영필(부산) 등과 함께 내방하여 음식을 시켜주고 옷까지 보내주었다
고 그의 후의를 상찬하였다.[44]

6) 郭松齡과 孫德全 : 군법과장과 군법처장 재직 때 중국동북군계 지휘관

김정묵이 군법과장과 군법처장으로 재직한 중국 동북군 지휘관에 대해
간단히 정리해본다.

① 郭松齡 (1884~1925)

중국 봉천성(현재 요녕성) 심양 출신이다. 일찍이 중국 혁명을 추진하던
혁명운동 단체 중국동맹회에 가입하였다. 1913년 북경에 와서 장교연구소
와 육군대학에서 공부하였다. 후에 봉천강무당 교관, 봉천군 第6旅 여장,
6師 사장, 제3군 부군장, 동북육군 第6師長을 역임하였다. 그는 일본 관동
군도 동북 제일의 명장이라고 평가할 정도였다. 1925년 11월 중국군벌 馮
玉祥(1882~1948, 후일 국민정부군 총사령 역임)과 비밀 동맹을 맺고, 봉
천군벌 張作霖에 반대하는 전보를 보냈다. 또한 휘하 부대를 남경 국민정
부의 '동북국민군'으로 개칭하고 11월 하순 중국동북의 요지 심양 방면으로
진격하였다. 곽송령 부대는 6만여 명에 달했는데, 세력이 막강하여 장작림
은 개전 초부터 위기에 빠졌다. 그러나 일본군의 간섭으로 패배하여 포로
가 된 뒤 이 해 12월 25일 총살당하고 말았다.[45]

김정묵이 곽송령의 군법과장으로 재직한 시기에 곽송령이 장작림의 반

---

44) 위의 책, 61쪽.
45) 李盛平 主編, 『中国近現代人名大辞典』, 1989, 589쪽 및 쉬처(徐哲) 지음, 유가원
   옮김, 『만주군벌 張作霖』, 326~378쪽. 곽송령의 반장작림사건에 대해서는 송한용,
   「郭松齡의 '反奉事件'」, 『전남사학』 19집, 전남사학회, 2002 참조.

민족 및 파쇼적 행태에 반발하여 장작림의 하야를 요구하며 군대를 이끌고 장작림의 본거지로 진격한 사실은 매우 중요한 문제이다. 아쉽게도 남은 기록이나 자료를 발견하지 못해 상세한 내용을 규명할 수 없는 실정이다.

그러나 그가 군벌 장작림에 반대하여 봉기한 부대에서 활동한 것은 중국의 개혁세력과 개혁의 조류에 동참했다는 사실을 의미하기 때문에 매우 중요한 의의가 있다고 볼 수 있다.

김정묵은 곽송령 부대의 패전 이후 장작림 부대의 포로가 되었으나, 장작림·장학량 부자의 관대한 방침에 따라 별다른 처벌을 받지 않고 석방되었다. 이후 그는 장학량 부대 휘하 진해군 제3·4방면 執法處에서 육군 소좌로 근무하게 되었다.[46]

② 孫德全

병졸 출신으로 일찍이 북양군벌계 부대에 들어가서 봉천군벌 장작림의 부하가 되었다. 독립 第19旅 여장을 지냈다. 여러 차례 부대를 이끌고 군벌간의 혼전에 참가하였다. 1928년 말 장학량의 동북 '易幟(깃발을 바꿈 – 정치적 입장을 달리함: 필자)'를 지지하여 남경 국민당정부에 귀속하였다. 1931년 국민당군 제119사 사장으로 승진하였다.[47] 이 무렵 김정묵이 그의 휘하에서 군법처장을 맡아 크게 활동했으나, 1931년 '9·18사변(만주사변)' 이후 중국 동북군의 관내지방 철수 등으로 물러났다.

4. 일제의 만주침략과 한인 민족운동 세력의 한중 연대 도모

1931년 9월 일본 관동군은 소위 '柳條溝事件'을 조작하여 중국 동북지방

---

46) 손염홍, 『근대 북경의 한인 사회와 민족운동』, 역사공간, 2010, 91쪽.
47) 李盛平 主編, 앞의 책, 210쪽.

秦華(1887-?) 동북변방군 사령장관
공서 참의. 김정묵은 그와 비슷한
직급이었으므로 군복 정장은 위와
유사했다.

에 대한 본격적 침략을 개시하였다(9·18사
변). 당시 중국동북의 총수 장학량 東北邊
方軍司令官 겸 동북정무위원회 위원장은
외형적으로 일본 關東軍보다 압도적으로
우세한 병력을 보유하고 있었지만, 중국국
민정부의 동의하에 일본군 침공에 대하여
부저항정책을 취하였다.[48] 따라서 일제는
손쉽게 만주지방을 석권하였고 東北軍閥의
매판적 관료들과 야합하여 1932년 3월 마
침내 허수아비국가인 '滿洲國'을 세울 수 있
었다. 중국동북의 민중들은 처음에는 이러
한 일본군의 침략에 항거하여 항일투쟁을 전
개하였으나, '만주국'이 수립된 뒤에는 괴뢰
'만주국' 성립을 인정치 않으며 만주국군과 관헌에 저항하고 일제의 침략에
반대하여 양자를 모두 물리치겠다는 '反滿抗日運動'을[49] 광범위하게 전개하

---

48) 9·18사변 당시 장학량의 동북군은 정규병 25만, 비정규군 8만, 砲 260문에 달하
였다. 1931년 9월 중순 장학량이 11만의 병력을 이끌고 北京·天津 등에 출동하였
으므로, 중국동북에 잔류한 병력은 22만, 포 200여문을 헤아렸다. 이에 비해 일본
군의 在滿 총병력은 駐箚師團 5천, 포 20수문, 독립수비 6개 대대 약 5천 4백, 계
1만 4백에 지나지 않았다. 물론 그 후 한국에 주둔하고 있던 '朝鮮軍'의 보병 5개 대
대, 기병 1개 중대, 포병 2개 대대, 공병 1개 중대로 된 혼성여단이 이에 가담 하기
는 하였지만, 동북군과의 외형상 양적 차이는 현저하였다(楳本捨三, 『大關東軍史』,
東京, 國書刊行會, 1984, 90·93·95쪽). 장학량은 9월 19일 북경에서 동북군에
대하여 부저항을 명령하였고, 국민정부는 9월 23일 전국 군대에 일본군과의 충돌
을 피하라는 명령을 내렸다(郭廷以 編,『中華民國史事日誌』第三冊, 臺北, 中央研究
院 近代史研究所, 1984, 79·83쪽).
49) 반만항일운동은 일본제국주의의 중국동북 지배에 대한 모든 형태의 총체적 저항운
동을 의미한다. 이는 초기의 국민당계 구동북군의 무장투쟁과 중국공산당계 東北
抗日聯軍 등의 농촌을 기반으로 하는 무장항쟁뿐만 아니라 도시에서의 민족적 자각
에 의한 노동운동, 도시·농촌을 포함한 민중들의 일상적 수준에서의 저항 등 3유
형 모두를 포함하는 것이라고 할 수 있다(『史學雜誌』 96編 4호(1987년 4월), 東京大

게 되었다.

9·18사변 이후 봉기한 각종 반만항일 부대의 총수는 1932년에는 36만 여 명을 헤아릴 정도의 대규모 세력이었으나, 거듭된 만주국 군경 및 일본 군의 탄압으로 1934년에 이들은 4만여 명으로 격감했고, 1937년에는 9천 5백, 그리고 1939년에는 3천여 명으로 줄었다가 1941년 초를 고비로 거의 자취를 감추고 말았다. 이러한 각종 반만항일투쟁의 주요세력은 크게 보아 구 봉천군벌계의 지방주둔군 지휘관과 그 예하병력, 大刀會·紅槍會 등과 같은 종교집단, 그리고 중국동북의 전통적 마적집단, 또 中·韓人 공산주의 자들의 무장세력, 조선혁명군·한국독립군 등의 한인 민족주의 세력 등으로 대별된다.

이들 각종부대는 '反滿抗日'의 기치를 들고 혹은 독자적으로, 혹은 연합 해서 투쟁을 전개하여 만주국군과 일본군에 심대한 타격을 가하였다. 이들 항일군 가운데 소위 '兵匪'로 유명하였던 구동북군계 항일부대의 지도자로는 東邊道·연변지방의 唐聚五·王德林·吳義成·孔憲榮 등, 남만주 遼東 일대의 鄧鐵梅·李春潤, 길림성의 馮占海·宮長海 등, 북만주의 李杜·丁超·馬占山· 蘇炳文, 熱河지방의 湯玉麟 등이 있었다. 이들은 의용군·구국군·자위군 등 의 명칭을 썼으며, 중국 본토의 국민당정부와 연계되어 있었다.[50] 1930년대 초에는 이들이 이끄는 부대들이 반만항일 세력의 주류를 형성하였으나, 후 반기에는 중국공산당계열의 항일군이 투쟁의 주류를 이루었다.

學文學部史學會, 87쪽; 鈴木隆史의『日本帝國主義の滿洲支配』에 대한 서평). 반만 항일운동은 무장항일 주체의 소장(消長)이라는 관점에서 대체로 세시기로 구분된다 이에 관한 상세한 것은 田中恒次郎, 「日本帝國主義の滿洲侵略と反滿抗日運動」,『日 本帝國主義の滿洲移民』, 東京, 龍溪書舍, 1976, 滿洲移民史硏究會 編. 626~627쪽 을 참고하기 바람.

50) 『滿洲國史各論』, 304쪽; 孫杰, 『東北抗日聯軍第四軍』, 巴黎救國出版社, 1936, 12~13쪽; 이명영, 「1930년대 在滿한인의 항일무장 투쟁」, 『亞細亞學報』 11집, 1975, 150쪽에서 재인용.

남만주 지방에서 활동하던 조선혁명당과 국민부, 조선혁명군은 장학량의 동북군벌계 의용군군인 당취오, 이춘윤 등의 중국의용군과 함께 항일무장투쟁을 전개했는데, 이 무렵 김정묵의 활동과 관련이 있을 것으로 짐작된다. 다만, 추후 관련 기록을 찾아 보고하기로 한다.

북만주 지방에서 활동하고 있던 한국독립군은 위의 저명한 반만항일 지도자의 부대중 이두·정초) 등의 吉林自衛軍·中東鐵道護路軍, 왕덕림 휘하의 오의성·공헌영 등이 거느리는 길림구국군과 직접·간접으로 연결되어 반만항일 투쟁을 전개하였다. 이러한 한국독립군의 한중합작 상황을 일제 관헌 기록은 다음과 같이 파악하고 있다.

……南大觀·權守貞 등은……장학량·張作相 계통의 일파가 昭和 6年 (1931년: 필자) 11월 빈현에 反吉林政府를 수립하고 길림임시정부를 잠칭, 맹렬한 배일책동을 개시하자 이 일당의 간부들에 접근하여 그의 양해·원조하에 배일을 책모하고, 전 韓族總聯合會 간부였던 李靑天·申肅 등의 주요인물과 합하여 阿城縣 大石河에 한국대독립당이라는 것을 조직하여 이청천을 총사령으로 하고 남대관을 부사령으로 하는 한국독립군을 편성하였다. 이와는 별도로 黨內에 구국군후원회라는 것을 조직하여 反吉林軍에 대하여 군자금을 모집 헌금함과 동시에 배일운동을 치열하게 계속하였다…….(중략) 그 후 소화7년(1932년) 1월 하순 길림군과 반길림군 丁超 일파 사이에 항쟁이 격화되어 길림군중의 일부가 반길림군으로 되돌아서는 바람에 北滿의 정세가 위태롭게 되었다. 이에 일본군이 출동하자 이청천 등을 간부로 하는 한국독립군은 丁超軍으로부터 무기의 지급을 받고 대원을 모집하여 일본측 기관의 파괴, 일본요인의 암살 등을 기도하고 지방혼란의 기회를 이용하여 누차 하얼빈 시내에 잠입하여…… 反吉林軍과 책응하고 반일군사행동에 참가하였는 바……(후략)[51]

---

51) 「在滿朝鮮人의 不逞行動 및 단속상황」, 『독립운동사 자료집』 10집, 611~612쪽. 다른 한 기록은 한국독립군의 활동에 관해 아래와 같이 서술하고 있다. "當管內 각지에 散在하는 鮮人은 거의 각계 민족주의 不逞團體에 속하여 음으로 양으로 不逞行

위의 문서는 일제의 침략을 미화하고 있는 등 몇 가지 과오가 발견되기는 하지만 대체로 앞에서 언급한 한국독립군의 활동과 부합하는 내용을 담고 있다고 할 수 있다. 한편 1932년 2월 초순 연변지방에서는 왕덕림 등이 지휘하는 길림구국군이 봉기하였다. 한국독립군은 1933년 초·중반 봉천군벌계의 이 구국군과 연합하여 많은 성과를 거두었다. 이 한국독립군과 김정묵의 관련은 다음 장에서 검토하기로 한다.

5. 중국 군벌(유지)과 김정묵의 활동

1) 동삼성 군법처장 활동

김정묵의 중국 동북지역(만주)에서의 활동이 국내에 알려지게 되는 계기는 『동아일보』(1930년 2월 13일 자)에 대서특필되면서부터인 듯하다. 「中露戰線에 출전한 조선인 육군대좌 중국 육군계에 대활약 중, 【현직은 동삼성군법처장】」이라는 제호로 꽤 상세한 인터뷰 기사가 실린 것이다. 다소 장황하지만, 그 내용을 인용해보기로 한다.

> 奉天에 있는 동삼성 군법처장으로 오래전부터 조선사람 김정묵씨가 있었는데, 금번 中露戰線 출전중이다가 지난달 27일 봉천에 돌아왔다. 기자는 지난 3일에 그를 찾았더니, 그는 중국 平服을 입고 풍체 좋은 얼굴에 화기가 만만하여 마져준다. 초면 인사말을 한 후, 씨는 씨의 아우 成黙씨를 면회시켜 준다.

動을 감행하는 음모의 策源地가 되어왔다는 것은 이미 주지의 사실로서……近年 갑자기 대두한 공산당의 진공 등으로 인하여 활동지반이 현저히 축소되었지만……한족총연합회는……(만주)사변 발생과 동시에 일본군의 入吉(길림 入城 – 필자)을 보고 멀리 寧安·五常 등의 지방에 그 종적을 감추기에 이르렀으나, 이들 不逞鮮人은 다시 兵匪를 이용하여 初志를 관철하려고 획책하는 일이 적지 않은데……한족총연합회 남대관·權守貞 등은 中東線 山市에서 부하 약 40여 명과 함께 兵匪와 합류하여 寧安縣 하 일반 鮮人 各戶로부터 매월 300吊宛의 군자금을 모집하고 있다……"(「昭和七年九月四日在敦化宇波分署長發信吉林森岡總領事代理宛報告要旨」, 『일본 외무성, 육·해군성문서』 제2,302권 SP·205~4, 10449~10451쪽).

이곳은 사택은 아니었으나 아우까지 만나게 함은 가족적이었다. 씨로부터 몇 가지 고국소식을 물음이 있음에 대답하고, 뒤를 이어 금번 출전감상을 물으니, 씨는 중국식으로 천천히 말을 내어서, "감상이라고 별로 말할 것이 없습니다. 거저 밥벌이로 이렇게 있으니 출전하였을 뿐입니다. 다만 감상이라고 말하자면 조선 사람들의 일이올시다.

이번 중로(러시아-필자)관계로 하여서 조선 사람이 중로 국경에서 많이 학살되었다고 선전되었으나 물론 전쟁판이니까 조선 사람뿐 아니라 중국 사람이나 외국사람도 살상된 사람이 없지는 않을 것이지만, 내가 아는 범위와 또 내가 있는 군대에서는 조선 사람을 학살한 일은 없었습니다.

내가 근거하여 있기는 依蘭地方인데 한번 봉천 본부로부터 조선 사람을 주의하라고 명령이 왔다고 旅團 간부가 모이어 회의하는데, 나도 한사람으로 참석하여 본즉, 그 명령은 白派노인이 중국 군사당국에 보고하되, 국경방면에 있는 조선 사람은 모두 로서아(러시아-필자) 偵探(밀정: 필자)이오, 또 러시아 군대에는 태반 조선 사람이니, 주의하라고 한 것에 의하여 한 명령이었습니다. 나는 여기에 대하여 나의 직무가 직무인 만치 절대로 그렇지 않은 것을 말하였습니다.

현하 중국에 입적한 사람은 중국군인이오, 露國(러시아-필자)에 입적한 사람은 로국 군인이니, 두 나라 군대에 군인으로 조선 사람이 있는 것은 면치 못할 사실이나, 조선 사람이 정탐이라 함은 거짓말이라고 주장하였습니다.

그러나 중국 하급군인들은 공연히 조선 사람에게 의심을 가진 자도 있었겠지만, 대체로는 양해되고 있었습니다. 그리고 신문상으로 많이 전하는 구축문제도 전혀 無根한 일은 아니겠지오만, 그것은 어느 소구역에 조금 있는 일이겠지, 그다지 떠들만한 일은 못되겠습니다. 만주에 백만이나 사는 조선 사람들을 어찌 驅逐하겠습니까. 다른 사람의 선전으로 중국 사람이 감정을 갖게 되는 일도 없지 않으니 조선사람 자신이 좀 자중하여야지요. 그리고 奧地에 있는 조선농민이 중국 지주에게 학대받는 일은 참담한 일이 있음은 나도 몇 가지 아는 바 있는데, 이것은 중국 언론기관에서 爲政當局에 경고하여 악지주를 제지하여야 하겠지요. 내가 책임지고 하는 말은 아니올시다마는 조선 사람을 잘 아느니 만치 조선……"하면서 가슴속에 뭉쳐있는 말을 유순한 목소리로 더듬없이 성의있게 들리어 준다.

이번 중국측 손해는 얼마나 되는 가요. 손해는 자세하게 알수는 없습니다만 민간과 관변을 합하면, 한 오천만원 되겠지요. 남경정부에서는 莫德惠 씨가 예비교섭을 잘 못하였다고 대단히 분개한 모양이더니, 요사이에는 그 교섭을 승인하였으니, 그것이 어찌된 일인가요 하고 물은 즉, 그것은 물론 그리 될 것이 올시다. 국민정부에서는 분개도 하겠지요만, 알고 보면 아니 그럴 수도 없는 일이 올시다고 말을 마치고, 후기를 약속한 후 헤어졌다. (사진은 김정묵씨)

위의 기사는 김정묵이 봉천(지금의 심양)에서 '東三省 軍法處長'으로 활동하고 있음을 증명하고 있다. 손자 김광조의 증언에 따르면, 그는 1924년 중국동북 육군(곽송령부대로 추정됨-필자) 제19여단 군법처장으로 입대한 것으로 파악되고 있다. 입대 무렵 계급은 上校(현재 대위 해당)였다고 한다.[52] 그는 1926년경부터 1931년 9월경까지 다시 중국군에서 근무하고 있었던 것으로 보인다.

김정묵이 중국 동삼성 군법처장으로 재임하던 1929년에 중국은 中東鐵道 문제를 중심으로 러시아와 대립관계에 있었다. 중동철도는 중국 동북지방에 부설된 철도로 길이 2,430㎞이며 원래 러시아가 부설한 것이었지만, 1931년 '만주사변' 후 일본에게 양도되었다. 제2차 세계대전 후에는 러시아가 중국에 무상으로 양도하였다. 일본의 만주 점령 당시는 동청철도·東支鐵道라고 불렀다. 중동철도사건은 1929년 7월 10일, 봉천군벌의 수장 장학량이 러시아 소유인 중동철도를 전격적으로 회수한 것이다. 이로 인하여 러시아와 봉천군벌 사이의 '奉蘇戰爭'이 발발하였다. 1929년 7월 20일에 시작된 러시아와 봉천군벌 사이 무력충돌인데, 9월 19일 바실리 블류헤르 장군이 이끄는 러시아군이 전격적으로 만주를 침공했다. 7월 10일의 '중동로 사건'에 대한 보복이었으며, 봉천군벌을 영도하고 있던 장학량은 이 해 12월

---

52) 박환, 「해산 김정묵 집안의 민족운동」, 64쪽.

5일 우수리스크 의정서와 12월 22일 하바로프스크 의정서를 체결하면서 사실상 러시아에 굴복하고 말았다.[53]

이러한 위기정국에 즈음하여 한국인들의 안위가 걱정된 동아일보 기자가 봉소전쟁에 참여했던 김정묵을 방문하여 앞의 전쟁에 대한 인터뷰를 가졌던 것이다. 이에 대해 김정묵은 다음과 같이 담담하게 언급하고 있다.

> 씨로부터 몇 가지 고국소식을 물음이 있음에 대답하고, 뒤를 이어 금번 출전감상을 물으니, 씨는 중국식으로 천천히 말을 내여서, "감상이라고 별로 말할 것이 없습니다. 거저 밥벌이로 이렇게 있으니 출전하였을 뿐입니다. 다만 감상이라고 말하자면 조선 사람들의 일이올시다."

이처럼 중국군 소속으로 소련과의 전쟁에 참전한 사실에 대해서 자신의 의견을 밝히고 있는 것을 볼 수 있다. 특히 중국 군벌 관료로 재직하고 있지만, 조선인들에 대한 학살문제, 조선인(한인)밀정설에 대한 비판 등 자신의 개인적 입장을 밝히며 자신의 감상과 역할을 드러내고 있는 점이 주목된다.

1930년경 김정묵은 위에서 본 것처럼 중국 동북의 중심지인 봉천성(현재 요녕성)의 중심 도시인 봉천(심양)에 거주하고 있었지만, 중국 동북지방에서도 북방인 하얼빈(현재 흑룡강성 省都)에 거주하고 있던 한인들과도 상당한 연계를 유지하고 있었다. 특히 한인들이 어려운 처지에 빠진 경우 중국 군벌정권의 군법처장이라는 고위직에 있다는 이점을 활용하여 적극적으로 도움의 손길을 주었던 것으로 파악된다.

일례를 들면 1930년 5월 말 중국공산당 북만주특별위원회(약칭 북만특위)와 한인 공산당원들의 주도로 한인 농민들과 일부 중국인들이 합세하여 하얼빈의 일본총영사관을 습격하는 항일투쟁 사건을 일으켜 큰 반향을 불

---

53) 송한용, 「장학량과 중동로사건」, 『중국사연구』 10, 중국사학회, 2000, 149~180쪽.

러일으켰지만, 많은 한인들이 중국 당국에 체포되어 재판을 받을 때 상당한 도움을 준 경우가 있었다.

이러한 사례를 하얼빈의 조선족 역사학자 서명훈은 다음과 같이 서술하고 있다.

중공(중국공산당-필자) 北滿特委에서는 구류 중에 있는 청년들과 연계를 취하고 투쟁을 지도하였다. 옷견지와 식료품을 들여보내는 기회에 당의 지시를 전달하였다. 당시 할빈시에는 정수강이란 조선인 韓醫 한 분이 있었다. 이 사람은 감방에 구금된 박갑주의 외사촌 형인데, 군벌 김해산과 결의형제 사이였다. 그의 연줄로 감방에 의사를 자주 보내어 체포된 청년들의 병을 봐주게 하고 그 기회를 빌어 당의 지시를 감방 안에 전달하였다.[54]

이 때 경북 구미 임은동 출신의 허형식(의병장 許蔿의 당질)이 하얼빈 일본총영사관 습격사건의 주모자 8인 중의 한사람으로 감방에 있었다. 그는 결국 중국공산당 북만특위 등의 지원으로 8개월 만에 석방될 수 있었다. 그런데 이 과정에서 동향 출신의 김정묵이 암암리에 이들을 도운 사실이 뒤늦게 밝혀지게 된 것이다.

1930년 12월경 北京일대 한인 민족운동 세력과 연계하여 활동하고 있던 김정묵에 관한 다른 활동기록도 있다. 즉 만주에서 독립운동 단체 통합운동을 전개하다가 북경지역으로 이동하여 활동하던 曺成煥·孫一民 등은 침체상태에 빠진 북경촉성회 등 조직을 재정비하여 1930년 2월 韓族同盟會를 조직하였다. 그런데 한족동맹회 간부들은 이 해 10월 15일 북경 조성환의 집에서 임시총회를 열고 만주(중국동북) 지역 중국 관헌들의 한인 탄압정책에 대한 대책을 강구하였다. 이를 위해 각종 인쇄물을 한인 각 단체 및 주요

---

54) 《중국조선민족발자취총서》 편집위원회, 『불씨』(중국조선민족발자취총서2), 북경 : 민족출판사, 1995, 546쪽; 서명훈, 『할빈시 조선민족 백년사화』, 민족출판사, 2007, 90~91쪽.

ПЕРВОМАЙСКІЙ СЮРПРИЗ
японскому Генеральному консульству в Харбинѣ.

당시 하얼빈 일본 영사관 습격사건을 보도한 러시아 신문과 허형식(오른쪽 아래)

중국 관청에 우송하기로 했다. 이와 관련하여 12월에 조성환·배천택·손일민·김규식 등 간부들은 북경정부 군법처장으로 재직하고 있던 김정묵을 통해 흥일회 등 중국 단체로부터 재정적 지원을 받고자 노력했지만, 성사되지 못했다고 한다.[55]

한편 1931~1932년경 역시 북만주의 하얼빈 일대에서 한국독립군의 참모장 등으로 활동했던 신숙은 후일 남긴 회고록에서 김정묵(당시 이름은 김국빈)의 당시 위상과 한국독립운동 관련 지원내용을 다음과 같이 회고하였다.

金東三 등 여러 동지로 더불어 鳩首 상의한 결과 전만 각지에 산재한 공산당 분자를 소탕함보다 무고한 민중을 구출키 위하여는 당시 東三省 정권을 장악한 東北政務委員會 직속 하에 우리의 기관 '墾民管理局(가칭)'을 설하고 각 省·縣·鄕·村까지 分局所를 배치하여 긴밀한 연락을 취하면 공산분자의

55) 「昭和7年天津總領事館北平分署警察事務狀況」, 『日本外務省警察史: 支那ノ部』 2001~2009쪽; 손염홍, 『근대 북경의 한인사회와 민족운동』, 205~206쪽에서 재인용.

진가를 잘 분간할 수 있으며, 이에 따라 잘 조사 治理할 수 있다는 것이었다. 이 안의 실현을 위하여 나와 김동삼, 金國賓, 金奎煥 등 8인이 全滿墾民代表의 명의로써 당시 장학량 휘하 孫德全 군의 군법처장으로 재직한 김국빈 동지를 통하여 봉천에 있는 동북정무위원회에 청원서를 제출하고, 나는 직접 의견을 진술키 위하여 봉천에 나가서 당시 정무위원회 주석 장학량을 면회코자 하였으나, 상당한 소개를 얻지 못하여 마침내 상대치 못하고 오직 청원의 批示를 기다리다가 이듬해 47세되는 辛未年(1931년) 1월 말경에 와서야 "간민관리국안은 아직 실시키 難하다"는 동북정무위원회의 비서를 접하여 우리의 掃共계획도 또한 실패에 歸하였다.[56]

이로 볼 때 김정묵은 같은 한인 동포들의 생계유지와 안정, 독립운동 등의 지원에 적극 앞장서고 있던 사실을 확인할 수 있다.

2) 1932~33년경 북경지역 활동

한편 미국의 샌프란시스코에서 재미한인 단체인 국민회에서 발행하고 있던 『신한민보』에 김정묵의 활동에 관한 주목되는 기사가 있어 검토해 보기로 한다.

「한국명장 김국빈」

이번 熱河사건이 발생한 후에 華北 장령 약 50명이 北平(현재 북경 – 필자)에 회합하여 우리나라 사람 김국빈 씨를 청해다 놓고 사령관이 되어 달라고 청구한 일도 있었습니다. (일반 청중이 박수 갈채) 이 이는 누구인고 하면 일찍이 봉천군 제19려대 군법처장이 되어서 토비와 마적을 토벌하는데 많은 활동과 공헌이 있었습니다. 김국빈 씨는 토비와 마적을 잘 무마하는 수단이 있어서 동3성에 마적이나 의용군이 모두 김국빈이라 하면 모르는 사람이 별로 없고, 모두 심열 승복하게 되었습니다. (밑줄은 필자) 그 부하에 적어도 근 3만 명 한인이 있었습니다. 그러나 경제상 곤란으로 인하여 그 3만 명의 군용비가 문제

---

56) 신숙, 『나의 일생』, 일신사, 1963, 95쪽.

되어 총출동을 하여보지 못함이 유감입니다. 오직 그 부하로서 대일전선에 총출동한 이는 불과 3천 명입니다. 열하방면에 우리 동포가 약 1만 3천 명이 있는데, 만일 우리가 재정만 있다면 몇 천 명 군사를 모집할 수 있습니다.[57]

이 기사가 나간 뒤에 위 내용에 오류가 있다하여 정정기사가 바로 다음 호에 실렸다. 그 내용을 보기로 한다.

「정오」

전보 제1326호(지난호)에 기재된 김박사 환영회 기사 중에 김국빈씨 부하에 한인이 3만 명이 있다한 것은 필기의 착오이다. 3만 명이 한인이 아니고 중국인이며, 김국빈 부하에 수십 명의 한인 장관이 있어서 중국인 병장을 훈련시킬 뿐이라 한다. 김국빈 씨와 한인은 열하에서 수천 명의 한인 군대를 따로 조직해보려고 많은 노력을 하였다.[58]

---

57) 『신한민보』, 1326호, 1933.3.30.
58) 『신한민보』, 1327호, 1933.4.6.

이 기사를 통해 볼 때 김정묵은 중국군 계통의 유력자와 한인 독립운동가를 연계하는 모종의 독립운동이나 한중 연대활동을 적극 추진하거나 지원한 것으로 추정된다. 실제로 이 신문은 같은 날짜 기사에서 김정묵이 만주 조선혁명당에서 활동하다가 북경을 거쳐 상해 남경 등지로 이동해서 활동하던 柳東說, 중국 군벌 풍옥상 및 당취오 등 유력자와 연계하여 활동하던 정황을 다음과 같이 보도하고 있는 사실을 확인할 수 있다.

「한중 양민족의 중대 사명받은 김규식 박사를 열정으로 환영 중국인이 한인들을 더욱 친선」

의용군이 잠복하였다가 일병의 부대가 지나가는 것을 습격하고 무기를 빼앗습니다. 우리 독립군이 이러한 전술에 퍽 능한 고로 중국의용군에 우리 사람들이 많이 있습니다. 이번 열하사변이 생긴 후에 唐聚五가 柳東說 씨와 면회하고 합작을 한다는 것을 듣고 왔는데, 지금 어떻게 되었는지 알 수 없습니다. 열하 칠학리 방면에 몽고 화북에서 매우 (중략) 여기서 유동열 김국빈 양씨는 풍옥상의 군대와 연락을 지으려고 합니다. 이것이 즉 우리 한인과 중국 사람들의 합작해온 대강의 사실입니다.[59]

중국 요녕성 환인 중심가에 세워진 당취오 기마상

또 그의 활동을 보도한 아래 기사를 찾아볼 수 있다.

---

59) 『신한민보』, 1933.3.30.

「리 스부라운 추신 2」

(상략) 한중의용군 가운데 범같은 대장 김국빈이 간 후 등철매의 순국은 한
중의용군의 최후비극이매 위하여 통곡 유체함을 말지 않았나니. 이것이 6년간
비량 감개한 생활이오. 그 후 '7·7항전(중일전쟁-필자)'이 전개되고 (하략)[60]

이 무렵의 상황은 1933년경으로 추정된다.

1930년대 초 중국동북에서 활동하던 민족운동가들은 지속적으로 중국
동북의 군벌과 국민당 정권에 한중연합항전을 호소했다. 실제로 1931년 6
월경 국민부 吉黑特別委員會 위원장 金履大 등은 중국 길림성 당국자와 접
촉하고 공산당의 소탕과 조선혁명 지원, 일제 驅逐 및 주구기관과 주구배
파괴·박멸 등을 밀약한 바 있었다.[61] 또 비슷한 시기 조선혁명당 중앙집행
위원장겸 군 총사령 玄益哲은 길림에 가서「東北韓僑情勢一般」과「中韓合作
意見書」를 제출하고 한중연합투쟁을 제의하기도 했다.[62]

그러나 1931년 7월 초 '만보산사건'이 발발하고 8월 말 현익철이 심양에
서 일제에 체포되는 등 상황이 악화되어 이 계획이 구체적으로 실현되지는
못했다. 당시 중국인이나 중국관헌들이 일제의 직접적 침략책동이 없는 한
일본과 충돌하여 복잡한 문제를 일으키려 하지 않았던 이유도 컸다. 그러나
이 해 9월 18일 일본군이 만주를 전면 침공한 '9·18사변(만주사변)'이 폭발
한 뒤부터 한중 합작문제는 큰 진전이 있게 되었다.

한편 남만주의 독립운동 정당인 조선혁명당은 1931년 9월 일제의 만주
침공 이후 柳東說과 崔東旿 등을 관내에 파견하여 중국국민정부 관계자에
게 한중연합과 대일항쟁에 필요한 인적 물적 지원을 요청한 바 있다.[63] 그

---

60) 『신한민보』, 1943.8.19.
61) 독립운동사편찬위원회, 『독립운동사자료집』 10집, 1974, 591쪽.
62) 김학규, 『광복』 제1권 4기(1941년 6월), 28쪽.
63) 만주에서 일제와 투쟁하고 있던 조선혁명당 집행부 등의 결정에 따른 방침이었다.

러나 이러한 전략이 실제로 구체화하지는 못했다. 관내로 이동한 유동열과 최동오 등은 대신 중국 關內의 여러 민족운동 정당 및 단체들과 협의하여 1932년에 연합조직체 '대일전선통일동맹'을 결성하였다. 이 대일전선통일 동맹의 결성에는 조선혁명당을 비롯하여 한국독립당(상해)·한국혁명당(남 경)·의열단(남경)·한국광복동지회(북경) 등 5개 단체가 참가하였다. 이 조 직의 결성과정에서 조선혁명당(유동열·최동오)의 역할이 매우 컸다.[64]

　이 연합단체의 취지는 이 해 11월 10일 발표한 결성선언문을 통해 살펴 볼 수 있다. 이 선언문은 일제통치의 타도와 한국의 독립·자유 쟁취를 위한 급선무가 항일전선의 통일임을 전제하고 통일동맹이 그 구심점 역할을 할 것이라고 자임하였다. 이 조직의 참여범위도 중국지역 뿐 아니라 국내 미 주·하와이·노령지역의 모든 한인 민족운동 세력을 동맹대상으로 설정하였 다. 더욱이 항일투쟁의 역량은 '충실한 민중'의 기초 위에서 분출될 것임을 주장하면서 '직접 군사적 행동'을 궁극적 투쟁수단으로 채택하였다는 점에 서[65] 조선혁명당과 의열단의 영향이 크게 작용했음을 알 수 있다.

　한편 이 조직의 결성목적은 '對日戰線統一同盟 簡章'에 잘 드러나 있 다. 즉 이에 따르면 '東亞의 시국이 대변동하는 비상시기를 맞이하여 국내 외 각 방면의 혁명역량을 총집합하고, 통일조직을 완성하여 전투력의 충실 을 도모한다. 한국혁명자의 통일적 단결을 촉성하는 동시에 중국 혁명동지 와 긴밀히 연락하여 대일 공동작전 계획을 수립하고 연합 전투공작을 실행 한다"는 것이다.[66] 이를 통해 혁명역량의 총집결과 직접적 군사행동, 한·

---

64) 이 사실은 일제측의 비밀보고 기록으로 확인된다. 이에 대해서는 「昭和9年 5月 16 日附在上海石射總領事發信廣田外務大臣宛報告要旨, 韓國對日戰線統一同盟第二次 代表大會」, 『外務省警察史 支那ノ部』, 국회도서관 소장 일본외무성문서 제책본 제 355권, 25682쪽 참조.
65) 이 선언문의 상세한 내용은 朝鮮總督府 警務局 保安課, 『高等警察報』 5, 1935, 78쪽 참조
66) 추헌수 편, 『자료 한국독립운동』 3, 연세대학교출판부, 1973, 398~399쪽.

중 연합전선의 형성이 통일동맹 결성의 근본목적임을 살펴볼 수 있다. 이는 1931년 9월 일제의 중국 동북지방 침략이라는 중대사태를 맞이하여 한인 민족운동세력을 총망라하고 자체의 역량을 강화한 다음, 비등한 중국인들의 반일감정에 호소하여 한중연합을 달성하고, 결국 중국 동북지방에서 전개되고 있던 항일무장투쟁을 강화한다는 전략인 것이다.

이 조직은 최고기구로 전체대표대회와 중앙집행위원회 등의 기구를 두어 주요 안건을 처리토록 했다.[67] 그러나 그 밑에 하부조직이 별로 없어 실질적 운동은 전개하지 못했다. 물론 최동오가 초기부터 이 조직의 상무위원으로 참여하여 조선혁명당 대표로서의 역할을 하였지만, 중국 동북지역의 활동에 별반 도움을 주지는 못했다. 다만 1932년 11월 14일 중국의 민간 항일단체 中華民衆自衛大同盟 측과 제휴를 모색하여 中韓民衆大同盟이 성립하자,[68] 유동열이 참가하여 나중에 상당한 지원을 받아내는 데 일조하였다. 이 중한민중대동맹은 '中韓對日聯合軍' 조직 등을 활동지침으로 설정하였으나,[69] 군사조직이 실체화하지는 않았다. 당시 유동열은 중한민중대동맹의 총무·군무부장으로 활동했는데, 이 대동맹에서 1934년 초에 300원 정도의 자금을 대일전선통일동맹에 지원하였던 것이다.[70] 중한민중대동맹은 金奎植의 활약으로 1933년 6월에 미국 교포사회를 기반으로 한 뉴욕지부를 결성하는 성과를 거두기도 했다.[71] 김규식은 미국에서 모금한 상당액의 자금을 대일전선통일동맹의 운영금으로 썼지만, 그해 8월경 중국동북의 항일투

67) 한상도, 「1930년대 좌우익진영의 협동전선운동」, 『대한민국임시정부의 좌우합작운동』, 한울, 1995, 67쪽.
68) 추헌수, 앞의 책, 27쪽.
69) 위와 같음.
70) 국사편찬위원회, 『한국독립운동사』 자료 3(임정편 三), 1973, 477·563쪽.
71) 『신한민보』, 1933.9.28.

쟁 단체인 조선혁명군과 한국독립군에 각각 500원元씩을 지원하여[72] 항일 무장투쟁을 고무하였다. 이러한 상황이 김규식의 미주방문 보고를 통해 위의 『신한민보』에 보도된 것이다.

한편 김원봉의 의열단 단원으로도 활동하고 있던 김정묵은 1932년 6~7월 경 김원봉·김규식 등이 중국인들의 항일조직인 '북경구국항일회'와 제휴하여 조직하여 한 때 존속한 '중한항일의용군'의 지대 사령관을 맡기도 하였다.[73] 즉 의열단은 김원봉과 유기석·김강암·김세웅 등을 '東北구국항일회'에 참여하게 했는데, 이 구국회는 북경 부근의 熱河省을 동북민중항일구국군 독립제1지대 주둔구로 확정하고, 김정묵에게 지대 사령관 직책을 위임하였던 것이다.[74] 중한항일의용군 산하에는 만주에서 할동하고 있던 이청천의 한국독립군 등 독립군 부대가 명의상으로 편제되었다. 특히 주목되는 사실은 북경항일구국회에서 독립지대 司令으로 임명된 김정묵을 열하지방으로 파견하여 열하와 遼西지방의 중국구국군과 합작하여 활동케 하는 한편, 이 지역의 韓僑義勇軍을 제3총대로 편성하여 기존 동북의용군의 전력을 보강, 항일전쟁을 수행한다는 원대한 계획이 추진되었다는 점이다.[75] 그러나 아쉽게도 이 계획은 중국 측의 일부 협조가 있었지만, 구체적 결실을 맺지는 못했다.

김정묵은 1932년 중국군사위원회 北平分會, 약칭 군분회의 법무관에 임명되었다. 군분회는 1931년 9월 일제의 만주(중국동북) 침략 이후 국민당 정부 수반이었던 장개석의 무저항정책으로 만주를 사실상 일본 관동군 등에 내준 뒤 북경으로 내려온 장학량을 위해 임시로 설치한 조직이었다. 즉

---

72) 신숙, 『나의 일생』, 123쪽.
73) 김영범, 『한국 근대 민족운동과 의열단』, 창작과비평사, 1997, 295쪽.
74) 위와 같음.
75) 조선총독부 경무국, 『軍官學校事件ノ眞相』, 441~445쪽; 김영범, 위의 책, 297~298쪽에서 재인용.

1932년 8월 중국 정부에서 장학량이 전권을 유지하고 있던 '北平綏政公署'를 폐지하고 대신에 '중국군사위원회 북평분회'를 설립했던 것이다. 장학량은 이 군사위원회 북평분회의 대리위원장을 맡고 있었다.[76] 한편 이 군분회의 명칭이 이와 달리 '북평군사위원분회'로 표기되는 경우도 있다.[77]

따라서 이 시기 김정묵은 북경지역 일대의 중국 국민당정부 및 군사위원회 요인들과 연계될 수 있을 정도의 상당한 위상을 갖고 있었다고 평가할 수 있다. 이러한 배경에서 그는 북경과 華北지방 일대에서 '만주사변(일명 9·18사변)' 이후 대거 남하한 한인 독립운동 세력과 연계하여 중국동북 및 국내, 그리고 중국 關內, 특히 의열단과 대한민국임시정부가 활동하고 있던 중국 남부지방의 독립운동가들과 협력하여 한·중합작의 모색이나 풍옥상 등 중국군벌세력의 지원을 얻기 위해 분투하였던 것이다.

이 무렵 중국 국민정부의 북평군사위원분회 관련 김정묵의 움직임을 보여주는 중요한 기록이 있어 소개한다.

　　1930년대 초반 일본의 만주 침략사태인 '만주사변(일명 9 · 18사변)' 이후 북경 및 중국 서북부지역인 내몽고 지역으로 이동하여 활동하던 한인 독립운동가들은 일본의 중국 침략상황을 호기로 삼아 중국과 연대하여 항일투쟁을 강화할 계획을 세웠다. 즉 김정묵 · 柳基錫 · 姜九禹 등은 1933년 6월 경 平綏鐵路와 大同 · 包頭 일대에서 활동하고 있던 趙潤植(전 장학량의 동북군 제3지대 사령관) 및 조선혁명당원 成仁鎬 등과 함께 中韓互助會 조직을 결의했다. 이후 이들은 그 지역 주둔군 사령관인 何燧와 협의하여 같은 해 7월 4~5일 이틀에 걸쳐 포두역 앞의 진양여관에 모여 중한호조회 주비회를 조직하였다. 그리고 조윤식과 유기석은 중국 국민당정부의 원조를 받기 위해 중국인 대

76) 段智峰, 「蔣介石與1932年北平軍分會成立」, 『濱州職業學院學報』 6卷3期, 2009.8, 62~62쪽; 조규태, 앞의 논문, 24쪽에서 재인용.
77) 손염홍, 『근대 북경의 한인사회와 민족운동』, 223~224쪽 참조.

표 2명과 함께 북경으로 달려갔다.[78]

북경에 도착한 이들은 당시 북평군사위원회 분회 위원장인 何應欽의 대리
인을 만나 중한호조회의 설립취지를 설명하고 지원을 요청하였다. 그러나 기
대와는 달리 중일관계가 긴장된 정세에서 한인단체 조직은 물론, 간행물 배포
와 같은 활동도 승락할 수 없고, 원조도 어렵다는 입장을 밝혔다. 이에 따라 김
정묵 등의 한중연대를 통한 항일활동 전개는 무산되고 말았다. 이후 김정묵의
동지 유기석과 조윤식 등이 다른 곳으로 떠나면서 중한호조회의 활동은 사실
상 어렵게 되었다.[79]

이처럼 북경에서 활동하고 있던 김정묵의 중국 정부 또는 지방정부, 중
국군대, 중국인 관련 네트워크가 한국독립운동과 밀접하게 연관되어 활용
되는 경우를 재확인할 수 있다. 한편 앞의 『신한민보』에는 동명이인일지도
모르는 김해산의 동정에 관한 기사가 보도되기도 했는데, 이를 소개한다.

「합이빈 동포 배척은 북만에도 파급될 전제라고」
합이빈 중국 관헌이 합이빈 도의 부가전에 거류하는 동포를 구축한다 함은

---

78) 「中韓互助會組織準備ノ件(1933.7.20)」, 『日本外務省警察史: 支那ノ部』, 2033~2035
쪽; 『근대 북경의 한인사회와 민족운동』, 224쪽에서 재인용.
79) 위와 같음.

기보한 바 어니와, 3월 27일에 합이빈(하얼빈) 중국 관헌인 공안국에서 부가전
에 있는 이봉래 김해산의 두 집을 상부의 명령이라 하며 강제로 구축을 하고[80]

그런데 1921년 출범한 중국공산당은 각종 선언이나 문건 등을 통해서
간접적으로 한민족의 독립운동을 지지하고 성원하기는 했지만, 기본적으로
1920년대에 대한민국임시정부에 대해서는 비판적 입장을 취하였다. 특히
중국공산당은 상해 대한민국임시정부가 초창기에 외교를 독립운동의 핵심
으로 간주하고 歐美 列強에 의존하여 일본에게 압력을 가함으로써 독립을
추구하는 정책을 취하고 있다고 비판하였다. 중국공산당은 독립국가의 창
설과 혁명정부의 건설은 무엇보다도 자국민의 자력으로, 참으로 어려운 싸
움을 거쳐 성공할 수 있다고 보았다. 때문에 이들은 "일부 조선 民黨과 같
이 스스로 혁명에 노력하지 않고 파리회의나 워싱턴회의에 호소하여 외국
의 승인이라는 도움을 좇으면서 성공을 거두기는 어려울 것이다……. 군벌
과 열강이 결탁하고 있는 관계를 이해하지 못하고 어떻게 독립 자주 국가를
건설할 수 있을 것인가?"라고 비판하였던 것이다.[81]
따라서 우리는 독립운동 과정에서 중국 군벌이나 중국인 유력자의 도움
이나 지원을 기대할 수는 있지만, 위와 같은 중국공산당의 지적을 유념할
필요가 있다고 본다.

6. 맺음말

중국·러시아(연해주) 등을 활동무대로 한 해외 독립운동의 경우, 중국
의 辛亥革命(1911)과 러시아혁명(1917) 등 韓人들이 거주하던 국가의 정치

---

80) 『신한민보』, 1929.5.2.
81) 中共 中央, 「時局에 대한 주장(1923년 7월)」, 『中國共産黨史資料集』 1, 日本國際問
    題研究所 中國部會 編, 東京: 勁草書房, 1975, 278쪽.

적 변혁이 현지 한인 독립운동의 객관적 조건과 운동방법론, 지도이념을 크게 변화시키는 계기가 되었다. 재외한인의 경우 일본영사관원들은 '領事裁判權'을 내세워 한인문제에 간섭하고 중국 침략의 빌미로 활용하는 경우가 많았다.[82] 이에 따라 중국, 러시아에서 활동하는 한인 지도자들은 현지 국적을 취득하여 일본측의 탄압을 피하기도 하였다. 김정묵의 경우도 여기에 해당한다. 다만 이 글에서 그의 중국 군벌이나 중국인 유력자와의 관계를 좀더 심층적으로 검토·분석하지 못한 점을 아쉽게 생각하며, 이 점에 대해서는 후일을 기약코자 한다.

일본제국주의 세력의 1931년 9월 '만주사변' 도발과 일련의 중국 동북지방 침략, 그리고 1932년 3월 1일 괴뢰 '만주국'의 수립은 수많은 중국인 대중을 항일투쟁 대열에 투신케 하는 주요한 계기가 되었다. 이에 따라 중국 동북지방 각 처에서는 구 장학량 군벌계통의 부대가 중심이 된 중국의용군과 여러 계통의 항일세력이 봉기하여 치열한 '反滿抗日鬪爭'을 전개하게 되었다. 대다수가 농업에 종사하던 재만 한인들은 만주사변 직후에 상당수 중국인의 박해 등으로 큰 어려움을 겪기도 하였지만, 중국 의용군의 봉기와 다수 중국인 대중의 항일투쟁 참가라는 새로운 국면에 즈음하여 재만한인들을 영도하던 소수의 민족운동 세력은 중국 항일세력과 연대하여 항일투쟁을 전개하였는데, 이는 중국인들의 재만한인에 대한 인식을 전환시키는 결정적 계기가 되었다.

특히 중국동북에서 활동하던 한국독립당(한국독립군)·조선혁명당(조선혁명군)은 중국 국민정부(또는 중국의용군) 계열과 연계되었고, 사회주의 계열의 한인들 다수는 중국공산당에 가입하여 동북항일연합군의 일원으로

---

82) 이에 대해서는 荻野富士夫, 『外務省警察史 – 在留民保護取締と特高警察機能』, 東京 : 校倉書房, 2005의 방대한 연구 성과를 참조.

일본 침략세력과 투쟁하기도 하였다.[83] 중국 關內의 대한민국임시정부(한국광복군) 역시 중국 국민정부의 지원을 받았고, 華北 朝鮮獨立同盟(조선의용군)은 중국공산당의 지원을 받았다. 말하자면 국제연대를 통해 제국주의에 대항했던 것이다. 국내의 조선건국동맹 등은 일제의 패전이 임박함에 따라 이들 해외 민족운동 세력과 상호 연계를 도모하며 최후의 독립전쟁에 대비하고 있었다는 점도 주목된다. 이 과정에서 김정묵의 직접, 간접적 관여나 기여가 있었을 것으로 추정된다.

인간은 기본적으로 '조건에 의해 제한된 존재'라는 사실을 상기해 본다면[84] 김정묵 선생의 곡절많은 일생과 중국에서의 활동, 독립운동 역시 그가 맺은 인간관계 그물망과 시간적·공간적 조건이라는 실존조건과 상황에 크게 좌우되지 않을 수 없었다. 그러나 그의 평범한 언술과 생각을 반영한 기록이 별로 남아있지 않아 그의 생각이나 사상 등을 파악하기가 쉽지 않다. 그러나 그가 아무런 사심 없이 판단하고 실천·공헌한 일련의 행위가 그 시대에 매우 중요했고 꼭 필요한 시대적 소명을 반영한 것이었으며, 대다수의 공공선과 정의·자유·평등의 인류보편의 가치를 실현하기 위한 헌신이었다고 평가할 수 있다고 본다.

김정묵 활동의 실상을 검토한 결과, '중국 군벌'과의 관련이라는 부정적 이미지보다는 오히려 장작림 군벌에 대항했던 곽송령, 반일태도를 분명히 하며 나름대로 중국의 근대적 민족혁명과 국민국가 건설에 기여한 바 있는, 장학량 동북군의 참모라는 위상을 바탕으로 다각적으로 활동한 사실이 매

---

83) 1936·7년 경 중국인과 한국인이 연합한 東北抗日聯軍은 東·南·北滿洲 등 각지에서 큰 세력을 이루고 치열한 접전을 벌이고 있었다. 물론 全光·(吳成崙)·金日成·崔庸健·許亨植·金策 등 在滿韓人들도 여기에 대거 참가하여 많은 활약을 하고 있었다. 이 무렵의 주요 한인간부 현황에 대해서는 신주백,『만주지역 한인의 민족운동사(1920~45)』, 아세아문화사, 1999, 420~421쪽 및 장세윤,『중국 동북지역 민족운동과 한국현대사』, 명지사, 2005 참조.
84) 한나 아렌트(이진우 옮김),『인간의 조건』, 한길사, 2015, 440쪽.

우 주목된다. 여러가지 어려움에도 불구하고 중국 유학 경험과 국적을 활용하여 독립운동에 투신하는 한편, 한·중 국제연대를 기반으로 이주 한국인들이나 독립운동을 지원했다는 점에서 분명 한국독립운동사나 한국근대사, 한중관계사에서 매우 독특한 인물이라고 평가할 수 있다.

중국과의 협력과 연계, 경우에 따라서는 의존을 통해 일본제국주의에 대항했던 점, 특히 중국 군벌이나 유력자들과의 연계나 협력을 통해 한국 독립운동에 공헌한 점은 분명하다고 하겠다. 1920~30년대 국내외 민족운동 세력과 상호 연계를 도모하며 최후의 상황(일제 패망)에 대비하고 있었다는 점도 주목된다. 다만 1930년대 중반 이후의 행적 검토는 추후 과제라 판단된다.

중국 관내지역이나 만주(중국 동북지역)에서 전개된 한인 독립운동에 직접, 간접적으로 관여하거나, 기여한 바가 적지 않을 것으로 보는데, 아직까지 자료 부족 등으로 충분한 조명이 되지 못한 실정이다. 추후 많은 자료 발굴과 연구, 교육, 전파, 기억과 기념, 이야기하기 등의 과정이 필요하다고 생각된다. 김정묵과 그의 가문의 독립운동은 독립운동사는 물론, 한중관계나 국제적 관점에서 새로운 시각으로, 그리고 심층적으로 재조명되고 평가되어야 한다고 본다.

저명한 유태인 여성 정치철학자 한나 아렌트(Hannah Arendt)는 그의 『혁명론』에서 혁명의 의미를 드러내기 위해서는 "이야기하기(Story-Telling)"가 중요하다고 강조했는데,[85] 이 이야기하기는 기존의 이해를 넘어서 새로운 것을 제시하는 행위의 한 형태라고 규정했다. 우리의 독립운동을 일종의 '혁명'으로 간주할 수 있다면, 분명 그러한 독립운동과 관련된 활동과 인물, 사건들에 대한 조명은 어떤 형태로든지 사실 또는 진실을 '이야

---

85) 한나 아렌트(홍원표 옮김), 『혁명론』, 한길사, 2004 참조.

기'하는 것으로부터 시작되고 전승, 전파, 확산될 것이다.

또한 아렌트는 '이야기'의 역사적 의미와 가치를 설파했는데, 그녀는 심지어 "역사의 정치적 본질은 행위의 이야기", "역사란 시작도 끝도 없는 커다란 이야기"라고 규정하기도 했다.[86] 이러한 시각에서 볼 때 자기의 행위를 이야기하는 것은 개인적으로는 사소한 행위일 수 있지만, 본고의 검토대상인 경북 선산(구미) 출신 김정묵과 그의 일가와 관련된 집단 '敍事'적 측면에서 검토해 볼 때, 그 의미는 매우 크게 다가올 수 있다고 본다.

---

86) 한나 아렌트 (이진우 옮김), 『인간의 조건』, 한길사, 2015, 274~275쪽.

참고문헌

『동아일보』1922.12.26, 1930.2.13, 1931.8.17.

『신한민보』1929.5.2, 1933.3.30, 1933.4.6, 1943.8.19.

경상북도경찰부, 『高等警察要史』, 1934.

조선총독부 경무국 편, 『國外ニ於ケル容疑朝鮮人名簿』, 1934.

金正明 編, 『朝鮮獨立運動』2, 東京: 原書房, 1967.

독립운동사편찬위원회 편, 『독립운동사자료집』10집, 1974

추헌수 편, 『자료 한국독립운동』3, 연세대학교 출판부, 1973.

日本國際問題硏究所 中國部會 編, 『中國共産黨史資料集』1, 東京: 勁草書房, 1975.

劉北汜·徐啓憲 主編, 『故宮珍藏人物照片薈萃』, 北京: 紫禁城出版社, 1994.

안동독립운동기념관 편, 『국역 石洲遺稿』상·하, 경인문화사, 2008.

「이규채 청취서(제2·3회)」, 『한민족독립운동사자료집』43권: 국사편찬위원회
　　　　한국사 데이터 베이스(검색일: 2020년 8월 15일).

신숙, 『나의 일생』, 일신사, 1963.

동양사학회 편, 『개관 동양사』, 지식산업사, 1986.

심산사상연구회 엮음, 『김창숙 文存』, 성균관대학교 출판부, 1987.

국가보훈처, 『독립유공자공훈록』제5권, 1988.

馬洪武·王德寶·孫其明 主編, 『中国革命史辞典』, 北京: 檔案出版社, 1988.

李盛平 主編, 『中国近現代人名大辞典』, 北京: 中国国際廣播出版社, 1989.

김영범, 『한국 근대 민족운동과 의열단』, 창작과비평사, 1997.

안정애·양정현, 『중국사 100장면』, 가람기획, 2001.

장세윤, 『중국 동북지역 민족운동과 한국현대사』, 명지사, 2005.

손염홍, 『근대 북경의 한인사회와 민족운동』, 역사공간, 2010.

쉬처(徐徹) 지음, 유가원 옮김, 『만주군벌 張作霖』, 아지랑이, 2011.

한나 아렌트(이진우 옮김), 『인간의 조건』, 한길사, 2015.

이명영, 「1930년대 在滿한인의 항일무장 투쟁」, 『亞細亞學報』 11집, 1975.

장세윤, 「한국독립군의 항일무장투쟁 연구」, 『한국독립운동사연구』 3집, 독립기
　　　념관 한국독립운동사연구소, 1989.

송한용, 「장학량과 중동로사건」, 『중국사연구』 10, 중국사학회, 2000.

서명훈, 「조선 청년들 일본총령사관을 습격」, 『할빈시 조선민족 백년사화』, 북경
　　　: 민족출판사, 2007.

박환, 「해산 김정묵 집안의 민족운동」, 『해산 김정묵과 그 집안의 독립운동』,
　　　3·1운동과 임시정부 수립 100주년기념 학술대회 발표논문집, 2019.

권대웅, 「海山 金正黙의 사회적 연망과 해외 망명」, 『민족문화논총』 74호 영남
　　　대학교 민족문화연구소, 2020

조규태, 「해산 김정묵의 중국 關內에서의 민족운동」, 『대구사학』 138권, 대구사
　　　학회, 2020.

5장

민산 김교삼의 민족운동과 광복 후 정치활동

- '부자·부부·장서(丈壻) 독립운동가' 였음에 주목하며 -

김영범

민산 김교삼의 민족운동과 광복 후 정치활동[1)]

- '부자·부부·장서(丈壻) 독립운동가'였음에 주목하며 -

김영범

1. 머리말

일제강점기의 경상북도는 대구부(大邱府)를 위시하여 군(郡) 단위 지역마다 수다한 독립운동가와 항일투사를 낳았다. 그에 대한 학술적 연구 및 정리와 지역사회 차원의 현양사업이 근래 들어 여러 갈래, 여러 방식으로 이루어지고 있다.[2)] 그럼에도 예전의 선산군과 칠곡군 일부를 포괄하는 현재의 구미(시) 지역은 그런 흐름에서 상당히 뒤쳐진 감을 준다. 이 글에서 특히 선산군 출신의 인물을 다루어보는 데는 그런 맥락도 개재해 있다.

선산 출신이면서 '독립유공자'로 서훈된 이들 중에서는 왕산(旺山) 허위(許蔿)와 그의 4형제, 그리고 해산(海山) 김정묵(金正黙, 1888~1944; 별호 김국빈[金國賓])이 공적과 영향 면에서 돋보인다. 임은(林隱) 허씨 가문의 5형제 각인에 대해서는 진작부터 연구와 조명이 있어왔고, 김정묵의 생애와 독립운동 행보도 최근 들어 상세히 구명되면서 새로 정리되기 시작했다.[3)]

---

1) 이 글은 경상북도문화원연합회가 주최한 제23회 경북역사인물학술발표회(2020.10.30, 구미 새마을운동테마공원 글로벌관)에서 필자가 발표한 논문(「해산 김정묵의 아들 민산 김교삼 부부와 그 형의 독립운동」)을 저본으로 함. 그것의 일부 축약·수정·보완본이 『한국민족운동사연구』 제104집(2020.12)에 게재되었는데, 그때 편집자의 요청으로 줄였던 분량을 되살려 여기에 실음.

2) 일일이 열거하지는 않지만 시·군 명칭을 앞에 넣은 『○○의 독립운동사』들과 인물 전기의 편찬 간행, 지역별 혹은 개별 사건·인물의 기념관 건립 및 운영, 기념사업회 발족, 각종 기념행사 거행 등이 그 실례가 될 것이다.

3) 권대웅, 「해산 김정묵의 사회적 연망과 해외 망명」, 『민족문화논총』 제74집, 2020;

그런데 김정묵만 아니라 그의 차남 교삼(敎三)도 20세 무렵부터 독립운동의 장으로 들어선 후 8·15 광복 때까지 그 행보를 이어갔고 지도적 위치로도 올라섰었다. 하지만 이 사실은 족친 간에서조차 어렴풋한 풍문 정도로만 전해졌을 뿐 그 실상이 거의 알려지지 않아 왔다. 문헌자료의 여기저기에 그의 이명(異名)마다의 단편적인 기록들이 산재하지만, 그것들을 하나로 꿰어서 본명과 제대로 연결시키고 온전히 김교삼 한 사람의 것이 될 전체적 서사(敍事)를 완성시켜낸 작업이 아직 없었다.

어느 모로는 그의 생애 자체의 추적과 복원이 일종의 대기주의(待機主義) 식으로 계속 지연시켜져온 감도 있다. 문중 안에서도 잘 언급되지 않고 금기라도 되는 듯이 덮어두어져만 왔다 싶은 것이다. 그렇게 된 가장 큰 이유는 두 말할 필요 없이 그 자신의 행적 때문일 것이다. 안 그래도 1930~40년대의 '좌파 계열' 독립운동단체들에 몸담았던 김교삼이 8·15 광복 후 중국에서 북한 경내로 들어가더니 결국은 북한정권에 참여하고 고위직에도 올랐음에서다. 하지만 그는 1958년에 김일성(金日成)이 의도적으로 벌여간 정치적 숙청의 한 제물이 되어버렸다. 또한 그랬음에도 그는 대한민국의 독립유공자 서훈 대상에서 아예 제외시켜져 왔다. 결과적으로 남·북한 어디서든 공공적 기억의 장에서 밀려나 종국에는 잊히고 지워지는 불우한 이름처럼 되어버린 것이다.

그래도 1980년대 말의 국내 학계에서 그의 이름이 약간 되살려진 적은 있다. 1930년대의 의열단 민족간부학교와 조선의용대에 관한 연구들에서[4] 당시 쓰였던 가명[양진곤(楊振崑)·양민산(楊民山)]으로 간간이 나타난 것이

조규태, 「해산 김정묵의 중국 關內에서의 민족운동」, 『대구사학』 제138집, 2020.

4) 김영범, 「조선의용대 연구」, 『한국독립운동사연구』 제2집, 1988; 김영범, 「1930년대 의열단의 항일청년투사 양성에 관한 연구—의열단 간부학교를 중심으로」, 『한국독립운동사연구』 제3집, 1989; 한상도, 「김원봉의 조선혁명군사정치간부학교 운영(1932~1935)과 그 입교생」, 『한국학보』 제72집, 1989.

다. 1996년에 편간된『한국사회주의운동 인명사전』에서는 입북 후에 쓰였던 이름인 '김민산'을 표제어로 하여 다음과 같이 기술되었다.

김민산 (金民山, 1917~?) 楊民山 金大陸 楊振崑 진산

(독립동맹 중앙위원, 북로당 중앙위원) 경북 선산 출신으로, 의열단(義烈團)의 조선혁명간부학교 모집 연락원인 김정묵(金正黙)의 아들이다. 중국 북경(北京)에서 고급중학교를 나왔다. 1932년 10월 조선혁명간부학교에 입학하여 1933년 4월 제1기로 졸업했고 의열단장 김원봉(金元鳳)의 참모를 지냈다. 1934년 봄 항주(杭州)의 남의사(藍衣社) 비밀간부양성소에 들어가 6개월간 교육을 받고 남경(南京)으로 돌아갔다. 1935년 4월에서 9월까지 조선혁명간부학교 교관으로서 정치학을 가르쳤다. 1936년 3월 다시 남의사 비밀고등훈련소에 들어가 훈련을 받았다. 이 무렵 조선민족혁명당 중앙위원을 지냈다. 1938년 10월 조선의용대에 참여하여 1939년 말 제3지대 정치지도원이 되었다. 1940년 상반기 부대를 이끌고 중국 강서성(江西省) 최전선에서 항일선전활동을 했다. 1941년 초 조선의용대 제3지대 정치조리원(政治調理員)이[5] 되었고 그해 여름 화북(華北) 팔로군(八路軍)지역으로 들어갔다. 화북조선독립동맹 결성 후 연안(延安)으로 가서 1945년 독립동맹 중앙위원을 지냈다. 해방 직후 38선 이북으로 귀국하여 조선신민당 선전부장이 되었다. 1946년 8월 북조선노동당 중앙위원이 되었고, 이후 최고인민회의 대의원, 조선노동당 중앙위원회 사회부장, 조국통일민주주의전선 중앙위원회 사회부장, 건설부상(副相)을 역임했다. 1959년 7월 종파분자로 지목되어 각종 직위에서 해임되었다.[6]

이보다 먼저 1967년에 일본에서 나온『북조선 인명록』에도 '김민산'이 등재되면서 복수의 언어로 이름이 표기되고 생애이력은 다음과 같이 기재된 바 있다.

---

5) '調理員'은 '助理員'의 오기임.
6) 강만길 · 성대경 편,『한국사회주의운동 인명사전』, 창작과비평사, 1996, 71쪽.

キム ミンサン 金民山 Kim, Minsan 김민산 1913년-

경상북도생. 1935년 중국으로 가서, 김원봉 밑에서 조선민족혁명당 중앙
위원이 되어 항일운동에 종사하고, 그 후 1942년, 김두봉이 지도하는 조선독
립동맹에 참가하여 중앙위원이 됨. 1946년 2월, 신민당(독립동맹 개조) 중앙
상무위원. 1948년 8월, 제1기 최고인민회의 대의원. 1948년 9월, 최고인민회
의 법제위원회 위원. 1953년 8월, 조선로동당 중앙위원회 사회부장 (6회 전원
회의). 1953년 8월, 조국통일민주주의전선 중앙위원회 사회부장. 1955년 3월
당시, 건설부상. 1956년 4월, 조선로동당 중앙검사위원회 위원 (제3회 대회).
1956년 8월 당시, 국가검열 부상. 1957년 당시, 최창익 일파의 연안파 반당음
모에 휩쓸려 숙청됨.[7]

이렇듯 『인명사전』과 『인명록』 공히 본명이 '김교삼'인 것은 밝혀놓지 못
한 채 '김민산'의 독립운동 경력과 재북 행적을 하나로 묶어 서술하는 식으
로 일대기의 골자를 제시해놓았다. 차이점이라면, 전자는 독립운동 경력에
후자는 재북 행적에 비중을 두었음인지 각각 그 부면의 정보를 상대적으로
더 많이 전해주는 모양새였다는 것이다.

그런데 두 책 자체의 성격상 한계 때문에도 내용이 소략하여, '김민산'(즉
김교삼)의 생애를 제대로 알고 이해하며 그때그때의 행보에 담겼던 의미나
숨은 곡절을 파악해보기에는 많이 부족했다. 기재된 내용이 다 오류 없이 정
확한 것도 아니었다. 그러므로 이제라도 가능한 선의 모든 자료를 수집·확
보하여 정리하고 재검토해볼 필요가 있다. 그럼으로써 『인명사전』과 『인명
록』의 기재 내용을 검증하고, 누락된 사실은 보충하며, 그동안의 인식에 혼
선이나 착오가 있었던 내용도 갈래 잡고 바로잡으며 상세설명과 더불어 보
완도 해주어야 할 것이다. 그것이 김교삼의 생애 전체를 올바로 복원해내는
길로 통할 것이다. 나아가 우리 독립운동사의 내실을 더 다지면서 선산(구

---

7) 日本外務省 アジア局, 『北朝鮮 人名錄』, 東京, 1967, 130쪽.

미)지역 근·현대사의 의미망도 풍부하게 짜보는 데 도움될 것이라 본다.

그런 견지에서 출생에서 종생까지의 김민산의 생애사를 자료가 허용하는 한도 안에서 최대로 복원, 해명해보려는 것이 이 글의 목표이다. 그가 취했던 독립운동 행보를 주축으로 삼되 해방 후의 정치활동도 그 연장선의 것으로 보고 상세히 검토할 것이다. 우선은 김민산이 김교삼과 동일인이면서 후자가 본명이었음을 확증하고, 그런 후에 그의 생애경로를 가족관계, 주변 인물, 개별 사건들 및 그 배경 혹은 정황 등과 연결 지어 폭넓게 살피면서 되살려 정리해보려 한다. 그런 선의 재구성적 복원과 기초적 고찰이 얼마간이라도 성공적으로 수행된다면 공정한 평가와 해석적 의미부여의 길도 차츰 열릴 것이다. 그리될 수 있기를 기대하면서 이 글에서는 무엇보다도 사실의 충실한 재현과 복원에 주력고자 한다.

2. 출생과 성장과 혼인관계

김교삼이 독립운동 과정에 만들어 썼거나 신원위장용으로 차용한 가명이 앞의 『인명사전』 표제어에 병렬된 것처럼 여러 개였다. 그것들을 일제 관헌당국이 첩보로 포착하여 하나하나 연결시켜가던 중에 1939년에 이르러 그 본명이 '김교삼'인 것으로 파악되니 경찰문서에 가명과 병기하기 시작했다.[8] 그 중의 '양민산'이라는 가명과 그 경력이 1946년 이후의 북한 정치무대에 등장한 이름인 '김민산' 및 그 행보로 곧장 이어졌음을 알 수 있다. 요컨대 그 계선은 [김교삼→김대륙·양진곤→양민산→김민산]으로 압축되는

---

8) 「李初生 신문조서(제4회)」(경기도경찰부, 1939.11.21), 국사편찬위원회, 『한민족독립운동사자료집』 46에서의 "楊振崑, 楊民山 즉 金敎三"과 「京高特秘 제3062호, 民族革命黨員 李初生의 送局에 관한 건」(경기도경찰부장, 1939.12.9), 『思想에 關한 情報綴』 4(국편 한국사 데이터베이스)에서의 "(□□□ 즉) 金敎三"이 그것이다. 이하, 『한민족독립운동사자료집』의 각권에 의한 거증은 모두 〈한국사 데이터베이스〉의 디지털판(版)을 이용해서인 것임을 밝힌다.

것이다. 그러므로 지금부터는 호적명이면서 족보명이기도 한 '김교삼'을 직접 거명하여 서술키로 한다.

김교삼[자(字)는 달경(達卿)]은 1912년 2월 18일, 선산김씨 문간공파(文簡公派)의[9] 누대 세거지(世居地)이던 선산군 평성면(坪城面) 원호동(元湖洞; 현 구미시 고아읍 원호리)에서 김정묵과 이우숙(李愚淑)[10] 슬하의 차남으로 태어났다.[11] 1907년생 누이 교순(教順), 1909년생 형 교일(教一), 그리고 1917년생 누이 교증(教曾)이 그의 형제였다. 1926년에 교삼은 자식이 없이 34세로 사망한 큰숙부 김사묵(金思黙)의 사양자(嗣養子)로 입적되었다.[12]

김교삼의 부친 김정묵은 1914년에 중국 북경(北京)으로 가서 서화석교(西化石橋)의 4년제 법정전문학교(法政專門學校) 법률과에 입학하여 다니고 1918년 봄에 졸업하였다.[13] 이어서 그는 일시 귀국했다가 동년 9월에 부인과 2남 2녀의 가족원 전원을 데리고 만주 봉천성(奉天省)으로 망명하였

---

9) 문간공파는 선산 입향조인 김기(金起)의 5대손으로 조선조 중종(中宗)때 입사(入仕)하여 선조(宣祖)때 대사간(大司諫)에 이르렀던 유학자 김취문(金就文, 1509~1570)을 종조(宗祖)로 한다. 문간공파의 후손들과 그 동향 및 세 확장에 대해서는 배영동, 「선산김씨 문중활동의 지역문화적 의의—문간공파를 중심으로」(『지방사와 지방문화』 제12권 2호, 2009)를 참고할 수 있다. 족보에 김정묵과 김교삼은 '참봉공(參奉公) 현손(玄孫) 계종파(繼宗派)'의 직계손으로 기재되어 있다.

10) 이우숙(1886~1961)은 성주(星州) 유림 한주(寒洲) 이진상(李震相)의 문인이면서 혁신유림이 되어간 면와(勉窩) 이덕후(李德厚)의 장녀였다.

11) 김정묵의 제적등본 기록에 의함.
앞의 「이초생 신문조서(제4회)」(1939.11.21)에는 김교삼의 출생일이 '大正 元年[1912년] 7월 3일'로 나오며, 善山金氏大同宗親會, 『善山金氏大同譜』 卷之二, 2006, 74쪽에는 1913년 12월 18일생으로 되어 있다. 그 연유는 불명이지만 둘 다 오류일 것으로 판단된다.

12) 김정묵의 제적등본 및 『善山金氏大同譜』 卷之二, 74쪽 참조.
김사묵은 1921년 11월에 비밀결사 '조선독립운동후원 의용단(義勇團)'의 군자금모집사건 관련자로 대구에서 경찰에 피검되었다가 증거불충분으로 1922년 1월에 불기소 석방된 바 있다. 「金思黙 刑事事件簿」(대구지방법원 검사국, 1922.1.6) 및 류시중·박병원·김희곤 역주, 『국역 고등경찰요사』(선인, 2010), 379쪽 같이 참조.

13) 이에 대한 자세한 설명은 권대웅, 「해산 김정묵의 사회적 연망과 해외 망명」, 22~27쪽과 조규태, 「해산 김정묵의 중국 關內에서의 민족운동」, 119~120쪽을 참조.

다.[14] 그리고는 다시 1919년에 북경으로 이주했는데, 새 주소지는 북경 서성(西城) 영왕부(永王府) 후문내(後門內) 23호였다.[15]

이렇듯 교삼은 선산에서 태어나 살다가 7세 때 중국으로 옮겨가 새 환경 및 문물과 접하게 된 것이다. 1920년에 김정묵은 사비(私費)를 들여 북경 서직문(西直門) 밖 팔만정(八萬亭)에 집의학교(集義學校)를 세웠다.[16] 교삼의 초등교육 과정은 필시 이 학교에서 이수되었을 것이다. 이어서 그는 중국인 경영의 한 사립중학교를[17] 거쳐 북경의 화북대학(華北大學)을 다니고 졸업했다.[18]

1932년에 독립운동의 길로 들어선 후 진영 내 중견간부의 위치로 발돋움하고 있던 때인 1937년경에 김교삼은 독립운동가 장건상(張建相)의 장녀

---

14) 김정묵의 제적부에 가족원 모두의 본적이 '선산군 구미면 원평동(元坪洞) 391번지'로 되어 있다. 아마도 그가 중국유학 가있는 동안에 가족이 살고 있도록 그리로 이사시켰거나, 아니면 중국망명을 결심하여 1918년 귀국 직후 이사하고 호적도 그렇게 정리해놓은 것이 아니었을까 한다. 구미면은 1914년의 지방제도 개편 때 상고면(上古面)과 하고면(下古面)의 통합으로 생긴 새 행정구역이고, 원평동은 구미 읍내의 경부선 철로가 지나가는 위치에 있었다.

15) 「北支地方における要視察(容疑者を包含)朝鮮人の槪況(昭和14年6月末現在)」, 奧平康弘 編, 『昭和思想統制史資料』 24, 고려서림, 1991, 186·188쪽.

16) 집의학교 교장은 김정묵이었고, 류시언(柳時彦)·최용덕(崔用德)·정인교(鄭寅敎)가 교사로 재직했다. 일본 관동청 경찰은 류시언이 "1920년 10월 북경에 이전하여 같은 지역의 만산(萬山)에서 집의학교 교사로 있다가 1921년 4월 사직"했음을 첩보하였다(關東廳 警務局長, 「(秘)關機高收 제13344호의 4, (柳時彦)재류금지 처분에 관한 건」, 1924.6.26, 국가보훈처 편, 『만주지역 本邦人在留禁止關係雜件』, 2009, 188~189쪽).

17) 奧平康弘 編, 『昭和思想統制史資料』 24, 188쪽.

18) 이것은 조선의용대 본부에서 작성한 〈각 단위 인사통계표〉(1940.2)의 기록이다(金正明 編, 『朝鮮獨立運動』 Ⅱ, 東京: 原書房, 1967, 687·719쪽; 楊昭全 等 編, 『關內地區朝鮮人反日獨立運動資料匯編』(下冊), 瀋陽: 遼寧民族出版社, 1987, 864쪽). 日本 內務省 警保局 保安課, 『特高月報』 1940년 6월호, 83쪽에는 졸업이 아닌 '중퇴'로 되어 있다. 김교삼이 군관학교 입학을 위해 북경을 떠난 때인 1932년 10월에 21세의 나이로 대학졸업자일 수는 없었다고 본 때문인지 모른다. 하지만 그때 휴학했다가 훗날 시간을 만들어 복학했거나 통신강의 방법으로 보충 수학하여 마침내 '졸업'했을 수 있고, 실제로 그랬을 가능성이 다분해 보인다. 이에 대해서는 3장 3절의 말미 부분에서 보충서술하겠다.

인 장수원(張守遠)과 결혼하였다. 그의 혼인 사실은 족보기록에서도 확인되는 바이지만, 아내의 정확한 신원과 이름, 그리고 장인까지 밝혀지기는 여기서가 처음이다. 여러 자료의 비교·검토와 추론을 통해서이다.[19] 두 사람은 일심동체의 '부부 독립운동가'가 되어 8·15 광복 때까지 같이 활동했음이 확인되며, 그 후에도 상호 반려자 관계를 내내 유지해 간 것으로 보인다.

3. 독립운동 장으로의 진입과 초기 활동

1) 의열단의 조선혁명간부학교에 입학

김교삼은 1932년 10월 하순에 남경으로 가서 의열단이 '중국국민당 군사위원회 간부훈련반 제6대'라는 위장명칭으로 설립한 조선혁명군사정치간부학교(朝鮮革命軍事政治幹部學校)에 들어갔다. 밀정 및 일제기관에 대한 보안을 위해 '양진곤(楊振崑)'이라는 이름의 중국인으로 위장한 제1기생으로였다. 그의 입교를 일제 관헌당국은 아버지의 사상에 영향 받아서인 것으로 보았는데,[20] 첩보대로 김정묵이 의열단의 북경지방 연락원이면서 군관학교 모집연락원이기도 했다면[21] '영향'보다 훨씬 직접적인 권고가 있었음직하다.

일제기관은 '양진곤'의 본명을 '김대륙(金大陸)'으로 한동안 오인하기도 했다.[22] 그러나 김대륙은 양진곤 즉 김교삼과 동일인이 아니라, 부친이 중국인 제2부인과의 사이에서 본 3남의 실명이었다. 그 정보혼선의 연장선에서 다음과 같은 보고가 1935년에 나오기도 했다. "양진곤 즉 김대륙. 1917

---

19) 이 결혼이 성사된 배경과 경위 그리고 의미는 상설(詳說)을 요하는데, 지금은 그럴 계제가 아니어서 3장 3절로 미루어둔다.

20) 「義烈團經營の南京軍官學校の全貌」, 『思想彙報』 제4호, 124쪽.

21) 같은 자료, 115쪽.

22) 「金公信 신문조서」(경기도경찰부, 1935.4.25), 국사편찬위원회, 『한민족독립운동사 자료집』31의 "楊振崑 즉 金大陸(21세 가량)" 같은 경우가 그러하다.

년생. 김정묵의 서자(庶子)로서 실모(實母)의 성을 따 자기 성으로 삼고 군관학교 제1기에 입학. 졸업 후 동교에 잔류하여 교무를 돕고 있는 것 같음."이라는 것이었다.[23]

이 서술은 사실과 부합하는 것만 가려내 두 개로 분리시켜봄이 옳다. 하나는 "김대륙. 1917년생. 김정묵의 서자"이고, 다른 하나는 "양진곤. 군관학교 제1기에 입학. 졸업 후 동교에 잔류하여 교무를 돕고 있는 것 같음"이다. "실모의 성을 따" 부분도 김대륙이 그런 것이 아니라, 그와 동일인인 것으로 오인된 김교삼이 가명을 '양진곤'으로 지은 데서 유발된 정보오류였을 뿐이다. 실은 김교삼이 중국인 서모(庶母)의 성을 빌려 가명을 지어낸 것이다.

조금만 주의를 기울여 첩보를 검토해보았다면, 1917년생으로 16세밖에 안 되고 한국어도 모르는 김대륙이 군관학교에 입학했을 가능성은 거의 전무함을 일제 기관이 놓쳤을 리 없다. 그런데도 왜 이런 정보혼선이 빚어진 것일까?

군관학교 동기생 김공신의 피체 후 진술을[24] 유력한 단서로 잡아보면, 그것은 김교삼이 재학 중에 자기의 본명이 '김대륙'인 것처럼 위장한 때문이어 보인다. 나아가 대화중에는 집안의 '장남'인 것처럼 종종 말하기도 한 것 같다. 부친의 사전 교시가 있었던 것인지 모르나, 아무튼 철저한 위장과 교란으로 일제 정보망의 혼선 유발 계책을 쓴 것이다. 거기에 속아 넘어간 일제 첩보계통에서는 같은 자료에 형제 2인을 따로 올려놓으면서도 같은 내용으로 기술했고, 장남 김교일까지도 간부학교에 입학한 것으로 오인 보고했다. 거꾸로 보면 이것은 일제 관헌당국이 김정묵과 그의 세 아들 모두를 주시하면서 평소 동정과 그 행적의 모든 가능성에 촉각을 세우고 있었다는 얘기도 된다.

---

23) 「義烈團經營の南京軍官學校の全貌」, 『思想彙報』 제4호, 115쪽; 社會問題資料研究會 編, 『思想情勢視察報告集』 제2집, 京都: 東洋文化社, 1976, 255·377쪽.

24) 「김공신 신문조서」(경기도경찰부, 1935.4.25), 국사편찬위원회, 『한민족독립운동사 자료집』 31 참조.

2) 조선혁명간부학교 교관에 이어 민족혁명당 간부가 되다

조선혁명간부학교의 제1기 과정이 종료될 때 양진곤은 대선배 석정(石正) 윤세주(尹世胄)도 제친 수석 졸업자였고,[25] 1933년 4월 23일의 졸업식에서 중국어로 생도대표 답사를 했다.[26] 동기생 대부분이 졸업 후 국내·만주·상해·북경 등의 공작지로 파견되었음과 달리 그는 학교에 잔류토록 명받고 교무요원이 되었다.[27] 그리고는 동기졸업자 김세일(金世日)·진유일(陳唯一)과 더불어 제2기 과정의 교관진에 합류하였다.[28] 그의 담당과목 또는 역할 내역은 자료에 따라 조금씩 다르게 나오지만 어쨌든 술과(術科)의 것들로 국한되어 있었다. 열거해보면 아래와 같다.

> 야외연습 및 각종 보병전투법 과목의 교관진: 대장(隊長) 이동화(李東華)
> (후임 신악[申岳]), 대부(隊附) 김세일 · 양진곤 · 진유일[29]
> 야간연습 과목의 교관진: 대장 이동화, 교관 김세일, 대부 진유일 · 양진곤[30]

---

25) 「김공신 신문조서(제2회)」(경기도경찰부 1935.4.26) 및 「愼秉垣 경찰신문조서」(1935.12.25), 국사편찬위원회, 『한민족독립운동사자료집』 31 참조.
   우등생은 3명으로, 2등은 석정(石正[=윤세주]), 3등은 유복산(劉福山)이었다.

26) 「김공신 신문조서(제2회)」(경기도경찰부 1935.4.26) 및 「증인 金聖濟 신문조서」(경기도경찰부, 1935.5.3), 『한민족독립운동사자료집』 31 참조.
   1933년 4월 24일, 신의주지법에서 치안유지법 위반 죄목으로 징역 5년이 구형되고 5월 1일 유죄 판결과 더불어 징역 2년형이 선고된 김교홍(金敎弘, '32세')의 이명 중 하나가 '敎三'인 것으로 보도되었고 본적이 '경북 선산군 고아면 원호동'이었다(『東亞日報』, 1933.4.26, 「밀정 살해한 김교삼의 공판」; 大邱地方法院 檢事局, 『昭和八年 受刑人名簿』(1933), 125쪽의 〈金敎弘〉항 같이 참조). 그래서 김교홍이 군관학교 졸업생 김교삼과 동일인이었던 것처럼 보이기 쉽다. 그러나 여러 정황에 비추어 보더라도 두 사람은 동명이인이었음이 분명하다.

27) 「청취서(김공신)」(재상해 일본총영사관 경찰부, 1935.2.26), 『한민족독립운동사자료집』 31 참조.

28) 「金邦佑 신문조서(제2회)」(경기도경찰부, 1934.12.15) 및 「安貞得 신문조서(제2회)」(경기도경찰부, 1934.12.21), 『한민족독립운동사자료집』 30 참조.

29) 「김방우 신문조서(제2회)」(경기도경찰부, 1934.12.15) 및 「洪加勒 신문조서(제6회)」(경기도경찰부, 1934.11.28), 『한민족독립운동사자료집』 31 참조.

30) 위와 같음.

양진곤은 진중요무령, 유격대조직법, 폭탄제조 · 사용법 교관.[31] (밑줄은 인용자)

특기할 것은 양진곤이 각종 교내행사에서 마지막 순서인 만세삼창을 도맡아 선창했다는 점이다. 1934년 3월 1일에 열린 3·1운동 기념식에서,[32] 동년 4월 3일의 순직교관 이동화 추도회에서,[33] 4월 20일의 제2기 졸업식에서[34] 등 매번 그러했다.

1935년 4월부터 9월까지 개설 운영된 조선혁명간부학교 제3기 과정에도 김교삼은 교관으로 봉직했다. 이번에는 '양민산(楊民山)'이라는 가명으로였다. 담당과목은 정치학, 그리고 당 조직과 선전이었다.[35] 2기 때의 술과 교관에서 학과(學科) 교관으로 지위가 옮겨진 것이다. 매주 토요일 밤에는 '훈련강좌'로 국제정세 및 조선정세 등에 관한 교내 특강이 있었는데, 양민산도 왕현지(王現之=이영준)·석정(石正=윤세주)·오균(吳均=황영주)·김영주(金營珠=김상덕)·진가명(陳嘉明=최장학)·이상지(李相之=이복원) 등과

---

31) 「김방우 신문조서(제2회)」(경기도경찰부, 1934.12.15) 및 「안정득 심문조서(제2회)」(경기도경찰부, 1934.12.21), 『한민족독립운동사자료집』 30; 朝鮮總督府 警務局, 『軍官學校事件ノ眞相』, 190쪽 참조.
「홍가륵 신문조서(제6회)」(경기도경찰부, 1934.11.28), 『한민족독립운동사자료집』 31에는 양진곤이 중기관총 조종법, 경기관총 조종법 과목도 담당했다는 진술이 있다.

32) 「홍가륵 신문조서(제7회)」(경기도경찰부, 1934.11.29), 『한민족독립운동사자료집』 31 참조.

33) 위와 같음. 구호는 "이동화 만세, 일본제국타도 만세, 조선혁명 만세"였다.

34) 「홍가륵 신문조서(제8회)」(1934.11.30, 경기도경찰부), 『한민족독립운동사자료집』 31 참조. 이때의 구호는 "조선혁명 만세, 중국혁명 만세, 일본제국주의 타도 만세"였다.

35) 「安李亙 供述 義烈團·民族革命黨의 組織 槪要」(재남경 일본영사관 경찰서, 1936.2.16), 국사편찬위원회, 『대한민국임시정부자료집』 37 참조. 2기 때는 그 과목을 선배급 간부단원인 왕현지(王現之)와 석정이 담당했다(김영범, 『한국 근대민족운동과 의열단』, 창작과비평사, 1997, 305쪽 참조).
「京高特秘 제1190호, 中國中央陸軍軍官學校 政治硏究訓練班 第二隊 第三期生 檢擧の件」(京畿道知事, 1936.5.25), 『警察情報綴(昭和11年)』(국사편찬위원회 한국사데이터베이스)에는 양민산이 3기생의 '당무 및 선전조직법' 담당교관이었던 것으로 나온다. '당 조직과 선전'과 어휘가 조금 다르긴 하지만 같은 과목이었을 것이다.

함께 강의했다 한다.[36]

　1935년 7월 5일, 국외 독립운동계의 숙망이 드디어 실현되는 '통일신당 (統一新黨)'으로 민족혁명당이 남경에서 창립되었다. 그로부터 반년 후인 1936년 2월 현재로 당 중앙서기국(서기장 김원봉)에 4개의 실무부서(서기부, 훈련부, 당보부, 경제부)가 두어져 있었는데, 양민산이 2명의 경제부 역원 중 책임자였다고 한다.[37] 당비 수납과 지출에 관한 회계와 전반적인 당 살림을 주관하는 직책이니, 그에 대한 김원봉의 신임 정도를 다시금 엿볼 수 있는 대목이었다.

　1936년 4월부터 이듬해 2월까지 거의 1년 동안은 김세일과 함께 강서성 (江西省) 성자현(星子縣)의 남의사(藍衣社; 정식 명칭은 '중국국민당 군사위원회 삼민주의역행사[三民主義力行社]' 고등훈련소로 파견되어 교육과정을 이수하였다. 유격전과 특무공작 등의 여러 부문에 걸쳐 고급지식과 실무요령을 습득한 것이다. 남의사가 극도로 강조하며 주력해온 반공주의 정책노선에 대해 그가 어떻게 판단하고 얼마만큼 받아들였을지는 미지수이다.

　고등훈련반 과정 수료 후 그는 1937년 3월 남경으로 돌아와, 그 사이 대대적인 조직개편과 반대파 축출로 카리스마적 지도자의 위치에 오른 총서기 김원봉의 비서가 되었다.[38] 일찍이 조선혁명간부학교 재학시절에도 그는 "김원봉에 대한 비판을 너무 냉정하게 하는" 동기생 이활(李活=이육사) 의 행동 감시자 역할이 주어진 4인 중 1명이었을[39] 정도로 확실한 심복이

36) 앞의「中國中央陸軍軍官學校 政治研究訓練班 第二隊 第三期生 檢擧の件」,『警察情報綴(昭和11年)』참조.
37) 앞의「京高特秘 제1190호, 安李흘 供述 義烈團·民族革命黨의 組織 槪要」,『대한민국임시정부자료집』37 참조. 그런데 민족혁명당의 조직과 운영에 관한 다른 어떤 자료에서도 이와 같은 조직개편 내용은 보이지 않음을 첨언해둔다.
38) 김영범,『한국 근대민족운동과 의열단』, 332쪽; 社會問題資料硏究會 編,『思想情勢視察報告集』제2집, 22·428쪽 참조.
39)「李活 신문조서(제2회)」(경성본정경찰서, 1934.6.19),『한민족독립운동사자료집』30 참조.

되어있었으니, 그만큼 각별한 신임을 받아온 것이 이번의 비서직으로 귀착되었으리라.

그러던 차 1937년 7월에 중일전쟁이 발발하고, 8월에 상해가, 12월에는 수도 남경이 일본군에 함락되는 등으로 전황이 급박하게 돌아갔다. 이에 조선민족혁명당에서는 조선혁명간부학교 출신의 청년당원들과 화중·화남 지역에서 급속 응모한 비당원 한인청년들을 합한 83명을 중국항전 지원요원 양성의 명분으로 중국중앙육군군관학교 성자분교로 보내어 입학시켰다.

그 직후인 1938년 1월 10일, 양자강(揚子江)을 거슬러 의창(宜昌)으로 가는 배가 항전거점인 한구(漢口)에서 조선민족혁명당원들을 태우고 출발하였다. 그리고 12일경 사시(沙市)를 통과할 때 왕현지 등이 성자군관학교로 간다면서 하선하고, 대신에 '질병 명목으로 중도 퇴교한' 양민산과 그 부인이 승선하였다. 의창 도착 후 그 대안의 이랑묘(二郞廟) 부근 반왕전(盤王田)에 거처를 마련한 민혁당원들은 미농지 크기의 8쪽짜리 등사판으로 주간신문 『망원경(望遠鏡)』을 발행했다. 일반 국제정세, 단체 및 당원 소식, 전황 뉴스(주로 중국 측의 승전보) 등을 담은 그 신문의 편집을 양민산이 진가명, 이춘암(李春巖), 이철(李哲=윤공흠) 등과 맡아 했다.[40] 그 얼마 후 2월 4일에 양민산 부부는 김원봉의 지령에 따른 당무공작 수행 차 김두봉(金枓奉)·신악과 함께 한구로 돌아갔다.[41]

한구에 임시본부를 두고 있던 조선민족혁명당에서는 1938년 5월 성자군관학교 특별훈련반의 졸업에 즈음하여 성자분교의 피난처인 호북성(湖北省) 강릉(江陵)에서 제5차 전당대회를 열었다. 거기서 중앙집행위원 16인이

---

40) 「이초생 신문조서(제2회)」(경기도경찰부, 1939.11.4), 『한민족독립운동사자료집』 41 참조.

41) 「증인 李尙奎 신문조서(제2회)」(경기도경찰부, 1939.11.2) 및 「이초생 취조상황 보고의 건」(경기도경찰부, 1939.11.14), 『한민족독립운동사자료집』 46 참조.

선출될 때 양민산도 신임 위원으로 뽑혔다.[42] 20대의 신참 중집위원은 그와 대구 출신인 1913년생 이정호(李貞浩)가 유일했다. 그러니만큼 일제 당국이 보기에 김교삼은 "엄중 주의 중이며 발견되면 체포해야 할"[43] 인물이었다.

3) 결혼과 그 상대: '부부 독립운동가'와 '장서(丈壻) 독립운동가'의 탄생

양민산 · 김교삼이 결혼하여 부인이 있었음은 족보만 아니라 조금 전 원용했던 자료를 통해서도 확인된다. 하지만 언제 결혼했으며 부인의 이름이 무엇인지는 알려진 바 없다. 그래서 차제에 그의 혼인관계도 추적해 밝혀볼 필요가 있음을 느껴, 관련 자료를 여러 각도에서 탐색 · 대조 · 검토하고 추론도 해보았다. 그 결과, 양민산은 1937년경에 장건상의 딸 장수원과 범상치 않은 인연으로 결혼했으며, 징수원은 양민산이 통신용으로 만들어 쓰던 '장수연(張秀延)'이라는 가명을 자기의 이명으로 취택해 쓰면서 독립운동의 길을 함께 걸어갔음을 알 수 있었다.

김교삼의 혼인관계를 필자가 사실대로 규명해낸 경위와 방법은 두루 납득되도록 상술할 필요가 있다고 본다. 그 작업은 그의 활동궤적과 그 배경이 어느 정도 파악된 후인 이 지점에서가 가장 적절하지 않을까 생각되어 이제부터 자세히 서술해보려 한다.

2006년 간행된 『선산김씨 대동보』의 '김교삼' 조에는 배우자 항에 "배(配) 옥산 장씨(玉山張氏). 부(父) 근상(根相)"이라고만 간략히 기재되었다.[44] '옥산 장씨'란 곧 인동(仁同) 장씨이다. 하여 이것을 첫 단서로 삼고

---

42) 「이초생 신문조서(제3회)」(경기도경찰부, 1939.11.9) 참조.
  1939년 12월 경기도경찰부에서 작성한 조선민족혁명당 조직도에도 중앙집행위원회 위원 명단이 있는데, 기재 순이 김원봉과 윤세주 다음으로 '양민산 즉 김교삼'이었다(「京高特秘 제3062호, 민족혁명당원 李初生의 送局에 관한 건」, 1939.12.9), 『思想에 關한 情報綴』 4(국편 한국사 데이터베이스) 참조.
43) 奧平康弘, 編, 『昭和思想統制史資料』 24, 188쪽.
44) 『善山金氏大同譜』 卷之二, 74쪽.

먼저『인동장씨 대동보』를 살펴본다. 〈각파 항렬표〉에서[45] 김교삼의 장인이 었을 연령대의 세계(世系)에서 이름에 '根' 또는 '相'이 항렬자로 들어간 경 우를 검출해보면, 31世의 남산파(南山派), 청안파(淸安派), 영광파(靈光派), 함평파(咸平派)에서 끝 자가 '相'이다.[46] 이에 따라 '장근상'은 인동 장씨 31 세손이었을 것으로 일단 추리된다.

대부분의 족보가 그래왔듯이『인동장씨 대동보』도 딸의 이름이 아니라 그 남편의 관(貫)과 명(名)을 기재하여 무기명인 딸의 존재를 간접적으로 알 려주는 방식을 대체로 취하였다.[47] 그렇다면 '장근상' 조에서 김교삼이 그 사위 이름으로 등장할 가능성을 먼저 짚어본다.

일반적인 혼인 관행에 비추어 장근상은 인동 장씨의 '향내(鄕內)' 5파, 즉 종파(宗派), 남산파, 진가파(眞佳派), 진평파(眞坪派), 황상파(皇顙派) 중 어느 한 파의 인물이었을 것으로 보는 편이 합당하다. 향내파 중에서 31세 손의 항렬자에 '根'이나 '相'이 들어간 경우는 남산파가 유일했다. 그래서 남 산파의 족보를 집중 검토해본다.

남산파 31세손의 수다한 이름들에서 '根相'을 찾아보면 12번 나온다.[48] 그러나 딸이 있었던 것으로 기록된 건이 하나도 없다. 그렇다면 12명의 張 根相 어느 누구에게도 딸이 없었고, 그러니 사위도 없었다고 보아야 할 것 이다.[49] '根'과 동음인 다른 글자가 '相'과 결합한 槿相(3회), 瑾相(2회), 謹

---

45) 『仁同張氏大同譜』卷之一, 회상사, 1991, 109쪽.

46) 33세의 금구파(金溝派)와 34세의 흥해파(興海派) 및 화순파(和順派)도 항렬자가 相 이지만, 세대가 뒤로 처져 맞지 않는다. '根'은 36세 영광파와 38세 고흥파(高興派) 에서만 항렬자로 쓰였음을 보는데, 역시 세대가 맞지 않는다.

47) 예컨대 "子 元柱 泰柱, 女 金鍾甲 金海人"과 같은 식이다. 여기서 '女 金鍾甲 金海 人'이라는 어구의 의미는 딸이 하나 있었는데 김해김씨 집안의 종갑에게 시집갔다 는 것이다.

48) 동일인이 출계(出系) 사승(嗣承)으로 중복 기재된 경우가 없으니, 12명이었다고 보 아도 될 것이다.

49) 딸과 사위가 있었는데도 기보(記譜)에 누락된 일은 없었을 것으로 본다.

相·瑾相·勤相(각 1회)도 나오지만, 딸이 셋이던 瑾相의 사위들은 '김교삼'이 아니고, 나머지 다른 경우들은 사위의 존재며 이름 자체가 불명이다.

그렇다면 앞서의 '장근상'은 있지도 않은 사람을 거짓 기재한 것인가? 그렇다고 볼 수는 없다. 아니면, 혹 어느 글자이건 착오기재가 있었던 것일까?

이 점에 착안해보니, 『선산김씨 대동보』에 김교삼의 장인으로 적힌 '根相'은 본래 '건상'인 것을 잘못 적어놓은 것은 아닐까 하는 데로 또 생각이 미친다. 경상도 방언에서는 'ㅡ'가 'ㅓ'로 발음되는 수가 많다는 점에 대한 역방향의 고려가 작용하여 그리 되었을 수 있어 보이는 것이다. 그렇다면 김교삼의 장인의 실명은 '장근상'이 아니라 '장건상'이었을 수 있겠다.

그리하여 다시 『인동장씨 대동보』의 남산파 31세손 안에서 '장건상'을 검색해본다. 먼저 '健相'(2회)과 '乾相'(1회)이 나오는데 그 누구도 딸이 없었다. 그리고 '建相'이 13회 나오는데, 그 중 9건은 딸이 없다. 남은 4건 중에서 3건은 사위의 성(姓)이 김씨 아닌 다른 성들이었고, 최후의 1건이 "서(婿) 선산인(善山人) 김경상(金敬相), 김해인(金海人) 김원건(金元健)"의 당사자인 張建相이다. 본인에 대해서는 이렇게 기재되어 있다. "자(字) 찬성(贊成). 계미생(癸未生). 대한민국임시정부 국무위원 겸 학무부장, 2대 국회의원. 배(配) 전주이씨(全州李氏), 부(父) 감찰(監察) 기성(起晟)."[50] 저명 독립운동가 소해(宵海) 장건상, 바로 그 사람인 것이다.

이 장건상은 경북 칠곡군 인동면에서 부호 장운원(張雲遠)의 4남으로 태어났고,[51] 결혼하여 아들 하나와 딸 둘을 얻었다. 1905년생인 아들 지갑(志

---

50) 『仁同張氏大同譜』卷之十五,「南山派」, 269쪽(인용 부분의 쉼표와 마침표는 원문에 없는 것인데 쉽게 읽힐 수 있도록 인용자가 넣었음). 여기에는 '찬성(贊成)'이 장건상의 자(字)로 적혔는데, 연구결과물인 2차 문헌들에서는 부인의 이름인 것으로 잘못 말해져왔다.

51) 『仁同張氏大同譜』卷之三,「南山派」, 607쪽; 장건상,「독립운동 반세기의 회고」, 소해 장건상선생 어록비 건립회, 『宵海 張建相 資料集』, 牛堂, 1990, 89쪽.

甲)은 1935년에 조선혁명간부학교 제3기 과정을 다니고 졸업하여 민혁당원이 되어서는 상해로 파견되어 '마세달(馬世達)'이라는 가명의 연락원으로 활동했다.[52] 딸은 1912년생 수원(守遠)과 1919년생 수양(守養)이었다.

　장건상 자신이 해방 후에 수 차 써낸 자서전적 문건들에는 가족에 대한 언급이 거의 없다. 대신에 차녀 수양의 추모성 회고문이[53] 대략의 사정을 전해준다. 그에 따르면, 부산 초량(草粱)의 외가에서 살던 자녀들은 1923년 어머니와 함께 육로로 탈출해가서 북경의 아버지와 합류하였다. 거기서 소학교와 중학교를 다니고 졸업한 수양은 1935년 남경으로 가서 금릉(金陵大學)에 입학했고, 1937년 상해로 이주하여 부친과 함께 살았다. 그러던 중 1939년 4월 어느 날, 일본총영사관 경찰서의 조선인 형사들이 집으로 들이닥쳐 아버지를 체포하여 본국으로 압송해갔다. 이에 그녀는 옥중의 아버지를 돌보기 위해 모친과 함께 귀국하여 부산에 정착했다.[54] 그때 헤어진 언니는 그 후 생사불명이라 하며, "6·25때 미혼으로 행방불명되었고, 1988년 2월 4일 부산지방법원에서 사망으로 심판 확정판결을 받았다."는 가족들의 증언이 있다고도 한다.[55]

　장수양 자신의 긴 회고문 안에는 기이할 정도로 언니에 대한 언급이 없다. 기억에서 지우려는 듯이, 또는 아주 지워진 듯이, 아예 없었던 사람처럼 취급한다. 왜 그런 것일까? 미혼으로 6·25때 행방불명되었음이 정말 맞는가?

　결론을 먼저 말하면 그것은 사실과 다른 얘기이다. 장수원은 미혼이 아

52) 강대민, 「소해 장건상의 생애와 민족독립운동」, 『문화전통논집』 창간호, 경성대 한국학연구소, 1993, 487~488쪽 및 김재명, 『한국현대사의 비극: 중간파의 이상과 좌절』, 선인, 2003, 70쪽 참조.
53) 張守養, 「삼가 아버님 영전에……」(1981.8.15), 『宵海 張建相 資料集』, 387~395쪽.
54) 같은 글, 389~392쪽 참조.
55) 강대민, 「소해 장건상의 생애와 민족독립운동」, 488쪽의 각주 5.

니라 이미 1937년경에 결혼했으며,[56] 6·25때 행방불명된 것이 아니라 해방
후 남편과 함께 북한으로 들어가 정주했다. 장건상의 족보에 큰사위로 기재
된 '김경상'이 그녀의 남편이고, 그 진짜 이름은 '김교삼'인 것이었다.

　김교삼과 장수원이 부부였다고 보는 데는 다음과 같은 정황들도 유력한
방증이 되어준다. ① 1912년생 동갑이었다는 것, ② 양쪽 다 가족이 상당
기간 북경에 재류하고 있었다는 것, ③ 양쪽 다 부친이 저명 독립운동가로
서 1926년에 대독립당조직북경촉성회(大獨立黨組織北京促成會)와 입적간
민회발기주비회(入籍墾民會發起籌備會)에 동참했다는[57] 것, ④ 두 집안 다
본향이 인접지이고 향내 명문가(名門家)임을 서로 잘 아는 사이였으리라는
것, ⑤ 장건상이 화북대학의 교수로 재직 중이던 1930년경에 김교삼이 그
대학에 재학했다는 것[58] 등이다. 그런 모든 정황은 두 사람이 연애를 했는
지의 여부에 관계없이 집안끼리 혼담이 오가고 결혼이 성사되기에 아주 좋
은 여건이 되어주었을 것이다.

---

56) 장수양이 1937년 남경에서 상해로 이주한 것은 언니가 그때쯤 결혼해서 같이 살
　　수 없게 되었기에 혼자 된 본인의 평상안전을 위해 부모 곁에 기있으려 해서인 것
　　이 아니었는가 한다. 김교삼의 일련의 활동궤적에 비추어보더라도 결혼시점은
　　1937년 늦봄에서 여름 무렵이었을 것으로 추정된다.

57) 조규태, 「해산 김정묵의 중국 關內에서의 민족운동」, 132·133쪽 참조.

58) 장건상은 1930년에 화북대학에서 영어교수로 재직했다(김재명, 『한국현대사의 비
　　극』, 68쪽). 앞서 1928년에 화북대학에서는 유명 교육가 호기임(胡己任)을 학장으로
　　초빙하고 손중산(孫中山)의 유훈과 삼민주의를 건실하게 준수하고 약소민족 학생을
　　더욱 환영하는 의미에서 우대방법까지 결정하여 조선·인도·안남·몽고·동삼성
　　각지의 청년학생을 모집했다(『東亞日報』 1928.9.26, 「약소민족학생 입학을 대환영」).
　　1930년에 북경으로 탈출해간 박차정(朴次貞)이 화북대학을 다녔고(『三千里』 제7권
　　제5호, 1935.6, 「슈夫人 학력등급기」), 1940년대 전반기 조선민족혁명당의 이론가
　　요 책사(策士)이던 윤징우(尹澄宇)도 화북대학 출신이다. 김원봉이 김교삼에게 처
　　음부터 각별한 신임과 애정을 내보인 것은 그의 부친 김정묵과 오랜 인연을 이어오
　　면서 믿고 존경하는 사이였기 때문만이 아니라, 부인 박차정과 화북대학 동문(어쩌
　　면 동기동창?)이었기 때문인지도 모른다.
　　차녀를 대학에 입학시킨 장건상이 장녀의 대학공부를 마다했을 리는 없고, 그렇다
　　면 장수원이 다닌 학교는 화북대학이었을 가능성이 높다. 만일 그랬다면 김교삼과
　　박차정과 장수원이 대학동문이었다는 얘기가 된다. 그러나 확인되는 사실은 아직
　　아니다.

1941년 5월 현재의 「조선의용대 편성표」에는[59] 임철애(林哲愛=박차정의 가명)가 '부녀복무단' 단장, "민족혁명당원이고 양민산의 처(妻)인 22세가량 의 장위근(張委近)"이 부단장으로 되어 있다. 여기서 '張委近'이란, 같은 표에서 대원 이화림(李華林)이 '임췌림(林萃林)'으로 한태은(韓泰恩)이 '한태사(韓泰思)'로 오기(誤記)된 것처럼, 첩보과정이나 첩보자료의 정리·편찬 과정에 '張秀延'이 오기 또는 오독·오식(誤植)된 것으로 보인다.

다른 맥락에서 '張秀延'이 일제 관헌문서에 등장한 바 있다. 조선혁명간 부학교를 제1기로 졸업하고 상해에서 3기생 모집 및 연락원이 되어 있다가 1935년 2월에 체포된 김공신(金公信)의 경찰신문조서에서였다.[60] 그의 진술에 따르면, 경상도 출신으로 '마점산(馬占山)'이라는 별명을 가진 34세의 재남경 의열단원 장수연이 1934년 12월 하순에 상해에 왔다가 북경으로 가면서 부탁하기를, 이후로 남경에서 상해의 모처로 자기에게 오는 편지들을 대신 챙겨 우송해 달라고 했다는 것이다.[61] 묘사된 프로필로 보아 남성이었

---

59) 金正明 編, 『朝鮮獨立運動』 Ⅱ, 717쪽; 『特高月報』 1941년 11월호, 100쪽.

60) 「김공신 경찰청취서(제2회)」(경기도경찰부, 1935.3.7), 『한민족독립운동사자료집』 31에, "본명 미상, 馬占山이라는 별명을 가진 사람(경상도 출신, 당 34세, 키 5척 6촌쯤에 얼굴은 길고, 볼은 들어가고 머리는 스포츠형이며, 눈썹이 짙고 체격은 여위고 길다)이 상해에 와서 프랑스조계 약자로(藥子路) 천진공우(天津公寓)에 투숙하면서 나를 풍유리(豊裕里) 75로 찾아와 다음과 같이 북평(北平)으로 이전한다는 것과 서신을 챙겨서 전달하도록 부탁하고 돌아간 뒤에 곧 북평으로 떠났다. 통칭 마점산은 '프랑스조계 망지로(望志路) 북영길리(北永吉里) 212호 張秀延' 앞으로 통신이 올 것인데 나는 금명간 북평으로 출발한다. 도착 후에 곧 주소를 알려줄 터이니 그 편지를 곧 나에게 보내라 했다."는 진술이 나온다.

61) 「김공신 경찰신문조서(제4회)」(경기도경찰부, 1935.5.10)에는 앞의 것보다 조금 더 분명하고 상세한 진술이 다음과 같이 실려있다: "의열단원 張秀延(별명 馬占山)이 작년 12월 하순경에 남경에서 북경으로 가는 도중에 상해에 들렀을 때, 남경에서 금후 영길리(永吉里) 212호 김일연(金日連)의 집으로 장수연 앞으로의 편지가 오거든 북평 서단동철구(西單東鐵區) 복빈여사(福賓旅舍) 6호실로 보내 달라고 했다. 장수연은 금년 1월 중순경에 출발하여 북평으로 간 뒤에 1월 말경에 무사히 도착했다면서, 부탁한 편지가 오거든 보내 달라는 편지가 왔다. 그래서 금년 1월 24일에 남경에서 영길리 212호로 張守延[원문대로임] 앞으로 편지가 왔으므로 그것을 받아서 장수연에게 보내 주었다."

고 의열단원인 장수연이 남경에서 상해로 와 일시 체류했다가 북경으로 가 있었다는 얘기가 된다. 아마도 그 즈음에 화북대학에 복학하여 남은 학기를 마치고 졸업한 것이 아닌가도 한다. 1935년 4월부터 시작된 조선혁명간부학교 제3기 교관 때의 담당과목이 이전의 술과 과목들에서 정치학과 '당조직 및 선전'으로 확 바뀐 것도 예사롭지 않으니, 이런 동향과 직결된 것이 아니었을까 한다. 그렇다면 '마점산'이라는 인물과 그가 쓴 가명인 '장수연'도 그 실체는 거의 틀림없이 양민산이었을 것으로 여겨진다.[62] 특히나 서신 봉피용으로 쓰인 가명은 애인이었을 장수원의 이름을 양민산이 살짝 비틀어 만든 것일 테고, 그 후 장수원이 그것을 자기의 이명으로 취택해 쓰게 된 것이 아니겠는가 한다.

4. 중국 항일전선에서의 활약

1) 조선의용대의 기관지 논설자, 지대 정치지도원

1938년 10월 10일 한구에서 조선의용대가 창설되었을 때 본부 간부진을 포함하여 총원은 100명 안팎이었다.[63] 초기 편성표의 것 이상으로 그 중 87명의 성명과 상당수 대원의 기초적 신원사항이 수합, 정리된 바 있는데,[64] 의외로 그 명단에 양민산은 없다. 그러면 그는 간부도 일반 대원도 아니었다는 말인가? 조선혁명간부학교 교관과 남의사 고등훈련소 이력을 공유하는 김세일이 제1구대 대부(隊附)로 임명되었음에 견주어보더라도 이상한 일

---

62) 김공신은 양민산과 간부학교 동기생이니, 얼굴을 못 알아볼 이유가 없었다. 그럼에도 그는 양민산의 실명과 연령을 끝끝내 감추고 '장수연'이 본명이며 30대인 것처럼 계속 진술한 것이겠다. 일경의 추적을 가능한 한 막거나 지연시키려는 의도에서였을 것이다.

63) 김영범, 「조선의용대 연구」, 483쪽 참조.

64) 장세윤, 「조선의용대의 조직편성과 구성원」, 『한국근현대사연구』 제11집, 1999, 44~48쪽 참조.

이지 아닐 수 없다. 민혁당의 신진 중앙집행위원으로서 당분간은 특별 당무에 전념 종사토록 지령되어 있어서였는지도 모른다.[65]

여하튼 그렇게 잠시 사라졌던 그의 이름은 1939년 4월에 다시 등장하였다. 조선의용대 본부가 옮겨가 있던 곳인 계림(桂林)에서 발간된 기관지『조선의용대통신(朝鮮義勇隊通訊)』의 한 기고자로였다. 그때 이후로 1940년 6월까지 사이에 양민산은 이따금씩 그 지면의 필자로 등장하면서 도합 8편의 보고문 혹은 논설문을 발표하였다.[66] 장수연도 두 번 필자로 등장하였다. 그 기사들을 일괄하여 발표순으로 목록을 만들어보면 아래의 [표 1]과 같다.[67]

기사 ①은 제목 그대로 조선의용대의 외곽단체인 재중경(在重慶) 3·1소년단과 여투조선부녀회(旅渝朝鮮婦女會; '渝'는 중경의 별칭)를 소개하는 글이다. 특히 '재중경조선여성회'라는 의미의 후자는 '남경조선부인회' 조직을 1939년에 개편하여 그 후신으로 성립했음을 설명하고, 회원 25명에 총무 장희수(張熙守), 선전 이소원(李蘇元), 조직 김명숙(金明淑)의 3인이 집행위원이고 후보위원은 장수연과 이금상(李錦相)임을 밝혀 적었다.[68]

---

65) 양민산과 함께 1938년 5월에 민혁당의 신임 중앙집행위원으로 선출된 이정호도 조선의용대 창설 당시의 대원 명단에서 빠져있었음에서 이 추리는 힘을 얻는다.

66) 『조선의용대(통신)』제1호부터 제42호까지의 기명기사 필자들 가운데 게재횟수로 상위 10인은 이달(李達) 24편, 자오한즈(矯漢治) 23편, 한지성(韓志成) 14편, 이정호(李貞浩) 11편, 김원봉 및 판원즈(潘文治) 9편, 양민산 8편, 김성숙(金星淑) 및 이두산(李斗山) 7편, 박효삼 6편 순이었다(朴棟煥, 「『조선의용대통신』 연구」, 성균관대 사학과 석사학위논문, 2020, 37쪽). 양민산은 7위에 해당하므로 기고횟수가 아주 많은 편은 아니었다고 할 수 있다. 그러나 이 10인 중에서 일선의 지휘관급 요원은 양민산과 박효삼 뿐이고 나머지 8인은 모두 대 본부의 지도위원이거나 기관지 편집위원이었음도 감안해서 봐야 한다.

67) [표 1]에 열거된 기사들은 모두 국가보훈처, 『海外의 韓國獨立運動史料(Ⅷ): 中國篇④』(1993)에 수록된 영인본 『朝鮮義勇隊(通訊)』에서 추려낸 것이다. 총 42호/기 중에 1·2·4호는 거기 수록되지 않았는데, 필자가 따로 입수한 그 3개 호의 지면에 양민산·장수연의 글은 없음이 확인된다.

68) 王繼賢 編著, 『中國戰場上的朝鮮義勇隊』(重慶: 朝鮮義勇隊 總隊部, 1940)의 부록에도 이 조직을 소개하는 글이 실렸는데, 양민산의 위 글과 같은 내용에 조선의용대

[표 1] 양민산과 장수연의 『조선의용대(통신)』 기고문 목록

순번	게재 호수	발행일	게재면	필자명	기사 제목
①	『조선의용대 통신』 제8기	1939.4.1	7~8	양민산	介紹「三一少年團」和「旅渝朝鮮婦女會」
②	상동 제9기	39.4.11	8	민산 (摘譯)	北美韓人援華會之最近活動情兄
③	상동 제11기	39.5.1	6	양민산	女同志們在受訓
④	상동 제12기	39.5.11	2~4	민산	朝鮮革命軍事運動之回顧與展望
⑤	상동 제18기	39.7.11	8	장수연	從重慶到桂林以後的感想
⑥	상동 제31기	40.1.1	7~8	양민산	羅總司令朮靑對第一區隊同志的訓話
⑦	상동 제32기	40.2.1	11~14	민산 (繼賢 譯)	接敵行軍記(第三區隊通訊之一)
⑧	『조선의용대』 제35기	40.6.15	7~8	양민산	日寇統治朝鮮民族的新花樣—評日寇的 兩個怪法令—
⑨	상동	상동	8	수연	贛北敵軍離間中韓民族感情的陰謀
⑩	상동	상동	15~16	민산	大敵宣傳材錦河(第三支隊通訊)

　　기사 ②에는 항일전을 벌이는 중인 중국을 돕자는 뜻으로 미국 로스엔젤리스의 한인들이 결성한 北美韓人援華會가 1938년 11월말부터 2개월여 동안에 수차 가진 각종 집회 중심의 활동상이 담겨있다. 그것이 편지에 적혀 보내져왔는데, 의용대장 김원봉의 지시로 양민산이 그 일부를 중국어로 옮겨 소개한 것이다.

　　후원, 중국전사 위로, 집단적 부녀교육을 주요 임무로 한다는 것이 덧붙여졌다(독립기념관 한국독립운동사연구소, 『中國新聞 韓國獨立運動記事集(Ⅰ)—朝鮮義勇隊(軍)』, 2008, 293쪽). 위 책의 「自序」에서 왕계현은 발간을 위한 자료 수집을 양민산이 도와주었다고 밝혔다.

기사 ③은 여투조선부녀회의 20대 회원 11명을 간부인재로 양성키 위해 중경의 어느 숲속 작은집에서 1939년 4월 9일에 개학한 훈련반을 소개하는 글이다. 2개월 과정에 지행합일을 교육원칙으로 삼고 매일 6시 기상으로 일과가 시작되어, 당 조직, 정치상식, 국제현세, 조선역사, 전시공작, 부녀 문제, 도화, 창가 등의 학과수업과 더불어, 조별 작문번역, 편집조리, 유치생 교육, 벽보연습, 연자(鉛字) 등의 공작 시간으로 운영된다. 또한 저녁에는 소조회(小組會), 좌담회, 음악회, 오락회 등의 각종 집회나 자기수양 시간을 가진 후 밤 9시에 취침한다 하였다.

기사 ⑤는 부창부수 식으로 기사 ③을 받쳐주는 글인데, 시종 감격 어린 문장인 것이 이채롭다. 필자 장수연은 부녀훈련반을 수료하면 전방으로 가야겠다고 마음먹은 바를 실천하기 위해 수운(秀雲)·화림 두 동지와 함께 중경을 떠나 7월 4일 계림에 도착했다 한다. 그리고는 당장 7·7 기념일 행사에 동참하여, 5일과 6일 이틀간 화극(話劇) 「반공(反攻)」을 공연하고 3인 각자의 장기(長技)와 선호대로 연극·가창·문장·만화·인쇄 등의 활동에도 참여했음을 흥미롭게 기술해놓았다.

기사 ④에서 양민산은 1905년의 소위 '보호조약' 체결 이후 강제병합까지 일본의 한국침략 강점 행보를 약술하며 돌아보고, 지난 30년간의 '조선혁명 군사운동'을 의병운동, 3·1운동 이후, 9·18사변 이후의 3단계로 나누어 상설했다. 이어서 금후의 군사운동을 전망하여, 동아시아 평화를 영구히 지켜내기 위한 중·소·한 3국 공동항일—소일전쟁도 불가피할 것으로 예측되므로—에서 조선의 항일군사운동은 전략상 중·소 양국 대일주력전의 보조전이 될 것임과 아울러 조선해방운동에서의 일구(日寇) 구축(驅逐)과 건국 완성의 최고수단이 된다고 규정했다. 그러면서 의용대원들에게 일치된 각고의 분투를 주문했다.

1939년 10월말에 조선의용대는 호남성(湖南省) 형양(衡陽)에 지휘부
가 있던 제1구대(구대장 朴孝三)를 반분하여, 절반은 '제1지대'로 남겨놓
고 절반은 신입대원들과 혼합하여 총원 63명의 제3지대로 재편하였다. 이
때 3·9전구 배치로 작전구역이 조정된 신편(新編) 제3지대의 지대장으로
제1구대 대부이던 김세일이 발탁되고, 정치지도원으로 양민산이 임명되었
다.[69] 3지대의 1개 분대는 엽홍덕(葉鴻德)의 지휘 하에 광서성(廣西省) 남녕
(南寧) 방면의 전지로 파견되고, 절반 이상의 나머지 대원들은 중·일 양군
이 8개월 이상 대치중인 강서전선으로 나아가기로 결정되었다. 그래서 12
월 3일에 김세일 인솔 하의 지대원들은 강서성 북부 금하(錦河) 일대의 전
장으로 직향하는 행군을 개시하였다.[70]

기사 ⑦은 매일 평균 45리 주파의 강행군으로 녹구(淥口)·예릉(醴陵)·
평향(萍鄕)·의춘(宜春) 등의 경유지에서 선전공작도 해가며 10일 만에 목적
지 분의(分宜)에 당도한 800리 여정과[71] 그 후의 초기 공작상황을 상술한
글이다. 그리고 현지도착 직후 제19집단군 사령부로 가서 보고했을 때 총사
령 나우청(羅尤靑)이 한 훈시 내용을 기억으로 되살려 소개한 글이 이보다
한 달 전에 나온 ⑥이다.

3지대 병력은 분의 도착 후 10일간의 준비 끝에 봉신(奉新) 방면으로 6
일간 300리를 행군하여 적진에서 20여 리 떨어진 지점에 이르렀고, 이튿날
부터 중국군 야습부대와의 협동작전을 벌이기 시작했다. 신가(新街)를 경비
중인 제58군에 배속된 후 4개 공작대로 나뉘어 금하 연안의 최전선에서 신
년 벽두부터 전투를 치른 것이다.[72]

---

69) 金正明 編, 『朝鮮獨立運動』 Ⅱ, 687쪽; 『特高月報』 1940년 6월보, 83쪽 참조.
70) 김영범, 「조선의용대의 항일전투(참가) 실적과 화북진출 문제 再論」, 『한국독립운동
    사연구』 제67집, 2019, 197쪽 참조.
71) 劉金鋪 編, 『國際隊伍』, 重慶: 朝鮮義勇隊, 1941, 120~123쪽 참조.
72) 「중국전장에서의 조선의용대」, 崔鳳春 번역, 『朝鮮義勇隊血戰實記』, 밀양문화원,

기사 ⑧은 일제가 최근 발표한 '개성창성설씨령(改姓創姓設氏令)'과 '사상범예방구금령'을 비판한 글이다. 필자 양민산은 전자가 조선인의 민족의식 소멸, 후자는 조선인의 혁명운동 방지에 그 목적을 둔 무치(無恥)와 야만의 법령이라고 규정짓고, 특히 전자는 '내선일치(內鮮一致)'·'일시동인(一視同仁)'의 미명 하에 '황국신민'으로 영원히 복종하는 노예의 지위로 조선인을 몰아넣기 위한 '동화정책'의 일환임을 갈파하였다. 그러나 조선민족의 저항으로 그것들은 결코 성공할 수 없을 것이라면서, "조선민족은 4천년의 문화와 고유의 문자·언어·풍속·습관, 30년래의 반일투쟁, 영용한 전투정신을 갖고 있다. 그런 그들이 일본인으로 변하거나 반항하지 않음은 절대로 불가능한 일이다. 그러므로 일구가 벌이는 작태는 여하한 것을 막론하고 모두 도로무공(徒勞無功)이 되고 말 것이다."고 장담하였다.

같은 호, 같은 면에 장수연의 논설문이 남편의 것과 위 아래로 같이 실렸으니, 기사 ⑨가 그것이다. 공북(贛北; 강서성 북부) 전선의 일본군이 한중 두 민족의 감정을 이간시키기 위해 벌이는 비열한 유언비어 제조공작을 폭로하고 신랄한 비판을 가한 글이다. 요약해보면 이렇다.

지난 해 겨울에 남경부근에서는 "적병 중에 수염 긴 자는 조선인인데, 방화·살인·약탈·강간 등은 다 그놈들이 저지르는 짓"이라는 말이 떠돌았고, 현재는 공북전선의 일부 주민과 군대 중에 또 떠돌고 있다. 이것을 우리는 홀시(忽視)할 수 없으니, 그 유언(流言)의 발생근원과 작용이 단순치 않기 때문이다. 우리가 각 방면으로 조사해본 바에 의하면, 적병 중에 확실히 수염 긴 자들이 있는데 이는 모두 일본인 병사이지 결코 조선인 병사일 수

2006, 247~248쪽; 졸고, 「조선의용대의 항일전투(참가) 실적과 화북진출 문제 再論」, 197쪽 참조.
금하전선에서의 조선의용대의 활약상은 중경판 『新華日報』 1940년 9월 25일자에 「活躍在錦河戰線的朝鮮義勇隊×區隊」라는 제목의 긴 기사(楊昭全 等 編, 『關內地區朝鮮人反日獨立運動資料匯編』(下冊), 959~961쪽에 轉載되어 있음)로 소개되었다.

가 없다. 일본군인 중에 수염 기르는 작자들이 있는데 일본인들은 그런 자를 '대인'이라 부른다. 러일전쟁 때 수염 기르는 풍조가 생기더니 40세 이상의 징병자와 장교들을 중심으로 현재까지 이어져온 것이다. 현재 중국에서 작전 중인 일본군 안에 통역원, 운전수 등의 비전투요원 조선인이 있긴 하나 그들은 수염을 기를 수 없다. 조선인과 접촉한 적도 없고 조선말과 일본말을 구별할 줄 모르니 적인의 거짓수단인 줄도 모르는 중국인과 병사들이 수염 긴 남자는 조선인이라고 쉽게 믿어버리는 것이다. 개전 이래 적군은 어떤 부대든 간에 다들 소(燒)·살(殺)·약(掠)·간(姦)의 폭행을 범해왔고 수염 긴 자만 그런 것이 아닌데도, 수염 긴 자는 원래 쉽게 표가 나므로 일반 중국인들에게 그렇게 인식 기억된 것이다. 적인이 수염 긴 자를 가리켜 조선인이라 함은 민중의 증오와 원한을 면피하기 위한 것이고 일방으로는 중한민족 간의 감정을 이간시키려는 것이다. 일종의 '정치진공' 책이다. 그렇지만 날이 갈수록 그런 기만책의 음험함과 비열함을 중국인들도 깨닫게 될 테니 오래가진 못할 것이다.

장수연도 멀리 공북전선으로 남편과 함께 갔던 것인지는 확인되지 않는데, 이 글은 그랬을 개연성을 보여준다. 하지만 같은 지면에 연이어 두 번 필자로 등장하는 것이 어색한 나머지 양민산이 아내의 이름을 빌려 기고한 글이었을 가능성도 있어 보인다.[73] 글의 소재가 '수염 기른 군인'이고 주제가 양민산의 특기 분야이던 선전전 관련의 것이었기 때문이다.

기사 ⑩은 제목처럼 제3지대의 금하지역 공작대가 보여주는 활약상을 알리는 글이다. 금하를 사이에 두고 남안(南岸)의 아군과 100m 저편 북안

---

73) 강만길 · 성대경 편, 『한국사회주의운동 인명사전』(1996), 411쪽과 장세윤, 「조선의 용대의 조직편성과 구성원」(1999), 54쪽의 표에는 장수연이 박효삼의 부인인 것으로 되어 있다. 그러나 이 글에서 '장수연'에 관해 서술해온 모든 내용에 비추어볼 때 그녀는 박효삼이 아니라 양민산의 부인이었음이 확실시된다. 박효삼의 부인이었다면 공북전선으로까지 갈 이유가 도무지 없는 것이었고, 기사 ⑨와 같은 글이 하필 그녀의 이름으로 나올 연유도 없었던 것이다.

의 적군이 1년여를 대치해왔는데, 3지대가 4개 공작대로 나뉘어 양철 나발
통을 갖고 적진지 앞으로 접근하여 고향생각과 염전사상(厭戰思想)을 불러
일으켜 드디어는 일본군 병사들이 투항케 하려는 목적의 선전공작을 벌였
음이 실감 나게 그려진다. 일본군 병사들은 처음에는 못 들은 척하다 점점
반응을 보였는데, 고우(高郵)와 유가도(喻家渡)에서의 그런 사례를 구체적
으로 상세히 소개하였다. 진지 구두선전 외에, 중국군 야습부대와 함께 적
진 철조망에 접근하여 전단을 살포한 얘기도 곁들여졌다.

2) 화북 태항산과 연안에서의 활동

조선의용대 총대부가 중경으로 이전하면서 계림시절을 마감한 직후인
1940년 4월, 제3지대는 제19집단군 사령부 참모 왕일서(王逸曙; 지대장 김세
일의 부친인 김홍일[金弘壹]의 가명)의 환송을 받으며 고안(高安) 일대의 공
작지를 떠나 강서성 길안(吉安)으로 집결하였다. 그리고 6월 20일에 길안을
떠나 형양·계림·귀양(貴陽)을 경유하여 3개월 만에 중경으로 들어갔다.[74]

그 해 10월 3일에 의용대 총대부는 중경시내 일심반점(一心飯店)으로 국
민당계 신문『중앙일보(中央日報)』와 중공당 기관지『신화일보(新華日報)』
기자를 초대하여 3지대의 1년간 공작정형과 그 성과를 홍보하였다. 또한 그
들이 머지않아 낙양(洛陽)으로 북상하여 적후방 지구로 들어갈 것이며, '한
적(韓籍) 적군'(일본군 병사로 끌려온 한인들을 말함)을 쟁취하고 동포들을
단합시켜 군중적 혁명무장을 건립하는 것이 금후의 주요 과업이라고 발표
하였다.[75] 이 자리는 의용대 본부의 선전주임 한지성(韓志成)이 주재했고,
양민산이 김세광(金世光=김세일)·이명선(李明善)과 함께 배석하였다.

---

74) 상세 여정은 劉金鋪 編,『國際隊伍』, 135~136쪽을 볼 것.
75) 김영범,『의열단·민족혁명당·조선의용대의 영혼, 윤세주』, 역사공간, 2013,
151~152쪽 참조.

이어서 조선의용대는 11월 4일부터 보름 동안 열린 확대간부회의에서 '화북 진출'을 공식 결정하고 각 지대의 지휘부를 일부 교체하였다. 이때 3지대는 지대장 박효삼, 부지대장 김세일, 정치지도원 왕통(王通), 정치조리원 양민산으로 바뀌었다.[76] 그리고는 1941년 1월부터 1·3 통합지대는 중경에서 2지대는 호북성의 주둔지에서 낙양으로 속속 이동하여 약 3개월간의 부대정비 시간을 가졌고, 5월부터 7월 사이에 황하(黃河)를 건너간 후 태항산(太行山)으로 들어갔다. 그곳은 화북에서도 일본군이 아직 공략하지 못한 팔로군(八路軍) 구역이었다. 양민산도 아내와 함께 그리로 이동해갔다.

화북으로 건너간 조선의용대 3개 지대는 1941년 7월에 조선의용대 화북지대로 재편되었다. 지대장 박효삼, 부지대장 이익성(李益成), 정치지도원 김학부로 단일 지휘부의 진용이 새로 짜이고, 그 아래로 3개 (구)내에 2개 분대씩 총 6개 분대를 두었다. 여기에 배속되지 않은 인원은 유수대(留守隊)로 묶였는데, 양민산과 장수연도 그리로 배치되었다.[77]

화북지대는 약 40일간의 전체토론을 통해 무장선전, 간부양성, 적구(敵區) (지하)조직을 3대 활동방침으로 확정짓고, 당면 활동의 중점은 무장선전 공작에 두었다. 그래서 30명 인원의 무장선전대를 별도로 조직했다. 선전대 본부에는 대장 왕자인(王子仁), 지도원 김창만(金昌滿) 외에, 화북조선청년연합회(華北朝鮮靑年聯合會) 진기예변구(晉冀豫邊區) 지회(支會; 지회장 진광화[陳光華], 부지회장 윤세주)의 간사로 선임되어 있던 양민산·진한중(陳漢中)도 같이 참가하였다.[78] 무선대는 1941년 9월에서 10월까지 태항산 너머의 적구 인접지역에서 제1차 무장선전 공작을, 11월부터는 제2차 공

---

76) 金正明 編, 『朝鮮獨立運動』 Ⅱ, 719쪽; 『特高月報』 1941년 11월보, 105쪽 참조.
77) 『特高月報』 1943년 1월보, 「在支不逞鮮人團體組織系統表」 참조.
78) 「朝鮮義勇隊 華北支隊 工作 總結報告」, 『朝鮮義勇軍 華北支隊 總結』, 晉東南, 1942, 16~17쪽 참조.

작을 벌이면서 다대한 성과를 거두어갔다.

1942년 5월, 일본군이 태항산의 항일거점을 겨냥하여 대대적인 '소탕전'을 벌였을 때 의용대는 노약자와 여성 대원들이 먼저 탈출하여 연안으로 가도록 했다. 그때 양민산도 '비서' 자격으로 김두봉과 동행하였다.[79] 이후의 양민산의 정치적 행로와 관련지어 볼 때, 이때 맺은 김두봉과의 관계는 의미심장했다. 양민산의 장인 장건상과 김두봉이 같은 동래(東萊) 출신이고 일찍이 상해시절에 고려공산당 활동도 같이했었다는 인연이 후자가 양민산과 맺게 되는 새 인연의 촉매제가 된 것도 같다. 부인과 헤어지고부터 김두봉이 데리고 다니던 둘째딸 해엽(海燁)에게는 장수연이 '부재하는 어머니'의 역할을 대신해줄 '큰 언니'처럼 여겨질 수 있지 않았을까도 한다.

1942년 7월 10일 화북조선청년연합회 제2차 대표대회에서는 연합회를 화북조선독립동맹(華北朝鮮獨立同盟; 이하 '독립동맹')으로 개칭·개편키로 결의하였다.

이때 선출된 독립동맹 집행위원 11인에 양민산은 들지 못하였다.[80] 대신에 중앙집행위원회 산하 연안분국(延安分局; 책임자 무정[武亭])의 위원으로 김두봉·한빈(韓斌)·이춘암과 함께 선임되었다.[81] 장수연도 독립동맹 연안분국원이 되었다.[82] 그 무렵 1942년 4월부터 중경에서는 임시정부 국무회의의 결의에 기하여 조선의용대의 한국광복군으로의 합편이 진행되어갔다. 그 결과, 양민산에게는 광복군 제1지대 제3구대(대장 박효삼, 대부 이

---

79) 염인호, 『조선의용군의 독립운동』, 나남출판, 2001, 154쪽 참조.

80) 그 명단은 『解放日報』 1942.8.29, 「華北朝鮮獨立同盟 成立」(독립기념관 한국독립운동사연구소 편, 『中國新聞 韓國獨立運動記事集(Ⅰ)―朝鮮義勇隊(軍)』, 151쪽)에서 확인된다.

81) 崔鳳春, 「석정 열사와 조선의용대(군)의 동지들」, 『조선의용대(군)와 석정 윤세주』(한국독립운동사연구소·석정윤세주열사기념사업회 공동주최 국제학술회의 자료집), 2011, 115쪽 참조.

82) 같은 글, 116쪽 참조.

익성)의 제2분대장 직위가 주어졌다.[83] 하지만 실효성이 있을 수 없는 명목상의 자리에 불과했다.

1943년 중경의 민혁당에서 작성한 것으로 추정되는「조선민족혁명당 주요간부 간명이력표」에는 '화북특별지부 중요간부'로 박효삼·김백연(金白淵=김두봉)·김세광·양민산의 4인이 명기되었다.[84] 이보다 앞서 중국국민당에서 조사하여 작성한 것으로 보이는 한 문서에서는 조선민족혁명당 내에 30세 미만의 청년간부로 양민산·왕통·김세일 등이 있는데 그 모두 김약산의 '적계(嫡系; '직계'와 같은 뜻)'라 하였다.[85]

1944년 1월말에 태항산의 조선청년혁명학교가 연안으로 이전해가서 나가평촌(羅家坪村)에 움집 교사를 신축하고 12월에 개학하였다. 교장은 김두봉이고, 정치교관 5인 중의 1인이 양민산이었다.[86] 1945년 6월말에 연안의 조선혁명군정학교(朝鮮革命軍政學校) 강당에서 개최된 독립동맹 연안분맹대회에서 양민산은 9인 집행위원의 일원으로 재선되었다.[87] 이처럼 연안시절의 그는 몇 해 전 접적지구(接敵地區)의 전선생활과는 다르게 일본군의 간헐적 공습에만 대비하면 되는 후방에서 비교적 평온한 시간을 보냈다. 하지만 그런 중에도 일본군과 '최후의 결전'을 벌일 결정적 기회는 계속 기다려지고 있었다.

83) 「軍務部 軍事報告」(1942.10.27), 국사편찬위원회,『대한민국임시정부자료집』9 참조.
84) 秋憲樹 編,『資料 韓國獨立運動』Ⅱ, 연세대학교출판부, 1972, 229쪽 참조.
85) 「韓國黨派之調査與分析」, 秋憲樹 編,『資料 韓國獨立運動』Ⅲ, 연세대학교출판부, 1972, 74쪽.
86) 崔鳳春,「석정 열사와 조선의용대(군)의 동지들」, 120쪽 참조.
87) 독립기념관 한국독립운동사연구소 편,『中國新聞 韓國獨立運動記事集(Ⅰ)―朝鮮義勇隊(軍)』, 225쪽.

5. 1946년 이후의 재북 정치활동과 그 종막

1) 입북 환국과 '신조선 건설'의 포부

1945년 8월 15일, 일제의 항복으로 태평양전쟁이 끝났다. 미국의 원폭 투하와 소련군 참전으로 예상보다 빨리 온 결과였다. 하지만 본국침투 후의 연합진공전으로 일본군을 물리치고 민족해방군으로 개선하여 독립완성의 길로 나아갈 작정이던 임시정부·광복군과 독립동맹·의용군 양측의 당초 구상은 무산되고 말았다. 8월 29일 개최 예정이던 조선독립동맹 제3차 대표대회도 급히 취소되고, 대신 김두봉이 주석, 최창익(崔昌益)과 한빈이 부주석으로 취임하였다.[88] 이때 지명된 14인 집행위원에 양민산도 포함되었다.[89]

이보다 앞서 일본의 항복 의사가 연안에도 알려진 날이던 8월 11일에 모택동(毛澤東)이 기초하고 팔로군 총사령 주덕(朱德) 이름으로 발령된 '연안 총부명령 제6호'가 조선의용군에 하달되었다. "조선의용군은 팔로군과 원(元)동북군 각 부대를 따라 동북으로 진병(進兵)하여 적위(敵僞; 일본군과 만주국 군대)를 소탕하고 동북의 조선인민을 조직하여 조선해방의 임무를 달성하라"는 것이 요지였다.[90] 이에 조선의용군 사령부는[91] 각지 의용군부대에 조국향진의 준비를 명하는 긴급동원령을 내리고 모두 봉천(奉天)으로

---

88) 金命時, 「해외투쟁의 血劇史」, 『해방일보』 1945.12.28; 심지연, 『조선신민당 연구』, 동녘, 1988, 241쪽 참조.

89) 尹逸模, 「독립동맹과 의용군의 투쟁사」(『新天地』 제1권 제2호, 1946.3), 210쪽에 제시된 위원 명단 참조.

90) 명령의 전문은 楊昭全 等 編, 『關內地區朝鮮人反日獨立運動資料匯編』(下册), 1455쪽에 있다.

91) '연안총부명령 제6호'가 발령되기 직전에 주덕의 명령으로 조선의용군 사령부가 설치됨과 동시에 무정이 사령, 박일우(朴一宇)가 부사령 겸 정치위원, 박효삼이 부사령 겸 참모장으로 임명되었다. 조선의용군 화북지대가 1943년 이래로 사실상의 중공 직할부대가 되어 왔듯이, 새로 건립된 의용군 사령부도 중공중앙 군사위 소속일 뿐 독립동맹과는 공식적 관련이 없는 기구였다(염인호, 『조선의용군의 독립운동』, 316~317쪽).

집결토록 했다.[92)]

연안에서도 9월 3일에 의용군 정치부 및 4개 대대로 구성된 선발대가 나가평을 떠나면서 4,700리 도보행군을 시작하였다. 독립동맹 중앙간부진도 그들과 함께 움직였다. 처음 1주간은 매일 7~80리, 발바닥이 굳어진 뒤로는 120리 또는 140리의 강행군이었다. 일본군의 봉쇄선을 돌파하여 오대산(五臺山)을 넘고 장가구(長家口)와 금주(錦州)를 거쳐 10월 26일 승덕(承德)에 도착해서야 기차를 탈 수 있었다. 11월 2일 봉천 진입 직전의 신거역(新居驛)에서 하차하여 농촌마을에서 대기하다 11월 7일 봉천시내에서 열린 러시아혁명 기념 열병식에 참가하였다.[93)]

이어서 1,500명의 의용군 귀국선발대가 봉천을 떠나 안동(安東)으로 갔고, 11월말에 압록강을 건너 신의주로 들어갔다. 그런데 소련군 당국의 지시를 받은 평북 위수사령부 보안대가 출동하여 숙영지를 습격하고 의용군의 무장을 해제해버렸다. 하는 수 없이 선발대는 안동으로 철수하고, 김두봉·무정·박효삼 등이 평양으로 가서 의용군의 무장귀국 협상을 소련군 당국자와 벌였다. 그러나 "정부 없는 민족에 군대가 있을 수 없다"는 소련군의 주장에 가로막혀 협의는 진전되지 못하였다.[94)] 하는 수 없이 30명가량의 독립동맹 간부진만 입북하여 12월 13일 평양으로 들어갔다.[95)] 물론 양민산도 그 일원이었다.[96)] 이들의 북한 도착은 서울에서도 12월 19일자『조선

---

92) 高贊輔「연안서의 8·15 전후, 국제관계에 대한 또 한 개 체험(完)」,『현대일보』 1946.8.19; 여기서는 심지연,『잊혀진 혁명가의 초상─金枓奉 연구』(인간사랑, 1993), 92쪽에 의함.

93) 같은 글; 같은 책, 93~94쪽 참조.

94) 조선의용군 선발대의 본국행과 귀국 실패의 경위 및 내막에 대해서는 심지연,『잊혀진 혁명가의 초상─金枓奉 연구』, 94~96쪽의 서술이 자세하다.

95) 김성보,「조선민주주의인민공화국의 수립」, 국사편찬위원회,『한국사』52, 2002, 443쪽; 박병엽 구술, 유영구·정창현 엮음,『조선민주주의인민공화국의 탄생』, 선인, 2010, 113~114쪽 같이 참조.

96) 김중생,『조선의용군의 밀입북과 6·25전쟁』, 명지출판사, 2000, 121쪽 참조.

인민보』 보도를 통해 알려졌고, 그 지면에 소개된 독립동맹 위원 15인의 명단에 양민산도 들어있었다.[97]

1946년 1월 2일, 김두봉이 평양방송에서의 '시국에 대한 태도 표명' 연설로 정치적 입장을 처음 밝혔다. 1월 14일에는 독립동맹이 〈조선동포에게 고함〉이라는 제목의 성명서를 내면서 본격적인 정치활동에 들어갔다. 연설과 성명서 공히 '조선임시정부 수립 및 5년간 후견'이라는[98] 모스크바 3상회의 결정을 지지하며 '자주독립에 매진' 또는 '건국대업 완성을 위해 분투'하겠다는 것이 요지였다. 그러면서 김두봉은 "편협한 정당이나 계급이 독점적으로 국내문제를 해결하려는 것은 반대"한다는 입장도 강조해 말했다. 1월 31일에는 독립동맹이 "악질적 친일분자를 제외한 전 민족이 신조선민주공화국 건설에 매진"하려 한다는 임시강령을 발표하였다. 독립동맹이 보건대는 전 민족이 참여하는 '신조선 건설'로 완결되어야 할 독립운동이 아직 끝난 것이 아니었다.

2월 5일 서울에서 독립동맹 경성특별위원회(위원장 백남운[白南雲])가 설립되고, 2월 15일의 민주주의민족전선 결성대회에 부주석 한빈 외 14명이 독립동맹 대표로 참석했다. 그 명단들에 양민산은 들어있지 않았으니, 이는 그가 한빈 등의 1월 25일 입경 때 동행하지 않았음을 말해준다.

2월 26일[99] 독립동맹은 평양에서 개최된 전체대표대회 선언문을 통해 '조선신민당(朝鮮新民黨)'으로의 개조를 발표하였다. "민족독립의 건국 대업에 당면하여 민주주의적 기초 우에 건립된 북조선인민위원회를 옹호하며

---

97) 「항일전투 十星霜, 독립동맹의 전모」, 『조선인민보』 1945.12.19; 심지연, 『조선신민당 연구』, 183쪽 참조.

98) "후견은 주권이 아국(我國)에 있고 신탁은 주권을 타국에 양(讓)하는 것"인데 서울의 언론매체들이 보도한바 '신탁통치'는 와전된 것이라고 김두봉은 주장하였다(『조선인민보』 1946.1.10; 심지연, 『잊혀진 혁명가의 초상―金枓奉 연구』, 104쪽).

99) 『해방일보』 1946.3·12; 심지연, 『조선신민당 연구』, 80쪽.

발전케 하여 그로서 자유·평등·부강한 전조선 민주공화국을 촉성"함이 창
당 취지로 천명되었다.[100] 「강령」을 통해 조선신민당은 "친일분자, 파쇼분자
및 전쟁범죄자 등 일체 반동세력을 철저히 소멸"시킬 것과 "보편적 평등적
선거에 의한 새로운 민주정권을 수립할 것"을 주장하였고, '자산계급성 민
주주의혁명'을 정치노선으로 표방하였다.[101]

양민산은 조선신민당의 17인 중앙집행위원 반열에 섰고,[102] 중앙본부 선
전부장도 겸하였다.[103] 그리고 이때부터 본성(本姓)을 살리고 이름은 '민산'
을 그대로 취하여 성명을 '김민산'으로 쓰기 시작했다. '신민당'의 '민' 자와
도 잘 어울리는 조합이었다.

6월 26일에 조선신민당은 제1차 북조선대표대회를 개최하고 중앙집행
위원 25인을 새로 선출하였다. 이때 선전부장에서 조직부장으로 전임된 김
민산은 위원장(김두봉), 부위원장(최창익)에 이어 서열 3위로 등재되었다.
6인 중앙상무위원진의 1인이기도 했다.[104]

---

100) 「조선신민당(전 조선독립동맹) 선언, 강령, 규약」, 국사편찬위원회, 『북한관계사료
집』 26, 1997, 16쪽.

101) 조선신민당 강령 및 정책의 기조는 친일파 및 반민주주의자를 제외하고 민족통일
전선을 구축하여 조선민주공화국을 수립하고 대기업 국영화와 소작제 폐지 등으로
민족경제를 재편성하며 대외적으로는 독립·평등·상호이익존중·우의에 기초하
여 세계평화를 실현한다는 것이었다고 한다. 이는 마오쩌둥(毛澤東)의 '신민주주의'
를 당시의 북한 현실에 원용한 것으로, 공산당보다 덜 급진적이고 노동자·농민보
다는 소시민·지식층·중산층에 기반을 둔 당이었다고 평가된다(김남식, 「조선신
민당」, 한국정신문화연구원 편, 『한국민족문화대백과사전』 20, 1996, 492쪽).

102) 「조선신민당(전 조선독립동맹) 선언, 강령, 규약」, 국사편찬위원회, 『북한관계사료
집』 26, 15쪽; 『自由新聞』 1946. 3·13, 「조선신민당 중앙집행위원」.

103) 조선신민당의 최초 지도부는 위원장 김두봉, 부위원장 최창익·한빈, 조직부장 이유
민(李維民), 선전부장 김민산, 비서처장 변동윤(邊東潤), 총무처장 장철(張徹)로 그
진용이 짜여졌다(民主主義民族戰線 編, 『朝鮮解放年報』, 문우인서관, 1946, 149쪽).

104) 국사편찬위원회, 『북한관계사료집 26, 51쪽. 이때 김민산의 거주지는 '평양 순영
(巡營)'이었다.

2) 북조선로동당에의 소극적 합류

1946년 8월, 조선신민당은 북조선공산당과의 통합으로 북조선로동당 (北朝鮮勞動黨)을 결성하였다. 합당 제안은 김일성과 박헌영(朴憲永)의 소련방문 때 스탈린(I. Stalin)이 낸 것이라 한다. 당분간은 통일전선이 필요하고 그것을 추동해야 한다는 소련의 정책적 의도가 작용했다는 것이다. 그랬기에 실제로는 공산당의 주도로 추진되지만 표면적으로는 신민당의 제안에 공산당이 호응하는 형식을 취하였다. 합당의 경과는 다음과 같았다.[105]

7월 22일의 '북조선 제정당·사회단체 대표회의'에서 김일성의 보고에 따라 결정서와 규정이 채택되고 북조선 민주주의민족통일전선위원회가 결성되었다.[106] 이어서 김일성과 김두봉·최창익 3자 협의에서 당 통합이 합의되었다. 7월 23일, 조선신민당 중앙상무위 회의에서 토론 끝에 통합을 결정하고, 그 필요성을 제안하는 서한을 김두봉이 김일성에 보내는 식으로 합당문제를 제기하였다. 이에 공산당이 응신하자 신민당 상무위가 회답 내용을 토의했고, 김두봉은 "가장 진보적인 민주정당은 통합할 것을 국제정세가 요구하고 있다"고 말했다. 김민산은 신민당의 일부 당원이 부당하다고 생각할 수 있으니 합당의 역사적 의미를 당원에게 설명할 필요가 있다고 주장하였다.[107] 7월 26일 두 당의 중앙위원회에서 합당안이 각각 승인 통과되고, 29일 71명 참석하의 양당 중앙위 연석확대회의에서 "모든 근로 인민들의 이익을 옹호하는 하나의 로동당으로 합당"이 결정되었다. 그리고 한 달 후인 8월 28일부터 사흘간 818명의 대의원 참석 하에 북조선로동당 창립대회가 열린 것이다.

이는 공산당 중심의 대중정당화 전략에 조선신민당이 흡수되어 감을 의

---

105) 서동만, 『북조선사회주의체제성립사: 1945~1951』, 선인, 2005, 169~172쪽 참조.
106) 民主主義民族戰線 編, 『朝鮮解放年報』, 453쪽.
107) 서동만, 『북조선사회주의체제성립사』, 173쪽.

미했고, 그로써 후자의 '신민주주의' 정치노선은 현실화하지 못한 채 사라지
고 말았다.[108] 신당의 조직구성도 확실히 공산당 중심이었다. 신민당 서열
3위이던 김민산이 31명의 창당대회 주석단에 끼지 못한 것도 세력불균형의
한 증좌였다. 대신에 그는 김일성이 43명으로 정수를 제안하고 그 명단도
추천한 중앙위원 반열에는 들어설 수 있었다.[109]

1948년 3월 27일 평양에서 열린 북로당 제2차 전당대회에서 김민산은
정치위원 및 각 도당 부위원장 연석회의에서 천거된 중앙위원 후보자 67명
중 17번째로 등재되어, 대의원 990명 전원의 거수 찬성으로 선출되었다.
그러나 정치위원회, 상무위원회, 검열위원회, 부장급 책임자 명단 어디에도
그의 이름은 없었다. 다만 그의 정치적 스승인 김두봉은 재차 위원장으로
내세워져 연임하고 북조선인민회의(北朝鮮人民會議) 상임위원장도 겸임한
다. 그렇지만 실권은 당 부위원장이면서 북조선인민위원회(北朝鮮人民委員
會) 위원장인 김일성에게 장악되어갔다.[110]

3) 북한정권 참여

1948년 4월 20일부터 평양 모란봉극장에서 '전조선(全朝鮮) 제(諸)정
당·사회단체 대표자 연석회의'('남북연석회의')가 열렸다. 그 3일 차인 22일
회의에서 남·북한 정치정세와 반분단(反分斷) 통일노선에서의 투쟁방책에
대한 토론이 진행될 때 김민산이 북로당 대표로 참여했다.[111] 이 연석회의

108) 김남식, 「조선신민당」, 492쪽.
109) 「북조선로동당 창립대회 회의록」(1946.8.28~8.30), 국사편찬위원회, 「북한관계
    사료집」1, 1982, 172쪽 참조.
110) 「북조선로동당 제2차 전당대회 회의록」, 국사편찬위원회, 「북한관계사료집」 I,
    452~453쪽; 유영구·정창현 엮음, 「조선민주주의인민공화국의 탄생」, 226·228
    쪽; 김광운, 「북한 정치사 연구」 I, 선인, 2003, 374~375·384·600쪽 같이 참조.
111) 토론의 자세한 상황과 내용은 「京鄕新聞」·「南鮮新聞」·「自由新聞」·「朝鮮日報」
    1948년 4월 25일자, 또는 김광운, 「북한 정치사 연구」 I, 605~606쪽을 볼 것.

에 장건상도 근로인민당(勤勞人民黨) 대표진의 일원으로 참석했는바, 큰딸 및 사위와 3년 만에 해후했을 것임에 의문의 여지가 없다. 그러나 그것이 마지막 상면이 되어버렸다. 남쪽 대표들 중의 홍명희(洪命憙)·백남운·이극로(李克魯)·이용(李鏞) 등 70여 명이 회의 종료 후 평양에 잔류했음에 반해 장건상은 서울로 곧 돌아갔기 때문이다.

그 해 8월 25일 실시된 최고인민회의 북조선 대의원 선거에서 김민산은 212명 대의원의 1인으로 피선되었다.[112] 9월 2일부터 해주(海州)에서 최고인민회의 제1차 회의가 개최되었는데, 그 5일차(9월 8일)에 23명의 법제위원회가 조직될 때 김민산도 위원이 되었다(위원장은 허헌[許憲]).[113] 그러나 9월 9일 성립한 내각에는 들어가지 못하였다. 이듬해 1949년 4월 19일에 그는 함경남도 인민위원장으로 선임되고,[114] 두 달 뒤 6월 30일에 북로당은 남로당과의 합당으로 조선로동당이 되었다.

김민산은 함경남도인민위원회 위원장으로 약 3년간 재임하다 물러났고,[115] 그로부터 넉 달 후인 1952년 7월 26일부터 8월 7일까지 캐나다 토론토에서 열린 제18차 국제적십자대회에 북한대표단의 일원으로 참석하였다. 이 대회의 남한대표단 수석대표인 임병직(林炳稷)이[116] 총회 상황과 대표단

---

112) 북조선인민회의 대의원이었으나 최고인민회의 대의원이 되지는 못하고 탈락한 연안계의 무정 · 김창만 · 윤공흠 대신 리유민 · 김민산 · 김한중(金漢中)이 선출된 것이라 한다(서동만,『북조선사회주의체제성립사』, 224쪽).

113) 서동만,『북조선사회주의체제성립사』, 225쪽.

114) 같은 책, 232 · 234쪽 및 939쪽 참조.

115) 그는 1952년 3월 19일까지 재임하였다(서동만,『북조선사회주의체제성립사』, 476 · 939쪽).

116) 1893년생인 그는 전직 외무장관이고 당시는 유엔대표부 대사로 재임하고 있었다. 다른 두 대표는 구영숙(具永淑)과 황성수(黃聖秀)였다. 1892년생으로 미국 에모리(Emory)대 의학박사인 구영숙은 세브란스의전 교수를 거쳐 초대 보건부장관을 지냈다. 1917년생인 황성수는 일본과 미국에서 유학하고 미국 법무부 및 육군성을 거쳐 주한미군정청에서 근무했고 외무부 초대 정보국장을 지냈다. 1952년 당시는 국회의원으로 외무위원회 소속이었다.

의 활동 및 견문 내용을 8월 8일과 9일자의 비밀전문으로 대통령에게 두 번 보고했는데,[117] 이 영문 보고문에서 김민산이 언급되고 있었다.

보고문에서 임병직은 "7월 26일 개회하자마자 소련과 그 위성국들 대표단은 주한 유엔군이 세균전을 감행하고 있으며 유엔군사령부 감독 하의 공산군 포로들이 학대당하고 종종 살해되기까지 하고 있다고 노래하듯 비난하기 시작했습니다."고 썼다. 그리고 북한대표단(보고문의 표기는 '한인 공산주의자들') 3인의 이름은 'Ki Sek Pok, Kim Min San, Kim Pai Joon'이라고 적었다. 차례로 기석복(奇石福), 김민산, 김배준(金培俊)인 것이었다.[118] 그러면서 특히 김민산에 대해 상세히 묘사했다. 그 부분을 우리말로 옮겨보면 다음과 같다.

> 그 팀의 대변인인 김민산이 총회에서 한국말로 연설했습니다. 힘차게 잘하더군요. 연설 주제는 유엔군이 세균전을 벌인다는 것과 포로를 학대한다는 것 두 개였는데, 소련·중공 대표단의 연설과 거의 같은 내용입니다. 북쪽 사람들과 항시 동석하는 중국인 젊은 여자가 그의 연설을 영어로 통역하는데, 번역문을 읽은 것 같습니다. 하지만 나중에는 김민산이 하지도 않은 말을 마구 덧붙이는 식으로 흘러가버립디다. 총회 의장인 앙드레 프랑스와-퐁세 프랑스 대사가 그 점을 강하게 지적해 말했습니다.
>
> 기석복과 김민산은 키가 작아 5피트 4인치쯤 되고, 의학박사 김배준은 비교적 큰 키로 5피트 8인치쯤이었습니다. 정보보고에 의하면 김민산은 중국에서 훈련받은 자이고, 이북 공산당 체제에서 상당 정도 요인입니다. 기석복은 러시

117) 2편 보고문의 전문이 국사편찬위원회, 『대한민국사자료집』 31, 1996, 278~291 쪽에 외교비망록(memorandum)으로 분류되어 실려 있다. 두 보고문은 형식과 내용 면에서 대동소이한데, 9일자 보고는 8일자 것을 약간 수정하고 조금 더 보충하면서 정리한 것이다. 9일치 보고문의 일부가 초역되어 국사편찬위원회, 『자료 대한민국사』 26(2007)에 실려 있다.

118) 소련 태생의 선전전문가인 기석복은 1945년 12월 북한으로 들어와 1948년 『로동신문』 주필이 되었고 『근로자』·『민주조선』 등의 주필도 역임하였다. 김배준은 경성의학전문학교 출신의 의료인으로 1952년 당시 평양의과대학 내과 강좌장이었다. 앞의 『자료 대한민국사』 26에는 기석복이 '김석복'으로 잘못 표기되어 있다.

아 출신이고 소비에트체제에서 훈련받았으며, 북측 대표단 그룹의 중심인물입니다. 그는 북한 공산당 기관지의 편집장이기도 합니다. 김배준은 전염병학과 세균전 분야의 '의료 지도자'인 듯해 보입니다.

요컨대 한국전쟁의 남북 간 전선이 일종의 교착상태가 되어있는 시점의 국제적십자대회에 북한대표단이 참석한 것은 유엔군(실제로는 미군)이 한반도 북부에서 세균전을 벌였으며 남한에서는 인민군 포로를 학대하고 있다고[119] 고발하려는 의도였다. 그리고 그 발언의 마이크를 잡은 이가 김민산이었다. 그가 북한대표단의 일원으로 선임된 것은 독립운동기 이래로 쌓아온 선전전문가로서의 경력과 능력이 십분 감안되어서였을 것이다.

임병직은 공산당 지도자들과 이번 대표들의 인성 특질을 파악해보기 위해 휘하 대표들로 하여금 토론토의 한 유학생 집에서 북한 대표단을 만나보도록 했다. 북측은 오겠다고 말해놓고는 약속 시간과 장소에 나타나지 않았다. 대신에 유학생 3명이 그들과 접촉할 기회를 가졌고, 그 중 신학 전공의

---

119) 한국전쟁 초기부터 미군이 각종의 전쟁범죄와 반인도적 범죄를 저질렀다는 북한 측 주장이 근거 있는 것인지를 확인하기 위한 현지조사가 1952년 3월 국제민주법률가협회 조사단에 의해, 그리고 1952년 1~3월에 미군이 북한과 만주를 겨냥하여 세균전을 벌였다는 의혹에 대한 현지조사가 같은 해 6월 국제과학조사단에 의해 각각 수행되었다. 2건의 그 보고서(김주환 엮음, 『미국의 세계전략과 한국전쟁』, 청사, 1989, 163~273쪽)에는 세균전의 증거가 될 만한 사실들이 상당수 제시되었다. 또한 1952년에 미 공군이 한만국경 일대를 공습하면서 생물학무기를 투하하여 세균전을 실험했고 그 원천자료와 노하우는 일본 관동군 731부대의 전범들로부터 넘겨받은 것이었다고 20년간의 추적연구 결과를 보고하는 저작이 미국에서 출간되었다(Stephen Endicott and Edward Hagerman, The United States and Biological Warfare: Secrets from the Early Cold War and Korea, Indiana University Press, 1998; 안치용·박성휴 옮김, 『한국전쟁과 미국의 세균전』, 중심, 2003). 이에 대해 북한과 중국 측의 세균전 주장은 선전전의 일환이었을 뿐이라고 논박한 글도 있다(조성훈, 「한국전쟁의 세균전 논쟁 비판」, 『軍史』 제41호, 2000). 세균전을 위한 대규모의 현장실험(field tests)을 해보라는 1951년 9월 21일자의 미 합동참모본부 명령서를 아랍권의 위성방송 〈알자지라〉 파견원이 미 국립문서보관소에서 찾아내 2010년 3월 17일에 영어 다큐멘터리 프로그램("People & Power")에서 방영하였고, 이 내용은 그 즉시 국내 언론에도 보도된 바 있다.

한 여학생이 김민산에게 "왜 공산당은 수백만 명의 동족이 죽고 다치게끔 잔혹한 공격을 개시했는가?"고 따져 물었다. 그러자 김민산이 응수하기를, 그녀의 말은 미국인들이 흔히 하는 선전의 복사판일 뿐이지 진상은 남한 군대가 북쪽을 먼저 침공했다는 것이라 하였다. 다른 계제에 황성수와 그 여학생이 다시 대화하려 했으나 김민산은 스쳐 지나가버렸다.[120)

그 1년 후인 1953년 8월 6일, 김민산은 조국통일민주주의전선 중앙위원회 사회부장을 겸하여 조선로동당 중앙위원회 사회부장으로 임명되었다.[121) 이는 당 중앙위 제6차 전원회의를 통하여 남로당파 숙청작업이 개시되던 이면에서 그가 발탁된 것이고 소련파 견제책의 일환이기도 했음으로 해석된다.[122) 1954년 3월에 그는 당 중앙위 전원회의를 통한 당직개편 때 사회부장 직에서 해임되었으나[123) 9월 9일에 국가건설위원회 부위원장으로 임명되고, 1955년 1월에 건설성 부상이 되었다(건설상은 김승화[金承化]).[124) 그러더니 동년 11월에 국가검열성 부상으로 전임했다가 1956년 5월에 경질되었다(후임자는 소련파의 박기호).[125)

---

120) 이상의 인용과 후속 서술은 위의 보고문 2편의 해당부분 서술(국사편찬위원회, 『대한민국사 자료집』31, 282~283쪽 및 289쪽)을 합쳐 반영시킨 것이다. 보고문에서 임병직은 북한 대표단의 사진을 부록에 넣어 보낸다고 썼는데, 위 자료집에는 부록이 실려 있지 않다. 국사편찬위원회 소장 원본자료에도 부록은 누락되어 있다.

121) 日本外務省 アシア局, 『北朝鮮人名錄』, 130쪽; 서동만, 『북조선사회주의체제성립사』, 936쪽.
953년 중에 그가 「조국전선을 강화함에 있어서 우리 당의 지도적 역할」이라는 글을 써내『근로자』에 게재된 것 같은데(국편, 한국사데이터베이스의 「한국사종합논저목록」에 의함), 이것이 사회부장으로 선임되기 전인지 뒤의 일인지, 그리고 어떤 연관이 있었는지는 확인되지 않는다.

122) 서동만, 『북조선사회주의체제성립사』, 497쪽 참조.

123) 서울신문사 편, 『북한인명사전』(개정ㆍ증보판), 1998, 263쪽; 서동만, 『북조선사회주의체제성립사』, 607쪽 같이 참조.

124) 서동만, 『북조선사회주의체제성립사』, 951쪽.

125) 같은 책, 953쪽 참조.

4) 정치행로의 종막

1956년 4월 23일부터 7일간 개최된 조선로동당 제3차 전당대회에서 김민산은 중앙위원에서 검사위원으로 강등되었다.[126] 그도 이제 정치적 내리막길로 접어들고 있음이 시사되는 대목이었다. 1957년 8월의 제2기 최고인민회의 대의원 선거에서 그는 재선되지 않았으며,[127] 동년 12월의 조국통일민주주의전선 제2차 대회에서 87명의 중앙위원이 선출될 때도 그는 배제되었다.[128]

1958년 여름에 소집된 조선로동당 상무위원회에서 "남한출신 인물들을 철저히 조사하기로" 결정되었고, 10월 1일의 최고인민회의 정기회의에서 '반국가적 및 반혁명적 책동'의 죄를 물어 상임위원회 부위원장 김원봉의 대의원 권한을 박탈한다는 정령(政令)이 비준되었다. 그 죄명은 김일성이 정적을 제거할 때 즐겨 쓰는 기법의 하나였다.[129] 그 직후 체포된 김원봉은 독립운동기의 중국국민당 및 장개석(蔣介石)과의 관계로까지 소급되어 '국제간첩'이라는 혐의도 씌워지는 치욕을 맛보고는 옥중 자결로 생을 마쳤다.[130]

1958년 10월, 당 중앙상무위원회에서 김일성은 평양위수사령관 장평산(張平山) 등이 쿠데타를 시도했다면서 "반혁명분자들을 더욱 철저히 진압할 것"을 주문했다. 뒤이어 10월 30일의 조선인민군 각급군사학교 교원대회 연설에서도 이미 숙청된 김두봉·최창익·한빈 3인에 더하여 리유민·김민산

---

126) 같은 책, 551~552쪽 및 945쪽.
127) 같은 책, 957~961쪽 참조.
128) 그 명단 발표 때는 김원봉도 70번째에야 호명되었다(김광운, 「김원봉의 1945년 광복 이후 정치 행적과 성격」, 『한국독립운동사연구』 제68집, 2019, 295쪽). 8월의 최고인민회의 대의원 선거에서 김두봉은 재선되었으나 상임위원장 자리에서는 배제되더니 12월 들어 '반당 종파분자'로 매도되고 이듬해 8월, 당에서 제명되었다.
129) 한상도, 「김원봉의 월북 배경과 이후 정치활동 궤적」, 『한국근현대사연구』 제88집, 2019, 236~237쪽.
130) 이원규, 『민족혁명가 김원봉』, 한길사, 2019, 631~637쪽 참조.

등 조선신민당 출신자들이 폭동 음모를 꾸몄다고 비난하고 '반혁명 음모'와 결부시켰다.[131)

이처럼 공개적으로 거명 지목되었으니 김민산은 그때 곧 인신구속을 당해 숙청되어갔으리라고 보는 것이 합당하다.[132) 김원봉이 숙청될 때 '국제간첩'이라는 누명까지 썼듯이, 김민산도 1930년대의 남의사 고등훈련소에서 교육받았던 사실까지 들먹여지면서 '반혁명 음모'로 연결시켜졌을 수 있다.[133)

그의 정치적 행로의 이와 같은 종막은 북한정권 내에서 연안파가 점점 몰락해가다 결국은 완전히 사라져간 궤적과 동일선상의 것이라 볼 수 있다. 하지만 그것을 1956년의 '8월 종파사건'과 뒤이은 연안파 축출, 몰락의 흐름과만 연결시켜보려는 것은 다소 좁은 관점일 수도 있다.

김원봉 외 김민산을 포함하여 의열단—민족혁명당에서 발원했고 해방 후에는 남의 인민공화당과 북의 조선신민당이라는 두 계보로 나뉘어 있던 다수의 재북인사들이 죄다 숙청되어간 것은 크게 보면 1950년대 후반에 진행된 북한사회 내부의 권력구조 변화와 맞물려 벌어진 일이기도 했다. 이

---

131) 서동만, 『북조선사회주의체제성립사』, 777쪽 참조.

132) 김민산의 최후에 대하여 "1959년 7월, 최창익사건에 관련되어 숙청"이라는 기술 (북한연구소, 『최신 북한인명사전』, 1996, 118쪽)이 있고, 『한국사회주의운동 인명사전』에는 "1959년 7월, 종파분자로 지목되어 각종 직위에서 해임"된 것으로 적혔다(71쪽). 그러나 김일성의 위와 같은 공개발언이 있고서도 늑장부려 9개월 뒤에야 '해임'되었다고는 믿기 힘들다. 숙청 조치가 즉시 시행되기 시작했다고 보아야 맞을 것이다. 숙청 방식은 체포 후 투옥이었을 텐데, '1959년 7월'이란 형식상의 재판을 거쳐 사형이 선고되고 곧 집행된 시점을 말하는 것이 아닌가도 한다. 심지연은 김민산이 군사폭동 음모에 가담했다는 이유로 다른 여러 명과 함께 검거·구속되었다고 했다(심지연, 『잊혀진 혁명가의 초상—金枓奉 연구』, 227쪽). 김중생도 김민산의 이력을 "1958년경 정치적 실종"으로 끝맺어 적었다(김중생, 『조선의용군의 밀입북과 6·25전쟁』, 121쪽).

133) 1958년 12월 성주식(成周寔), 한지성 등에게도 '국제간첩'이라는 비난이 가해지면서 성주식은 투옥되고 한지성은 1959년 3월에 처형되었다. 김민산도 비슷한 경로로 최후를 맞았을 것이다.

는 '민족통일전선의 구색을 맞추는' 역할의 이전 항일운동 세대는 퇴장하고 유학파 테크노크라트 중심의 소장 엘리트그룹이 새 주도세력으로 부상해간 사실과 연관된 것이었다는 말이기도 하다.[134] 그런 세대교체 국면에서 전자는 김일성 유일지도체제 확립에 장애가 될 테니 회오리바람에 휩쓸리듯 한꺼번에 숙청되기에 이른 것이다. 결국 그들은 '새 체제를 위한 속죄양'이[135] 된 셈이다.

그렇게 숙청된 김민산은 평양 신미리 애국열사릉에[136] 묘가 없고 비석도 없다.[137] 조선신민당 위원장과 최고인민회의 상임위원장을 지낸 김두봉 역시 그러하다.[138] 그것이 1956년 이전에 사망했음이 외려 숙청 모면의 행운이 되어준 무정·고찬보(高贊輔)·김형식(金衡植) 등의 몇몇 연안파 인사와 다른 점이다.[139]

6. 맺음말

남·북한 어디서든 그 이름이 묻혀버렸고 지금은 거의 잊힌 존재가 되고 말았지만 김교삼은 경북 선산이 낳은 또 한 명의 걸출한 민족운동가였다.

---

134) 한상도, 「김원봉의 월북 배경과 이후 정치활동 궤적」, 239·241쪽 참조.
135) 김광운, 「김원봉의 1945년 광복 이후 정치 행적과 성격」, 298쪽.
136) 평양 외곽 형제산 구역의 신미리 애국열사릉은 "조국의 해방과 사회주의건설, 나라의 통일 위업을 위하여 투쟁하다가 희생된 애국렬사들의 위훈"을 기리기 위해 1986년 조성되었다. 완공 당시 190기가 안장되었는데, 그 후 꾸준히 숫자가 늘어나 2014년 말에 890기였다(최재영, 「남북의 국립묘지를 찾아 역사화해를 모색하다 (3): 평양 신미리 애국열사릉 편」, 《오작교뉴스》 2015.5.27). 2019년 초 현재로는 1천위 안팎이 존재하는 것으로 전해진다(박상현, 「북한 애국열사릉에 묻힌 독립지사들」, 《연합뉴스》 2019.1.16).
137) 김광운, 『북한 정치사 연구』 Ⅰ, 765~820쪽의 「부록 2: 신미리 애국열사릉에 묻힌 사람들」 참조.
138) 김두봉은 처형을 면하고 협동농장에 배치되어 노역하다 사망한 것으로 알려진다.
139) 김형식의 경우에 관해서는 김희곤, 『만주의 독립운동가 月松 김형식』(성심, 2020)을 볼 것.

독립운동기에는 '양민산'으로, 해방 후에는 '김민산'으로 이름을 바꿔가며 활약한 그는 부친의 아호를 의식해 본뜸과 아울러 '민중의 산'이 되자는 뜻에서 '민산'을 자기의 호로 삼았던 것 같다.

선산군 평성면(현 구미시 고아읍)에서 1912년에 태어난 김민산은 1918년에 아버지 김정묵의 뜻에 의한 일가족 망명길에 동행하여 중국 봉천성으로 이주해갔다가 이듬해 북경으로 다시 옮겨가 살았다. 거기서 초·중등 교육을 받으며 소년기를 보낸 후 화북대학에 입학해 다닌 그는 1932년 10월 남경으로 내려가 의열단의 조선혁명군사정치간부학교에 제1기생으로 들어갔다. 거기서 그는 그는 김정묵의 '장남'이면서 본명은 '김대륙'인 것처럼 위장하여 일제 정보망을 교란시키는 한편 '양진곤'이라는 가명을 쓰면서 6개월간의 집중 교육과정을 이수하여 1등으로 졸업했다.

교장 김원봉의 두터운 신임 아래 그는 졸업 후 학교에 남아 제2·3기 교육과정의 교관이 되었고, 술과와 학과의 여러 중요과목을 맡아 후배들을 가르쳤다. 이어서 1935년에 창립되는 민족혁명당의 중앙서기국 예하 경제부 책임자가 되어 당 살림을 주관했다. 강서성의 남의사 고등훈련소에 파견되어 거의 1년 동안 교육받고 돌아온 그는 1937년 당 총서기 김원봉의 비서가 되었다. 또한 그 직후쯤에 중견 독립운동가 장건상의 장녀인 동갑내기 장수연(본명 장수원)과 결혼하였다. 그리고 이듬해에는 약관 27세로 당 중앙집행위원도 되었다.

1938년 조선의용대가 창설되었을 때는 특별 당무에 전념키로 한 때문인지 양민산의 참여 흔적이 나타나지 않는다. 그렇지만 1939년 4월 이후로 의용대 기관지의 보고문이나 논설문 기고자로 종종 등장하면서 존재감과 성가를 높여갔다. 또한 제3지대가 새로 편성될 때 정치지도원으로 임명받아, 간부학교 동기생인 지대장 김세일과 호흡을 맞추며 강서성 북부의 금하전선으로 출전하여 맹활약하고 실황을 자세히 보고하였다. 아무래도 직접전투보다는 전지 선전공작이 주 임무로 주어졌던 조선의용대에서 정치지도원의 책무는 막중했고, 양민산은 자기의 직무와 과업을 매양 성실히 수행해갔다.

1941년 조선의용대의 주력이 황하를 건너 태항산으로 들어갈 때 그도 아내와 함께 동행하였다. 거기서 그는 화북조선청년연합회 진기예변구 지회의 간사로 선임되었음과 아울러, 재편성된 조선의용대 화북지대 예하의 무장선전대 본부에 속해있으면서 대원들의 선전공작을 지도하였다. 1942년 5월의 태항산 반소탕전 때 김두봉의 비서가 되어 연안으로 옮겨간 그는 화북조선독립동맹 연안분맹의 집행위원과 조선청년혁명학교 교관으로 활동하였으며, 중경의 민혁당 중앙으로부터도 여전히 중요간부 중 1인으로 간주되었다.

그렇게 연안에 있다가 1945년의 8·15 일제패망을 맞은 양민산은 독립동맹 간부진의 일원으로서 만주 봉천을 거쳐 북한으로 들어갔다. 그 후 독립동맹이 조선신민당으로 개조될 때 그는 중앙집행위원 겸 선전부장으로 선임되었다가 얼마 후의 제1차 대표대회 때 당 서열 3위의 조직부장 겸 상무위원으로 전임하였다. 그리고 그때부터 '김민산'이라는 이름을 쓰기 시작했다.

1946년 8월 '신민주주의' 노선의 조선신민당이 통일전선 전략상 북조선공산당과 통합함으로써 북조선로동당이 창립될 때 김민산은 중앙위원으로 선출되었다. 1948년 북한정권이 수립되기 직전에 그는 최고인민회의 대의원과 법제위원이 되었으나 내각에는 참여하지 않았다.

1949년 이후로 1956년까지 사이에 김민산은 함경남도 인민위원장, 국제적십자대회의 북한대표, 조선로동당 중앙위원 겸 사회부장, 국가건설위원회 부위원장, 건설성 부상, 국가검열성 부상 등의 고위직을 역임하였다.

비교적 평탄한 행로 속에서 정치적 상승기를 경험한 것이다. 하지만 1956년부터 내리막길에 서게 되더니 1958년 10월경에 김일성의 의도와 지령대로 진행되어간 정치적 숙청의 한 제물이 되고 말았다. 그 후로 그의 이름은 복권의 기회를 얻지 못한 채 완전히 잊혀져왔다. 남한에서도 그는 독립유공자 서훈 대상에서 아예 배제되고 있다. 그를 기억할 계기가 영 주어지지 않음과 같은 것이다.

아버지 김정묵과 더불어 김교삼은 '부자(父子) 독립운동가'였고, 항일전의 현장을 직접 누비고 다닌 그의 공적은 더 두드러진 바 있다. 장건상의 사위가 되어서는 '장서(丈壻) 독립운동가'임과 아울러 아내 장수연과 '부부 독립운동가'의 길도 시종 같이 걸어갔다. 그런데도 그의 생애경로는 입북 후의 정치활동 끝에 허망한 종막을 맞고 말았다. 일제의 조국강점에 맞서 20대 초입부터 독립운동에 뛰어들어 헌신했으며 일제패망 후에는 또 다른 외세에 점령되어 나뉘어버린 민족의 통일독립을 꿈꾸며 역사의 격랑을 피하지 않고 온몸을 던졌음에도 그러했다. 가족이산의 아픔에 더하여 그것은 분단한국 현대사의 파란곡절이 낳은바 좌익 민족주의자들의 비극적 최후를 여실히 보여주는 또 하나의 실례가 된다고 아니할 수 없다.

참고문헌

[자료]

『京鄕新聞』,『南鮮新聞』,『東亞日報』,『自由新聞』,『朝鮮人民報』,『朝鮮日報』

「金思黙 刑事事件簿」, 대구지방법원 검사국, 1922.1.6.

「令夫人 학력등급기」,『三千里』제7권 제5호, 1935.6.

「제적등본(金正黙)」

『仁同張氏大同譜』卷之一·三·十五, 回想社, 1991.

『朝鮮義勇軍 華北支隊 總結』, 1942.

『朝鮮總督府及所屬官署 職員錄』.

京畿道警察部,『警察情報綴(昭和11年)』.

국가보훈처 편,『만주지역 本邦人在留禁止關係雜件』, 2009.

국가보훈처 편,『海外의 韓國獨立運動史料(Ⅷ): 中國篇 ④』, 1993.

국사편찬위원회 편,『대한민국사자료집』31, 1996.

국사편찬위원회 편,『대한민국임시정부자료집』9·37, 2000·2009.

국사편찬위원회 편,『북한관계사료집』1·26, 1982·1997.

국사편찬위원회 편,『자료 대한민국사』26, 2007.

국사편찬위원회 편,『한민족독립운동사자료집』30·31, 1997.

국사편찬위원회 편,『한민족독립운동사자료집』46·47, 2000.

金正明 編,『朝鮮獨立運動』Ⅱ, 東京: 原書房, 1967.

독립기념관 한국독립운동사연구소 편,『中國新聞 韓國獨立運動記事集(Ⅰ)―朝
　　　鮮義勇隊(軍)』, 2008.

류시중·박병원·김희곤 역주,『국역 고등경찰요사』, 선인, 2010.

민주주의민족전선 편,『조선해방연보』, 문우인서관, 1946.

社會問題資料硏究會 編, 『思想情勢視察報告集』 제2집, 京都: 東洋文化社, 1976.

善山金氏大同譜編纂委員會, 『善山金氏大同譜』 卷之二, 農經出版社, 1986.

善山金氏大同宗親會, 『善山金氏大同譜』 卷之二, 2006.

소해 장건상선생 어록비 건립회, 『宵海 張建相 資料集』, 牛堂, 1990.

楊昭全 等 編, 『關內地區朝鮮人反日獨立運動資料匯編』(下册), 瀋陽: 遼寧民族出
        版社, 1987.

奧平康弘 編, 『昭和思想統制史資料』 24, 고려서림, 1991.

劉金鏞 編, 『國際隊伍』, 重慶: 朝鮮義勇隊, 1941.

尹逸模, 「獨立同盟과 義勇軍의 鬪爭史」, 『新天地』 제1권 제2호, 1946년 3월.

王繼賢 編著, 『中國戰場上的朝鮮義勇隊』, 重慶: 朝鮮義勇隊 總隊部, 1940.

日本 內務省 警保局 保安課, 『特高月報』 1940년 6월호, 1941년 11월호, 1943년 1월호.

朝鮮總督府 警務局, 「軍官學校事件ノ眞相」(1934), 韓洪九・李在華 편, 『韓國民
        族解放運動史資料叢書』 제3권, 京沅文化社, 1988.

朝鮮總督府 警務局, 『最近こ於ける朝鮮治安狀況: 昭和八年』, 1933.

朝鮮總督府 警務局 保安課, 『高等警察報』 제2호, 1933.

朝鮮總督府 京城地方法院 檢事局, 『思想에 關한 情報綴』 4.

朝鮮總督府 高等法院 檢事局 思想部, 『思想彙報』 제4호, 1935.

朝鮮總督府 大邱地方法院 檢事局, 『昭和八年 受刑人名簿』, 1933.

崔鳳春 편역, 『朝鮮義勇隊血戰實記』, 밀양문화원, 2006.

秋憲樹 編, 『資料 韓國獨立運動』 Ⅱ・Ⅲ, 연세대학교출판부, 1972.

[논저]

강만길・성대경 편, 『한국사회주의운동 인명사전』, 창작과비평사, 1996.

김광운, 『북한 정치사 연구』 Ⅰ, 선인, 2003.

김영범, 『한국 근대민족운동과 의열단』, 창작과비평사, 1997.

김영범, 『의열단·민족혁명당·조선의용대의 영혼, 윤세주』, 역사공간, 2013.

김재명, 『한국현대사의 비극: 중간파의 이상과 좌절』, 선인, 2003.

김주환 엮음, 『미국의 세계전략과 한국전쟁』, 청사, 1989.

김중생, 『조선의용군의 밀입북과 6·25전쟁』, 명지출판사, 2000.

김학준 편, 『혁명가들의 항일회상』, 민음사, 1988.

김희곤, 『만주의 독립운동가 月松 김형식』, 성심, 2020.

박병엽 구술, 유영구·정창현 엮음, 『조선민주주의인민공화국의 탄생』, 선인, 2010.

북한연구소, 『최신 북한인명사전』, 1996.

서동만, 『북조선사회주의체제성립사: 1945~1951』, 선인, 2005.

서울신문사 편, 『북한인명사전』(개정·증보판), 1998.

심지연, 『조선신민당 연구』, 동녘, 1988.

심지연, 『잊혀진 혁명가의 초상—金枓奉 연구』, 인간사랑, 1993.

염인호, 『조선의용군의 독립운동』, 나남출판, 2001.

이원규, 『민족혁명가 김원봉』, 한길사, 2019.

日本外務省 アシア局, 『北朝鮮人名録』, 東京, 1967.

Stephen Endicott and Edward Hagerman, *The United States and Biological Warfare: Secrets from the Early Cold War and Korea*(Indiana University Press, 1998), 안치용·박성휴 옮김, 『한국전쟁과 미국의 세균전』, 중심, 2003.

[논문]

강대민, 「소해 장건상의 생애와 민족독립운동」, 『문화전통논집』 창간호, 1993.

권대웅, 「해산(海山) 김정묵(金正黙)의 사회적 연망과 해외 망명」, 『민족문화논총』제74집, 2020.

김광운, 「김원봉의 1945년 광복 이후 정치 행적과 성격」, 『한국독립운동사연구』 제68집, 2019.

김남식, 「조선신민당」, 한국정신문화연구원 편, 『한국민족문화대백과사전』 20, 1996.

김성보, 「조선민주주의인민공화국의 수립」, 국사편찬위원회, 『한국사』 52, 2002.

김영범, 「조선의용대 연구」, 『한국독립운동사연구』 제2집, 1988.

김영범, 「1930년대 의열단의 항일청년투사 양성에 관한 연구―의열단 간부학교를 중심으로」, 『한국독립운동사연구』 제3집, 1989.

김영범, 「조선의용대의 항일전투(참가) 실적과 화북진출 문제 再論」, 『한국독립운동사연구』 제67집, 2019.

박동환, 「『조선의용대통신』 연구」, 성균관대학교 사학과 석사학위논문, 2020.

박상현, 「북한 애국열사릉에 묻힌 독립지사들」, 『연합뉴스』 2019.1.16.

배영동, 「선산김씨 문중활동의 지역문화적 의의―文簡公派를 중심으로」, 『지방사와 지방문화』 12권 2호, 2009.

장세윤, 「조선의용대의 조직편성과 구성원」, 『한국근현대사연구』 제11집, 1999.

조규태, 「해산 김정묵의 중국 關內에서의 민족운동」, 『大邱史學』 제138집, 2020.

조성훈, 「한국전쟁의 세균전 논쟁 비판」, 『軍史』 제41호, 2000.

조우찬, 「김두봉의 해방 후 정치활동의 특징과 숙청의 배경」, 『한국근현대사연구』 제88집, 2019.

崔鳳春, 「석정 열사와 조선의용대(군)의 동지들」, 『조선의용대(군)와 석정 윤세주』(한국독립운동사연구소·석정윤세주열사기념사업회 공동주최 국제

학술회의 자료집), 2011.

최재영, 「남북의 국립묘지를 찾아 역사화해를 모색하다 (3): 평양 신미리 애국
열사릉 편」, 『오작교뉴스』 2015.5.27.

한상도, 「김원봉의 조선혁명군사정치간부학교 운영(1932~1935)과 그 입교생」,
『한국학보』 제72집, 1989.

한상도, 「김원봉의 월북 배경과 이후 정치활동 궤적」, 『한국근현대사연구』 제88
집, 2019.

부록

【부록 1】 김정묵 관련 자료

1. 장석영이 김정묵에게 준 시와 편지

1) 장석영이 김정묵에게 준 시

김정묵(金正黙), 김학용(金學龍), 이종갑(李宗甲)이 밀산으로부터 와서 보았다. 대개 이 세 사람은 이우필(李愚弼)과 함께 이곳에 왔는데, 연고가 없이 멀리까지 와서 떠돈 지 이미 3년이나 되었다. 우필은 이미 지난달에 화발포[하바롭스크]로 가서 철도노동을 한다고 했다. 나는 홍토애(紅土涯)에 있으면서 마침 화발포로 가는 사람을 만나, 편지를 써서 어버이를 떠나 멀리 떠도는 잘못됨에 대하여 간절히 꾸짖고 그로 하여금 속히 돌아갈 것을 권하였다. 그 답서가 와서 보았는데, 실로 귀국할 뜻은 없고 스스로 떠돌며 노동하는 것을 즐기고자했다. 그 뜻을 알 수가 없는데, 이 사람은 친구의 아들이다. 절로 탄식이 난다. 지금 이 세 사람을 보고, 또 그 도리가 옳지 못하니 간곡히 빨리 돌아가라고 말했다. 겨우 모두 "예, 예"할 뿐이고, 돌아갈 기약은 없는 것 같았다. 정묵(正黙)은 장차 밀산으로 가서 중국말을 배우겠다고 한다.

金正黙 · 金學龍(皆善山人) · 李宗甲(茂朱人), 自蜜山來見, 盖此三人, 與李愚弼同來此地, 無故遠游, 已三年矣. 愚弼, 已於前月, 往花發浦, 爲鐵道勞動云. 余在紅土涯, 適見花浦去人, 爲書切責其離親遠游之非, 而勸使之早還矣. 其回見其答書, 實無歸國之意, 而自樂其流離勞動, 其意不可知, 而此故人之子也, 爲之歎息, 今見 此三人, 又極言其道理之不是處, 而援古引今曉譬曲直, 使之早自歸覲, 皆曰唯唯 而其還似無期矣, 正黙將往蜜山. 學淸語云.

증김정묵(贈金正黙)

全毬無計混書車 온 세상이 무질서하여 혼란한 수레 같거늘,

今古興亡奈爾何 고금의 흥망을 그대가 어찌하리오.

江東落日韓人聚 강동에 해 저물 때 한국인 모여 있고,

嶺上愁雲宋帝過 고개 위에 구름 낄 때 송나라 황제 지나갔었네.[1]

我似袁安空灑涕 나는 원안(袁安)[2]처럼 공연히 눈물 흘리고,

君從方叔久浮河 그대는 방숙(方叔)[3]을 따라 강물 위로 떠다니네.

羽重金輕隨處異 경우에 따라 깃털이 쇠보다 무거울 수 있으니,[4]

休將聖訓却求多 무조건 성인의 말씀대로만 하려고 하지 마시게나.

2) 장석영이 김정묵에게 준 시

증김정묵(贈金正黙)

水行輪帆陸行車 물에는 화륜선(火輪船) 다니고 육지에는 차 다니는구나.

年少無如不學何 젊음에 견줄 것 없지만 배우지 않으면 어찌하리.

萬里星霜頭上轉 만리타향에서 세월이 흘러가고 있으며,

六洲風雨眼前過 온 세상의 풍파가 눈앞에 지나가고 있도다.

終爲志士難忘壑 뜻 있는 선비는 자신의 몸이 도랑에 버려짐을 잊지 않노니,[5]

欲洗王都未挽河 서울에 낀 더러운 때 씻고 싶으나 황하강물 끌어올 수 없도다.

---

1) 송나라 황제 지나갔었네 : 북송(北宋)이 망하였을 때 북송의 마지막 황제였던 휘종(徽宗)과 흠종(欽宗)이 금나라로 끌려가던 상황을 언급한 것으로 보인다. 조선이 망한 것을 간접적으로 드러낸 표현으로 보인다.

2) 원안(袁安) : 후한(後漢) 화제(和帝) 때의 충신이다. 나라를 근심하여 조회 때나 대신들과 나랏일을 논할 때마다 한숨을 쉬면서 눈물을 흘리지 않은 적이 없었다 한다. 《後漢書 卷45 袁安列傳》

3) 방숙(方叔) : 주(周)나라 선왕(宣王) 때의 경사(卿士)로서, 왕명을 받아 북쪽으로 험윤(玁狁)을 정벌하고, 남쪽으로 형초(荊楚)를 정복하는 등 많은 공을 세웠다.

4) 깃털이 쇠보다 무거울 수 있으니 : 많은 깃털은 조금의 쇠보다 무거울 수 있다는 뜻이다. 《맹자》〈고자 하(告子下)〉에 "쇠가 깃털보다 무겁다는 것은 어찌 한 갈고리의 쇠와 한 수레의 깃털을 말함이겠는가.〔金重於羽者 豈謂一鉤金與一輿羽之謂哉〕"라고 한 데서 나온 것으로, 경우에 따라 경중을 헤아려 선택해야 한다는 의미로 쓰인다.

5) 뜻 있는 선비는 자신의 몸이 도랑에 버려짐을 잊지 않노니 : 『맹자』〈등문공 하(滕文公下)〉에 "지사는 시신이 도랑에 버려짐을 잊지 않고, 용사는 자기 머리를 잃을 것을 잊지 않는다.〔志士不忘在溝壑, 勇士不忘喪其元.〕"라고 하였다.

返面宜從函席訓 집에 돌아가 부모님 뵙고[6] 스승[7]의 훈계 반드시 들어야 하는데,
將來得失較誰多 장래에 득실(得失) 어느 것이 좋을지 비교해 보게나.

3) 장석영이 김정묵에게 보낸 편지

고향에서 천만리 먼 타향에서 이렇게 만나는 것이 어찌 쉬운 일이겠는
가. 쉽게 만났고 편지까지 받았으니 함께 나누는 정이 자상하구나. 객지에
서 밥을 제대로 먹는다니 다행일세.

나는 오래도록 나그네가 되어 돌아가지 못하니 안타깝네. 계절이 이제
4월이 되었구나. 강제(剛齊:이승희) 공은 아득하기가 해상(海上)에 있다는
신선 같아서 소문은 들리지만 만날 수가 없으니 탄식을 하게 되네.

이곳의 일은 이미 말하였고 다시 더할 말이 없네. 대개 천하의 의리(義
理)는 무궁하여 한 가지 기준으로만 판단할 수는 없네. 스스로 마음을 정하
여 자신의 집안을 해롭게 하지 말고 율리(栗里)의 도연명(陶淵明)[8]이나 난계
(蘭溪)의 범준(范浚)[9]처럼 살아야 하네. 혹시나 다른 사람을 따라 우스개나

---

6) 집에 돌아가 부모님 뵙고 : 원문의 '반면(返面)'은 자식이 밖에 나갔다가 돌아와 부모
   에게 돌아왔음을 아뢰는 것이다. 『예기(禮記)』 「곡례 상(曲禮上)」에, "자식 된 자는 나
   갈 때 반드시 고하고 돌아오면 반드시 찾아뵙는다.(爲人子者 出必告 反必面)" 라는
   말에서 유래하였다.

7) 스승 : 원문의 '함석(函席)'은 스승의 자리를 말한다. 『예기(禮記)』 「곡례(曲禮)」에, "만
   약 음식을 대접하는 손님이 아니고 스승과 강론하는 자리이면 자리를 펴되 한 길쯤
   되는 공간을 띄운다.[若非飮食之客, 布席, 席間函丈.]"라는 말에서 유래하였다.

8) 율리(栗里)의 도연명(陶淵明) : 율리(栗里)는 진(晉)나라 도연명(陶淵明, 365~427)
   이 은거하였던 곳이다. 동진(東晉)의 시인 도연명(陶淵明, 365~427)은 팽택(彭澤)
   의 현령(縣令)으로 있은 지 80여 일이 되었을 때 군(郡)의 독우(督郵)가 순시(巡視)를
   나오게 되었다. 현리(縣吏)가 도연명에게 의관을 갖추고 독우를 뵈어야 한다고 하자,
   도연명은 "내가 다섯 되의 하찮은 녹봉 때문에 시골의 소인에게 허리를 굽힐 수는 없
   다.[我不能爲五斗米, 折腰向鄕里小兒.]"라고 탄식하고는, 인끈을 풀어 던지고 〈귀거
   래사(歸去來辭)〉를 읊으며 고향인 율리(栗里)로 돌아갔다고 한다. 《晉書 卷94 陶潛
   列傳》

9) 난계(蘭溪)의 범준(范浚): 남송(南宋) 시대의 학자인 범준(范浚, 1102~1151)을 가
   리킨다. 난계(蘭溪)가 그의 출신지이기 때문에 난계범씨(蘭溪范氏)로 지칭된다. 고종
   (高宗) 소흥(紹興) 원년(1131) 현량방정(賢良方正)으로 천거되었지만 진회(秦檜)가

하면서, '구천(句踐)은 속임수를 썼고 경연광(景延廣)은 미친 짓을 하였다.'[10] 는 헛된 소문을 앉아서 지껄이는 짓은 우리들이 매우 조심해야 할 일이네.

자네는 위로 부모님이 계시는데 만리타향에서 나그네 생활을 하고 있으니, 이 생활이 어떤 의리(義理)가 있는지를 자세히 생각해보고, 즉시 돌아가서 마을 앞에서 기다리고 계시는 부모님을 위로하기를 간절히 바라네. 보잘것없는 이 몸이야 말할 나위가 없으니 조만간에 결연히 남쪽으로 돌아갈 것이지만, 도중에 혹시 강재(이승희) 공을 만나면 요동으로 가는 일을 이룰 것이네. 그러나 만남을 어찌 바랄 수 있겠는가? 거듭 유의해서 늙은이가 하는 말을 저버리지 않는 것이 어떠한가?

天涯萬里, 此見豈易, 易見書得, 相與之意且詳, 羈旅加飱可幸, 英久旅未還冉冉, 時光己淸和矣, 剛公杳然若海上仙人, 可聞而不可見, 爲之歎息, 此間事己所面, 無復可道, 而蓋天下之義理無窮不可以一槪相斷把得定自家心地自家家裏不害作栗里蘭溪苟或隨人嬉笑坐說龍聞句踐延廣亦只是詐且狂此吾人之所當猛省也賢者上有父母萬里旅食是甚義理請有以細思之卽日去歸以慰尊堂倚閭之望千萬至可如賤身何足道日間當決然南歸而路中或見剛公可遂遼野之行然邂逅相見又何可望更冀盆自留意無負老生常談如何如何

정권을 잡고 있어 나아가지 않았다. 문을 닫아걸고 강학(講學)했는데, 제자가 수백 명에 이르렀다. 《宋元學案 卷45》

10) '구천(句踐)은 속임수를 썼고 경연광(景延廣)은 미친 짓을 하였다.' : 춘추 시대의 월왕(越王) 구천(句踐)은 전쟁에 패배하여 거짓으로 오(吳)나라를 섬기는 척하다가 마침내 부차(夫差)를 쳐부수어 복수하였으므로 간사하다는 비판을 면할 수 없고, 오대(五代) 때의 경연광(景延廣)은 국력을 헤아리지 않고 함부로 막강한 거란(契丹)에 도전하였다가 사로잡혀 자살하였으므로 비난을 면할 수 없다는 뜻이다.

2. 「밀산추억기(蜜山追憶記)」

개척리開拓里 김치보金致補의 집을 찾아가 투숙하여 부친께서 길림성 밀산부에 머무르고 있다는 것을 알았다. 거리는 아직도 7백여 리이다. 침산 (枕山 李洙仁) 어른이 나를 데리고 야인(也忍) 김학만(金學萬), 보재(溥齋) 이상설(李相卨) 등의 어른들을 방문하니 수고했다는 말을 많이 들었다. 처음으로 부친께서 이 어른들과 더불어 한인 권업회(勸業會)를 창설하고 밀산부에서 황무지 26방(方)을 매입하였다. 그리고 한인으로 떠돌며 집이 없는 사람들을 모아서 애국정신을 고취하기 위해 학교를 설립하여 청소년을 교육하고, 군사훈련을 하여 후일 나라를 찾는 근거지로 삼고자 하였다.……

청나라 국경에 도착하여 수레를 내려 걸어서 밀산부(密山府) 쾌상별리 (快常別里)에도착하여 점심을 먹고 호수를 끼고 동쪽으로 7리를 가니 우리의 신개척지 한흥동(韓興洞)이다. 물어서 한기욱(韓基煜)의 집에 도착하여 부친의 무릎 앞에 엎드려 절하니 3년만이다. 수염과 머리카락은 지난날과 다르고 거적문과 풀자리에 의관은 남루하였다. 기쁨과 두려움이 가득해서 눈물이 흐르는 것도 깨닫지 못하였다. 문하에는 이종갑(李鍾甲)·이민복(李民馥)·김정묵(金正黙)·이우필(李愚弼) 등의 사람들이 있었다. 모두 식견이 높고 행동이 단정하여 본받을 만한 어른들이다.……

도산 안창호가 미주로부터 돌아와 한흥동을 방문하여 앞으로 추진할 방책을 상의하였다. 그 용모가 밝고 흰하고 언사가 시원하고 쾌활하니 충분히

---

11) 李基仁, 『白溪文集』卷4, 「蜜山追憶記」. 한계 이승희의 둘째 아들 이기인의 시문집이다. 1908년 5월 연해주로 망명한 아버지를 따라 1910년 망명하여 북만주 밀산에서 독립운동기지 韓興洞을 개척하는 등 1916년 심양에서 아버지가 세상을 떠날 때까지 함께 활동하였다.

민족의 앞날을 이끌 수 있을 것으로 보였다. 수일 후 마차를 갖추라는 명을 받고 강북의 김성무(金成茂)의 집으로 모시고 갔는데, 안도산과의 약속을 실천한 것이다……. 성무는 미주 한인의 송금으로 농사를 경영 한다고 하는데, 후에 들으니 미주 한인이 송금한 5만 불은 원래 이보재(李溥齋) 앞으로 기탁된 것이나 성무에게 잘못 전해졌다고 하니 무슨 사정이 있는지 알 수 없다.

신해년(辛亥年, 1911) 봄 청나라의 치발령(薙髮令)이 매우 심해졌다. 부친은 이로 인해 노령 상신치(上新峙)로 이주하였다. 한흥동에서 거리는 15 리였다. 나는 보통 왕래하며 일을 보았다. 들으니 해삼위(海蔘威) 한인들은 기호(畿湖)와 서북(西北) 지방의 분별이 있고, 서로 다투는 분단(分團)이 있어 권총으로 살인하는 일이 있었다. 이보재(李溥齋)는 기호파의 영수로 러시아 관청에 구속되어 한 달이 넘게 그 연금이 정지되었다.……

임자년(壬子年, 1912) 5월 회당(晦堂) 장석영(張錫英)이 재종형 이기병(李基炳)과 함께 상신치에 도착하였다. 해항(海港)에 편지를 올려 통지하니 부친이 듣고 즉각 돌아와 여러 달을 서로 환대하며 가정과 국가의 일을 의론하였다. 가을에 한흥동으로 돌아가 머물렀다. 유교관(劉敎官)만이 와서 독신하게 배웠다. 부친을 모시고 목화실(木花室) 낙개(落介)로 가서 유의암의 거처에서 국사를 토론하고 학문을 강학 연마하였다. 의암이 웃으며 부친을 불러 말씀하시기를 "근래 네덜란드 사람의 지전설(地轉說)이 있는데, 만약 지구가 돌 것 같으면 가옥이 파괴되고 사람은 넘어질 것인데 어찌 어리석지 않은가?"하니, 부친이 웃으며 말씀하시기를 "지구는 스스로 인력이 있어 이같은 걱정은 없습니다. 그 학설을 가벼이 그렇대다 할 수는 없습니다."라고 하셨다. 의암이 의아해하며 말씀하시기를 "강재(剛齋)도 그런 학설에 빠졌는가?"라하고 이상하고 놀랍다는 표정으로 웃음을 지으며 돌아갔다.

겨울에 백순(白純)과 김현(金玄)이 한흥동을 방문하여 부친과 진흥책을 주고받은 뒤 돌아갔다. 계축년(癸丑年, 1913) 여름에 이보재(李溥齋)와 김야인(金也忍)의 서신이 오고 며칠 동안 상의하여 지권(地券)을 넘기고 진흥책을 부탁하고 행장을 꾸려 남만(南滿)으로 출발하였다. 목릉역(穆陵驛) 안정근(安定根)의 집에 이르러 이갑(李甲)의 병상(病床)을 위로하였다. 하얼빈[哈爾濱]을 경유하여 장춘(長春)에서 하룻밤을 자고 심양(瀋陽) 서탑(西塔)에서 삼일 밤을 자며 우리의 근황을 살펴보았다. 안동현(安東縣) 박광(朴光)의 집에 이르러 행장을 풀었다. 그리고 이기병과 기인에게 집으로 돌아가라 명하고 탄식하며 다시 명했다.

3. 김정묵이 『권업신문』에 낸 광고[12]

『권업신문』, 1912. 12. 29, 「광고」

본인의 친구 金學容 · 李愚弼 량씨가 봄에 해항으로 가서 감차쓰까어장으로 갔단 말을 들었으나 적확한 소식을 듣지 못했으며 기한이 지나되 도라오지 아니하고 또 本家 편지 사오차 왓기로 이에 광고하오니 金學容 · 李愚弼 양씨 있는 곳을 아시는 이는 권업신문사로 기별하여 주시압.

　　중국 길림성 밀산부 과객

　　　　金正黙 고백

---

12) 《권업신문》 1912년 12월 29일자 위의 〈광고〉는 김정묵이 고향 사람 김학용과 처남 이우필의 행적을 탐문한 것이다.

4. 김정묵이 한계 이승희에게 보낸 편지

1) 〈이강재선생(李剛齋先生)〉[13]

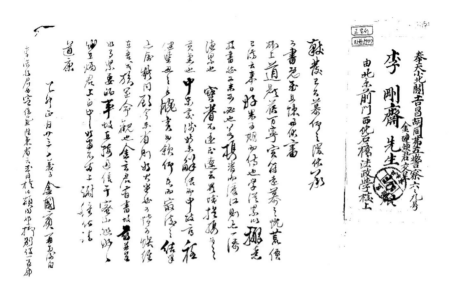

奉天 小北關 吉昌胡同 第五警察六六九号 金璉煥君 交呈

　李剛齋先生 台啓

由北京前門西化石橋法政學校上

　새해가 시작된 지 이미 오래 되었습니다. 그리워하던 즈음에 보내주신 편지
를 받으니 위로되고 또한 송구스럽습니다. 아울러 선생님께서 예전처럼 건강
하시다는 것을 알게 되니 참으로 멀리서 염려하는 마음에 부합됩니다. 재정난
은 이미 해결되었다고 들었습니다. 미래의 좋은 결과가 기대됩니다. 저는 여러
번 책을 던져버리려고 마음먹었으나 실행하지는 못하였습니다. 만약 식구들
을 데리고 강을 건너간다면 또한 어르신께 누를 끼칠 것입니다. 중국과 우리나
라의 교섭은 아직 해결되지 않았습니다. 중국 정부의 온건하고 견인자중하는

---

13) 한계 이승희가 1915년 음력 1월 23일 봉천(奉天)의 소북관(小北關)에 있는 김연환
(金璉煥)이 운영하던 여관에 머무르고 있을 때, 북경에 있는 법정학교(法政學校)에
서 수학하고 있던 김정묵이 보낸 편지이다.

수완은 참으로 흠앙하던 바와 같으나 최후의 결과는 의문스럽습니다. 지금의 동성(東省;만주지역의 동북삼성)은 불길처럼 □□하니 안타깝고 □□한데, 우리 민족의 운명을 볼 수 있습니다. 김현(金玄)군의 편지가 있어 여기에 함께 올립니다. 일이 긴요한 듯하여 밀산(密山)으로 바로 연락드립니다. 희호(熙好)의 □은 재□(在□)군이 말씀드린 내용에 있습니다. 이만 줄이고 답장 올립니다. 삼가 엎드려 몸 건강하시기를 기원합니다.

을묘년(1915) 1월 23일 의자(義子) 김국빈(金國賓)은 두 번 절하고 아룁니다.

　이호연(李浩然)군이 서쪽에 정해둔 위치는 비록 동성(東省)이라고 하나 어떤 이는 이곳이라고 합니다. 국내와 같은 곳입니까? 아니면 다른 한 구역이 있는 것입니까?

2) 〈이강재선생(李剛齋先生)〉[14]

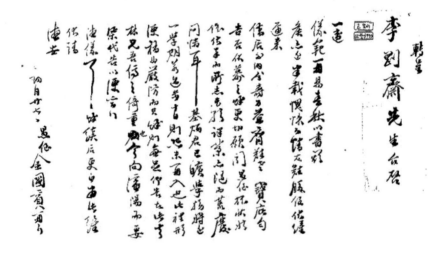

---

14) 한계 이승희가 덕흥보 개간에 실패한 뒤 1915년 음력 10월 27일 봉천(奉天)의 북문 밖 서탑(西塔)의 일승잔(一升棧)에 머물며 공교회운동(孔敎會運動)에 전념하고 있을 때, 김정묵이 법정학교의 학업에 대한 상황이나 함께 법정학교에 다니고 있는 한계의 족질 이기병(李基炳)의 근황에 대한 소식을 전하고 있는 편지이다.

이강재(李剛齋) 선생님께 다른 사람을 경유하여 아룁니다.

　어르신을 한번 작별하고 나서 이미 2년이 지났습니다. 편지로 인사드린 것도 거의 반년이 지났으니 죄송스러운 마음 더욱 견디기 어렵습니다. 엎드려 생각하옵건대 요즈음 나라 나라밖에 머물러 지내시는데, 건강하게 지내시고 가족들도 모두 평안하신지요? 엎드려 사모하는 마음에 간절하게 소식을 듣고 싶습니다. 저의 못난 모습은 염려해주신 덕분에 변함없는데 뜻이 굳세지 못하여 학업이 황폐하니 고민스럽고 안타까울 뿐입니다. 기병(基炳) 군은 이미 학업을 그만두고 다가오는 일에 힘쓰느라 한 학기에 수십 일을 결석하였으니 아마도 다시 돌아오기 어려울 듯합니다. 이곳 형편은 조금 엄하게 방비 하는 듯한데 그 외에는 말씀드릴 만한 것이 없습니다. 이곳에 임형(林兄)은 우리 중에서 신망이 두터운 사람입니다. 지금 심양(瀋陽)으로 가려고 하면서 저에게 대신 말씀드리라고 하는데, 어르신과의 언행(言行)을 편하게 하고자 해서입니다. 나머지는 훗날 다시 말씀드리겠습니다. 삼가 엎드려 평안히 지내시기를 바랍니다.

　10월 27일 우질(愚侄) 김국빈(金國賓) 재배(再拜)

5. 김정묵 편지에 대한 석주 이상룡의 답서

김국빈정묵에게 답하다. 신유년(1921) 答金國賓正黙

넉 달이나 함께 다니다가 하루아침에 헤어져 산골 오두막에 누워 있으니 가슴에 그리워하는 마음 아직도 끊임없던 차에 먼저 보내주신 편지를 받고 보니 위로되고 감사하기 한이 없습니다.

더위가 한창인 이때 고향을 떠나 지내시는 기후가 늘 신의 가호가 있으시길 바랍니다. 상해(上海)에서는 국회 주비(籌備)를 주창하시고, 연경(燕京)에서는 군사통회(軍事統會)를 개설하셨음을 알았습니다만, 두 가지 일 모두 진척이 되지 않으니 참으로 탄식을 금치 못하겠습니다. 그러나 이번 일에서도 민의(民意)의 향배를 알 수 있었으니, 일을 착수하기 전에 먼저 국민들의 향배(向背)를 보고 미리 그 성공여부를 점쳐야 할 것입니다.

이곳에는 따로 말씀드릴 만한 사정이 없습니다. 이미 벌여 놓은 춤을 갑자기 멈출 수는 없지만, 또한 자신의 실력도 생각하지 않고 경거망동해서도 안 될 것입니다. 봄에 한번 나갔던 일도 오로지 이 일을 위해서 인데, 필경 아무 소득이 없이 그저 남의 비난만 받고 돌아왔을 뿐입니다.

전해주신 동쪽에서 온 소식은 저로 하여금 정신이 번쩍 들게 하였습니다. 속히 힘을 쓰시어 대사를 진전시키시기를 바랍니다.

다시 소식 주시어 울적한 심사에 위로를 주시기 바랍니다.

「答金國賓正黙」○辛酉
四朔追隨之餘, 一朝分手, 歸臥山樊, 耿結尙未已際, 接先施寶墨, 慰感無量, 以審炎夏, 僑履連相, 滬唱國會籌備, 燕設軍事統會, 兩皆不進, 誠令入咄歎, 然於此, 足見民意冷熱, 有志於事者, 不可不先觀國民向背, 而預占其得失也, 此間, 別無可告之情形, 旣張之貿, 不可遽息, 而亦不可不量實力而輕擧妄動, 所以春間一行, 專爲此事, 而畢竟無甚所得, 徒受人疵謗而歸耳, 未示, 東來消息, 極令人醒耳, 幸從速用力, 以圖進展大事如何, 餘冀續賜玉音, 以慰鬱寂.

6. 김정묵을 면담한 『동아일보』 기사

「中露戰線에 出戰한 朝鮮人 陸軍大佐」

중국 육군계에 대활약중
【現職은 東三省軍法處長】

봉천(奉天)에 있는 동삼성 군법처장으로 오래전부터 조선사람 김정묵씨가 있었는데, 금번 중로전선 (中露戰線) 출전중이다가 지난달 27일 봉천에 돌아왔다. 기자는 지난 3일에 그를 찾았더니, 그는 중국 平服을 입고 풍체 좋은 얼굴에 화기가 만만하여 마져준다. 초면 인사말을 한후, 씨는 씨의 아우 金成黙씨를 면회시켜 준다.

◇ …… ◇

이곳은 사택은 아니었으나 아우까지 만나게 함은 가족적이었다. 씨로부터 몇가지 고국소식을 물음이 있음에 대답하고, 뒤를 이어 금번 출전감상을 물으니, 씨는 중국식으로 천천히 말을 내여서, "감상이라고 별로 말할 것이 없습니다. 거저 밥벌이로 이렇게 있으니 출전하였을 뿐입니다. 다만 감상이라고 말하자면 조선사람들의 일이올시다.

이번 중로(러시아 - 필자)관계로 하여서 조선사람이 중로 국경에서 많이 학살되었다고 선전되었으나 물론 전쟁판이니까 조선사람뿐 아니라 중국사람이나 외국사람도 살상된 사람이 없지는 않을 것이지만, 내가 아는 범위와 또 내가 있는 군대에서는 조선사람을 학살한 일은 없었습니다.

내가 근거하여 있기는 依蘭地方인데 한번 봉천 본부로부터 조선사람을 주의하라고 명령이 왔다고 旅團간부가 모이어 회의하는데, 나도 한사람으로 참석하여 본즉, 그 명령은 백파(白派)노인이 중국 군사당국에 보고하되,

국경방면에 있는 조선사람은 모두 로서아(러시아-필자) 정탐(偵探-밀정 : 필자)이오, 또 러시아 군대에는 태반 조선사람이니, 주의하라고 한 것에 의하여 한 명령이었습니다. 나는 여기에 대하여 나의 직무가 직무인만치 절대로 그렇지 않은 것을 말하였습니다.

현하 중국에 입적한 사람은 중국군인이오, 로국(露國, 러시아-필자)에 입적한 사람은 로국군인이니, 두나라 군대에 군인으로 조선사람이 있는 것은 면치 못할 사실이나, 조선사람이 정탐이라 함은 거짓말이라고 주장하였습니다.

◇ ‥‥‥ ◇

그러나 중국 하급군인들은 공연히 조선사람에게 의심을 가진 자도 있었 겠지만, 대체로는 양해되고 있었습니다. 그리고 신문상으로 많이 전하는 구 축문제도 전혀 무근(無根)한 일은 아니겠지오만, 그것은 어느 소구역에 조 금 있는 일이겠지, 그다지 떠들만한 일은 못되겠습니다. 만주에 백만이나 사는 조선사람들을 어찌 구축(驅逐)하겠습니까. 다른 사람의 선전으로 중국 사람이 감정을 갖게 되는 일도 없지 않으니 조선사람 자신이 좀 자중하여야 지요. 그리고 오지(奧地)에 있는 조선농민이 중국 지주에게 학대받는 일은 참담한 일이 있음은 나도 몇가지 아는 바 있는데, 이것은 중국 언론기관에 서 위정당국(爲政當局)에 경고하여서 악지주를 제지하여야 하겠지요. 내가 책임지고 하는 말은 아니올시다마는 조선사람을 잘 아느니 만치 조선□□ □□□□□□하면서 가슴속에 뭉쳐있는 말을 유순한 목소리로 서슴없이 성 의(誠意)있게 들리어 준다.

이번 중국측 손해는 얼마나 되는 가요. "손해는 자세하게 알 수는 없습 니다만 민간과 관변을 합하면, 한 오천만원 되겠지요." "남경정부에서는 막 덕혜(莫德惠) 씨가 예비교섭을 잘 못하였다고 대단히 분개한 모양이더니,

요사이에는 그 교섭을 승인하였으니, 그것이 어찌된 일인가요." 하고 물을 즉, "그것은 물론 그리 될 것이올시다. 국민정부에서는 분개도 하겠지만, 알고 보면 아니 그럴 수도 없는 일이올시다."고 말을 마치고, 후기를 약속한 후 헤어졌다. (사진은 김정묵씨)

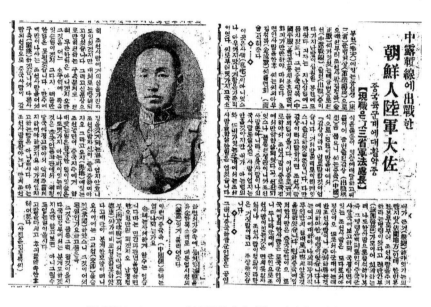

『동아일보』, 1930. 2. 13, 「中露戰線에 출전한 조선인 육군대좌」

7. 김교삼('양민산')과 장수연의 『조선의용대통신』 기고 논설

1) '3·1소년단'과 '중경 조선부녀회'를 소개함

『朝鮮義勇隊通訊』第8期 (1939. 4. 1)
양민산(楊民山)

'조선3·1소년단(朝鮮三一少年團)'이 중경(重慶) 지역 아동계에서 아주 활발히 활동해가고 있다. 3·1소년단은 금년 1월에 결성되었다. 단원이 17명인데, 최연소자는 여섯 살이고 최연장자는 열다섯 살이다. 중학생이 3명이고 대개는 소학교 학생이다. 모두 조선의용대원의 아들딸들이고, 다들 총명 활달한데다 노력파이면서 책임감도 강하다. 단원 모두 자기들이 짊어질 임무가 위대하다는 것을 잘 알고 있으며, 3·1혁명 선열(先烈)이나 자기 부모들의 혁명정신을 이어받아 민족의 앞날을 위해 끝까지 분투하려는 결심을 단단히 해두고 있다.

그들의 조직은 민주집권제(民主集權制)로 운영되고, 단장과 다른 두 명의 간부를 그들 스스로 선출한다. 단장 김향화(金向華)15)는 15세 소녀인데, 말 잘하고 활동력이 강하다. 서무(庶務) 담당은 김건옥(金健玉)16)이고, 훈련 담당은 최동수(崔東秀)인데,17) 모두 능력이 출중하다. 이 세 사람이 아이들을 지도하며 책읽기를 도와주는 등, 힘써 일하고 있다.

그들은 일찍이 한 목소리로 다음과 같이 결의하였다. ① 겨울방학을 이

---

15) [역주] 김두봉(金枓奉)의 장녀 김상엽(金尙燁)인데, 오기가 아니라면 만일의 경우에 대비하여 일부러 한자를 약간 비틀어 표기해놓은 것 같다.

16) [역주] 김상덕(金尙德)의 장녀 金鍵玉이다.

17) [역주] 최석순(崔錫淳)의 딸 최동선(崔東仙)인데, 역시 김상엽의 경우처럼 표기를 약간 바꿔놓았다. 임시정부 군무부장 김원봉(金元鳳)의 아내 박차정(朴次貞)이 1944년에 병사하니 최동선이 김원봉의 어린 아들과 가사 일을 솔선해 돌보아주다 1945년 초에 그와 결혼한다.

용하여 매일 2시간씩 수업하는데, 조선의용대 어른들의 말씀이나 외부인사의 연설을 청해 듣도록 하고 노래도 배움. ② 매주 1회의 업무회의를 열어 소년단의 활동을 토론하고 비평함. ③ 2주에 한 번씩 차담회(茶談會)을 가지며 소풍을 감. ④ 중국 어린이들의 항일전 활동에 적극 참가함.

이 결의를 그들은 실행에 옮겨왔으니, 그 언행일치의 정신은 실로 감동할 만하다. 단원 모두가 이 결의를 씩씩하게 실행하려 노력하였고, 단 한 명의 단원도 결의를 저버린 적이 없다.

3·1소년단이 창립대회를 열었을 때, 그들은 먼저 우리 조선의용대에 존경심과 애정 어린 위문편지를 써 보내어 우리를 격려해주었다. 그것이 그들의 첫 활동이었다.

중경의 중국군사위원회 정치부 소속의 어린이 극단과 7·7소년극단에서 우리 3·1소년단이 창립되었다는 소식을 듣고 대오를 갖추어 방문했다. 그때부터 그들은 서로 잘 알게 되어 손잡고 협력하기 시작했으며, 그쪽 아동단체와의 교류도 시작되었다. 이처럼 중한(中韓) 어린친구들끼리의 영원토록 친밀해질 합작의 기초를 다졌다는 면에서 그 방문은 매우 의의 있는 것이었다.

중경시의 11개 아동단체는 매주 한 번씩 좌담회를 갖는데, 3·1소년단도 그 일원이 된다. 나머지 10개의 중국 어린이단체 모두 3·1소년단의 참가를 환영했다. 2월에 중경시의 민간인청년 좌담회에서 최근 중경에 온 각 청년단체를 환영했는데, 3·1소년단도 환영회 자리의 각 단체 자기소개 순서 때 단장 김상화가 대표로 인사하여 만장의 관심과 환영을 받았다.

음력설 때 소년단은 음악대회, 가두선전, 농촌활동, 부상병 위문, 아껴둔 돈 헌금 등과 같은 중경시 아동단체의 각종 활동에 가장 적극적으로 참가하였다. 이렇게 그들은 곳곳에서 우리 조선 어린이들이 중국항전을 열성적으로 엄호함을 표현해내고 있다.

중경에서 3·1소년단의 노랫소리, 강연, 표어는 중국의 어린친구들과 일반 민중에게 커다란 자극과 격려가 되었다. 그들은 매일 공부하고 활동하는데 그 모든 것이 발전을 보이고 있다. 이는 정말 신조선(新朝鮮)이 성장하고 있음을 상징한다.

'조선여투부녀회(朝鮮旅渝婦女會)'['중경 조선부녀회'라는 뜻]는 '남경(南京) 조선부인회'의 후신(後身)이고, 2월에 조직개편을 통하여 만들어졌다. 회원은 모두 스물다섯명인데, 그 남편들 중에 조선의용대에서 활동하는 사람도 있다. 회원들은 모두 가정에 매인 몸이라, 온종일 혁명 활동에 나설 수는 없다. 그래도 부녀회의 주요 임무는 ① 조선의용대 후원, ② 항전 중인 중국장병 위문, ③ 스스로를 수양하여 심신을 건전하게 함 등이다.

부녀회에는 세 명의 집행위원이 있다. 장희수(張熙守)여사가 총무, 이소원(李蘇元)여사가 선전, 김명숙(金明淑)여사가 조직 책임자이다. 세 사람 모두 국내 여성운동에 참가한 바 있다. 그밖에 장수연(張秀延)과 이금상(李錦相)이 후보위원인데, 두 명 다 신진 여성간부이다.

그녀들이 첫 번째로 한 일은 중경시 여성계에 헌금하는 것이었다. 어려운 생활여건에도 절약하여 20원(元) 5각(角)을 모아 기부하였다. 이 적은 금액은 수 만원의 큰돈에 비하면 바다 속의 좁쌀 한 알과 같아 보이지만, 중국 항일전쟁의 열기를 지지하는 그녀들의 성심을 표한 것이다. 이번 여성계의 헌금 활동은 장부인(蔣夫人)께서[18] 직접 이끌었는데, 총 헌금액이 63만원이나 되었으니 다른 각계의 헌금 기록을 깨는 것이었다. 하루는 장위원장 부인이 조선여투부녀회의 헌금에 사의를 표하면서 부녀회 대표에게 "헌금은 성의를 표하는 것이지 금액이 많고 적음은 중요하지 않습니다."고 말하였다.

---

18) [역주] '장부인'이란 당시 중국 국민정부 주석이면서 중국국민당 군사위원회 위원장이던 장제스(蔣介石)의 부인 쑹메이링(宋美齡)이다.

3월 8일 '국제 여성의 날' 행사에도 우리 부녀회 회원 10여 명이 무리지어 참가하였고, 대회에서 한 우리 대표의 연설이 큰 호응을 얻었다. 대회가 끝난 후 우리 회원들은 "중한(中韓) 여성들이여, 연합합시다!"라고 쓰인 깃발을 높이 들고 가두시위에 참가했다. 이날 중경시의 4,5천 명 여성들의 결집시위는 항일싸움 중인 중국여성들의 단결을 충분히 표현해주었을 뿐 아니라, 전 세계의 억압받는 여성들이 여성의 진정한 해방을 쟁취하기 위하여 쇠사슬처럼 단단히 뭉치고 있음도 보여주었다. 그날 부녀회 회원들은 「중국여성 동포에게 고하는 글」을 발표하였고, 중국 항일전장의 장병들과 조선의 용대에 위문편지를 썼다.

중국 제2기 항전의 제1 순회선전 문화조(文化組) 주최로 음악대회가 열렸을 때도 부녀회 합창단은 비록 대단한 걸 보여주지는 못할지라도 사양하지 않고 참가하였다. 지금 그녀들의 힘은 비록 약하지만 그 용기는 남에게 뒤떨어지지 않는다. 이 용기가 부녀회의 발전이 필연적임을 결정해주고 있는 것이다.

중경에서 3월 15일

[참고] 타이완소년단이 조선 3·1소년단에게 보내온 편지

조선소년단 동지들

우리는 타이완소년단(臺灣少年團)입니다. 며칠 전 어느 신문에서 여러분이 조선의용대에 보낸 편지를 읽고서 우리 대만소년단 친구들은 여러분의 용감한 정신에 감복했어요.

옛날에는 사람들이 우리 어린이들에게 별로 신경 쓰지 않았고, 어린아이들은 활동을 못할 것이라고 여겼죠. 어른들이 그렇게 우리를 무시하기 때

문에 우리는 더 노력하고 노력해서 그 성과로 우리 어린이들의 힘을 증명해야만 합니다.

> 가자! 정벌의 길로 용감하게 가자 !
> [그림: 생략함]
> 민족해방과 세계평화를 위하여!
>   이쿤(易群) 작(作)

중국항일전쟁은 이미 시작되었고, 지금이 바로 우리의 역량을 보여줄 가장 좋은 때입니다. 동지들, 우리 빨리 손잡읍시다. 우리는 일본 통치하에서 살아본 적이 있어서 대부분 일본말을 이해합니다. 그래서 우리는 어린이가 보통 해야 하는 일 외에도 적의 후방에 가서 작은 스파이가 되어 그들의 군사정보를 정탐해 중국군대에 보고할 수 있지요. 여러분은 어떠신지요? 귀단(貴團)과 우리 소년단 사이에 자주 연락이 있길 바라고, 그렇게 우리는 세계의 어린이들과도 연락할 것입니다. 여러분에게 민족해방의 경례를 드립니다.

3월 22일 대만소년단 드림

2) 북미 한인원화회의 최근 활동상황

『朝鮮義勇隊通訊』第9期 (1939. 4. 11)
민산(民山) 발췌 번역

이것은 '북미 한인원화회(北美韓人援華會)'가 보내온 편지 중의 한 통을 대장(隊長)의[19] 명으로 본인이 발췌 번역하여 이번호에 내는 것이다.

---

19) [역주] 조선의용대 총대장 김원봉을 말함.

1. 본회(즉 원화회)['원화'는 '중국 후원'이라는 뜻]는 작년 11월말 로스엔젤리스의 한 중국식당에서 중국동자군(中國童子軍) 대표 량후이민(梁慧敏)여사를 맞이하는 파티를 열었다. 그때 본 후원회 대표가 환영사를 하고 량여사가 답사를 하였다. 량여사는 그 자태와 연설에서 현대 중국 청년여성의 발랄함과, 위험을 무릅쓰고 8백 명의 장병들에게 깃발을 보내준 용감성을 잘 보여주었다. 이번 모임에는 80여 명의 중한(中韓)인사들이 참석하였으며, 재미한인들로서는 몇 년 만의 성대한 모임이었다.

2. 작년 12월말에 헐리웃 스타배우들의 주도로 일본제품 불매대회가 열렸는데, 모인 군중이 6천여 명에 달하였다. 우리 여학생 수 십 명도 한복을 입고 국기를 흔들며 반일시위에 참가했다. 또한 신인배우 안필립(安必立; 안창호[安昌浩]선생의 장남)이 항일연설을 하였다. 이 시위와 연설은 미국인들에게 강한 인상을 남겼다.

3. 1월 15일 밤에 본회는 LA의 한 공회당에서 '한국의 밤'을 열었다. 이 자리에서 한국 과거의 문화와 동아시아 평화의 역사적 및 지리적 가치를 홍보했다. 또 〈조선의용대〉라는 제목의 단막극을 공연했는데 관람객은 약 750명이었다. 2만 달러를 모금하여 중국항일을 후원하는 모금기관에 전달하였다. 이 행사는 앞서 영화배우들이 앞장선 일본제품 불매대회에 규모와 효과 면에서 미치지 못할지라도 재미 한인의 범위에서는 30년 만에 처음 나온 활동이었다. 이런 종류의 행사로는 처음 치르는 것이라서 경험부족이긴 했지만, 한국혁명을 선전하려는 목적은 완전히 달성했으니 처음부터 성공이라고 스스로 인정하지 않을 수 없다.

4. 본회 회원 수십 명은 "군수품 일본운송 금지"라는 표어가 쓰인 피켓

을 들고 중국교민들과 함께 대열을 이루어 시위했다. 이때부터 중국교민과 한국교민들 간의 단결이 날로 강화되었다.

5. 2월 1일 국민회(재미 한국교민단체 중 가장 크고 힘 있는 단체—역자주)가 창립 30주년 기념대회를 열었고, 중국국민당 대표 7,8명이 특별히 참가하였다. 또한 성의가 가득 담긴 축사도 해주었는데, 중국과 한국이 더욱 긴밀한 합작으로 폭력주의 일제를 타도하자고 주장하였다. 뉴욕에서는 이미 작년 7월에 이런 회합이 있었다.

3) 여성동지들이 훈련받고 있다오

『朝鮮義勇隊通訊』第11期 (1939. 5. 1)

양민산(楊民山)

서양식 주택이 하나, 울창한 교목(喬木) 숲속에 서있다. 근처에는 사람들을 유인하는 각종 꽃들이 만개해 있고, 어린 새들이 화초 속에서 지저귀는 소리만 들릴 뿐이다. 찻소리도 들리지 않고 가스 냄새도 나지 않는다. 보이는 것은 한 폭의 풍경화 같다. 중경(重慶), 양자강, 산, 탑, 마을, 나무숲. 만약에 여러분이 여기로 온다면 분명 아름다운 감정이 샘솟아 전쟁의 잔혹함을 잊어버리게 될지도 모른다.

여기가 바로 위대한 혁명역량을 배양하기 위하여 훈련받는 여성동지들이 거주하며 배우는 곳이다. 그녀들은 이곳에서 하루 종일 일하며 배우고 공작한다. 그럼에도 힘들기는커녕 즐겁기만 한 것이 안색과 노랫소리로 다 드러난다. 이러한 즐거움은 인생에서 불가결의 자양분인데, 그녀들이 빛나는 미래로 걸어가는 원동력이 되고 있기도 하다.

이 훈련반은 여성 간부인재를 양성하기 위하여 설립되었다. 생도는 11명인데 모두 20대이다. 다들 건강, 활달하고 유망한 인재들이다. 이들은 모두 조선여투부녀회의 기본회원이다. 훈련 책임은 세 명의 훈련위원이 맡고 있는데, 각각 주임, 생활지도, 공작지도 담당이다. 훈련기간은 두 달이다.

이 훈련반이 처음 만들어졌을 때는 여러 어려움이 생겨났다. 가장 큰 어려움은 아이문제였다. 생도 대부분이 아이 어머니여서, 아이문제를 해결 못하면 훈련을 받을 수가 없었다. 그래서 그녀들은 할머니 몇 명을 고용하여 아이들을 돌봐주도록 하고, 나이 지긋한 여성 중에 성정이 온화하고 경험이 풍부한 이를 보모(保姆)로 초빙하여 그 할머니들을 지도, 감독하게 하였다. 그러나 아이 어머니가 직접 와서 해야 하는 모유 수유는 미리 짜인 시간표에 따라 하도록 했다. 잠도 아이 어머니가 직접 데리고 잔다. 그래서 이 제도는 반(半)탁아소라고 할 수 있다.

이 훈련반은 4월 9일에 개학했는데, 개학식 날 중경의 많은 혁명동지들이 참가해주었다. 집은 비록 작고 별 장식도 없었지만, 실내는 정돈되어 엄숙하였다. 먼저 훈련반 주임 왕지연(王志延) 동지가 간단한 개회사를 하였다. "오늘 여러분은 가정에서 벗어나 실제적 활동무대를 밟기 시작했습니다……. 우리는 지금 전방이든 후방이든 간에, 조선의용대 활동이든 우리 당[20]의 활동이든 간에, 모두 여러분의 참여가 필요합니다. 전방의 활동은 차치하고 후방의 활동만 놓고보더라도, 만약 여러분이 이곳의 남성동지 활동을 대신할 수 있다면 전선이나 타지로 가서 활동하는 남성동지의 수가 늘어날 수 있습니다……. 과거의 조선혁명에서 여성은 모두 이름만 걸어놓았지 진정한 혁명실천가는 찾아보기 힘들었습니다. 여러분은 훈련이 끝난 후 이름만 걸어놓고 생색내지 말고 유능한 활동가가 되어야 합니다."라는 것이었다.

이어서 김약산(金若山)[=김원봉] 동지가 다음과 같은 내용의 훈화를 하

---

20) [역주] 조선민족혁명당을 말한다.

였다. "오늘 이곳에 여성훈련반을 창설한 것은 시대의 획을 긋는 일로, 조선 전역에서도 드문 거사입니다……. 인구의 절반을 점하는 여성의 참여가 없다면 혁명의 승리는 불가능합니다. 여성을 조직하고 여성을 동원하는 것이 여러분의 특수한 임무이며, 여러분은 그와 같이 위대한 임무를 띠고 있습니다……. 과거의 혁명동지들은 혁명운동 과정에서의 여성의 위대한 역량과 역할을 간과했고, 지금 우리 당의 동지들 역시 같은 잘못을 범하고 있습니다. 이러한 잘못된 생각은 여러분 자신의 노력과 분투로 변화시켜야 합니다……. 이제부터 여러분은 각종 일반공작에 적극 참여해야 할 뿐 아니라, 여러분 여성의 특수한 임무를 완성하기 위해서도 힘써야 합니다." 그다음은 김백연(金白淵[=김두봉]), 윤규운(尹虬雲[=윤기섭]), 최우강(崔友江[=최석순]) 등의 혁명선배와 부녀회 대표가 많은 격려의 말을 해주셨다. 마지막으로 생도대표가 답사를 통해, 앞의 훈화에서 지시된 바를 실천하기 위하여 노력할 것이라고 결연한 결심을 밝혔다.

이 훈련반의 교육원칙은 진정한 '지행합일'이다. 오전은 학과시간, 오후는 공작시간이다. 학과 과목으로는 당 조직, 정치상식, 국제정세, 조선역사, 전시 공작활동, 여성문제, 회화, 노래 등이 있다. 공작 과목으로는 작문과 번역, 편집 보조, 유치원생 교육, 벽보 연습, 활자 만들기 등이 있다. 공작은 조를 나누어 하고, 2주일마다 한 번씩 조를 바꾼다.

그녀들은 매일 아침 6시에 기상하고 밤 9시에 취침한다. 아침에는 30분간 체조를 하고, 저녁에는 각종 모임 혹은 자습을 하며, 모임은 매주 두 번 가진다는 규정이 있다. 소그룹 모임, 좌담회, 음악회 혹은 오락회 등은 모두 생도들 스스로 주관한다. 생도들은 이들 집회에서 서로 보고하고 비판하며, 토론하고 격려하면서 노래도 부르고 즐거워한다. 그런 모임을 통해 생도들은 단결하고 서로 돕는다.

그녀들은 학과든 공작이든 집회든 간에 모두 재미있어 하고 기율을 아주 잘 지킨다. "이런 생활은 정말 의미 있어요. 이전의 하루는 그렇게 길었는데, 어떻게 지금의 하루는 이렇게 짧을까요?"라고 모두들 말한다.

그들은 모두 분발해서 매일 발전하고 있다. 이렇게 계속 발전하면 그들은 모두 유용한 혁명간부 인재가 될 수 있다. 나는 이들이 더 이상 평범한 여인—한 남자의 현명한 아내, 한 아이의 좋은 엄마—으로만 살지 않기를 바란다.

4월 21일 중경에서

4) 조선혁명 군사운동의 회고와 전망 (옮겨 싣는 글)[21]

『朝鮮義勇隊通訊』第12期 (1939. 5. 11)
민산(民山)

(1) 머리말

주지하듯이 동양의 강도 일본제국주의는 메이지유신(明治維新)의 성공을 시작으로 중일전쟁과 러일전쟁에서 승리하여 중국과 러시아 양대 세력을 조선으로부터 퇴출시켰다. 그로써 그들은 조선을 독점적 식민지와 대륙침략 전략의 근거지로 만들어버렸다. 그리하여 일본제국주의의 기반이 다져졌다.

조선이 일본에 병탄될 때 조선에 군대가 없었는가? 어찌하여 정식 전쟁이 벌어지질 않았는가? 본론을 서술하기에 앞서 이 문제를 설명해둘 필요가 있다.

적이 조선을 집어삼키는 과정에서의 일관된 정책은 '이한제한(以韓制

---

21) [역주] 원 출처가 어디인지는 확인되지 않는다. 본문 말미에서 중국과 소련을 같은 비중으로 언급하고 그 역할을 공히 강조한 것으로 보아 중국공산당 계통에서 펴내는 잡지가 아니었을까 추측된다.

韓)'이었다. 싸우지 않고도 승리한다는 묘책이었다. 이 정책으로 가장 큰 성
공을 거둔 자는 세상이 다 아는바 이토 히로부미(伊藤博文)였다. 1905년 9
월 일본은 전승국 자격으로 러시아와 강화조약을 맺었고, 이 조약으로 러
시아는 한국의 정치·군사·경제면에서 일본이 누릴 특수권리를 인정하여야
했다. 같은 해 11월, 이토 히로부미는 일본정부의 특명전권대사 자격으로
조선에 와서 무력으로 조선 조정을 위협하는 한편, 이완용(李完用) 등의 매
국노들을 유혹, 매수하여 보호조약이라는 것을 체결하였다.[22] 그리고는 이
토 히로부미가 한국통감으로 부임하여 요지마다 대병력을 주둔시켰다. 또
한 일본 앞잡이 매국노들을 매수하고 사주하여 많은 친일단체를 만들고 각
지에서 활동하게도 하였다. 1907년에 7월에는 7개 조항의 조약을 다시 체
결하였다.[23] 또한 대한제국 황제를 협박하여 군대 해산령을 내리고 총기를
다 몰수하게 함으로써 후환을 없앤 일본은 그 후 거리낌 없이 하고픈 대로
다 하였다. 그리하여 1910년에 정식 전쟁도 없이 조선을 완전히 병탄할 수
있었던 것이다.

조선군대가 해산되기에 앞서 일본인은 경비절감과 군제(軍制) 쇄신을
핑계로 우리 군의 숫자를 줄여놓았다. 그래서 해산될 당시 한성(漢城)의 군
대 수는 다 합쳐야 여단(旅團) 병력 정도였고, 장교와 사병 합해 1만 명 정
도밖에 되지 않았다. 각 지방에도 8개의 지방군이 있었는데, 장교와 사병
합해 4천 3백 명에 불과했다. 조선의 국방력이 그토록 약해지고 군대가 그
렇게 해산되고 만 것은 적의 강압과 협박 때문이기도 했으나 결국 우리 자

---

22) [원주] 보호조약은 1905년 적의 우두머리인 이토 히로부미와 매국노 이완용이 체결
한 것으로, 모두 5개 조항이다. 조선은 이 조약으로 외교의 자유를 완전히 상실하
고 일본은 조선에 통감부(統監府)를 설치하여 조선정부의 모든 대외활동을 감시해
갔다.
23) [원주] 7조약은 1907년 7월 14일, 역시 이토 히로부미와 이완용이 체결한 것으로 모
두 7개 조항이다. 이로써 일본의 통감이 조선 내정에 간섭할 수 있게 되었고 일본인
은 조선의 최고위 관리가 되었다. 그러나 다른 외국인은 초빙하지 못하게끔 하였다.

신의 책임인 것은 피할 수 없는 사실이다.

① 조선은 오랫동안 주자파(朱子派) 유교문화의 영향을 받아 소극적으로 일시적 안일만 추구하며 문(文)을 숭상하고 무(武)를 홀대하는 것이 국가·사회의 풍조여서 국방정책을 소홀히 했기 때문에 군사력이 그렇게나 약해지게 되었다.

② 당시 조선에는 아직 구미(歐美) 자본주의의 근대문명이 수입되지 않아서 국가의식도 보급되지 않았기 때문에 정부와 국민이 모두 국방이 현대국가의 명맥이라는 사실을 몰랐다.

③ 이씨조선 말년에 조선의 실권을 장악한 사람들은 대부분 권문세가의 자제들로, 내정을 쇄신할 능력이 없었고 국제정세에 밝지도 못했다. 수동적인 자세로 적에게 우롱만 당하다 결국은 적의 명령을 따르는 신세가 되었다.

한국군대가 해산된 후 혹자는 눈물을 삼키며 낙향했고, 혹자는 비분에 자결했으며, 또 일부는 적군 토벌을 내걸고 의병을 조직하였다. 이것이 조선 의병의 뿌리 중 하나이자 조선혁명 군사운동의 시작이다.

조선혁명 군사운동은 3단계로 나누어 설명할 수 있다. 망국 전후 시기부터 1919년 3·1운동까지를 제1단계, 3·1운동에서 9·18 만주사변까지를 제2단계, 9·18 만주사변에서 현재까지를 제3단계라고 나눌 수 있다.

과거 30년간 조선민족의 반일 무장투쟁에는 수차의 장렬하고도 감격적인 업적이 있어왔다. 그렇지만 자료수집이 어렵고 지면도 한정되었으니, 여기서는 개략적인 내용만 소개할 수밖에 없겠다.

(2) 의병운동

의병이란 지금의 의용군 혹은 민중유격대에 해당한다. 이는 바로 민중 자신이 적에 맞서 자신을 지키려는 무장조직이다. 이에 단락과 항목을 나누어 그 운동을 서술해보려 한다.

① 구성요소 : 조선민족은 1905년 일본 강도에 의해 보호조약이 강제로 체결된 후로 다들 망국의 화가 눈앞에 닥쳐옴을 감지하고 여기저기서 깃발 들고 나서면서 의병을 불러 모아 왜구와의 무장투쟁을 시작하였다. 이것이 바로 의병운동의 민중적 기초이다. 조직은 유림 학인들과 농촌 농민과 해산당한 군인들로 이루어졌다. 가진 무기라고는 해산당한 군인 일부가 갖고 있던 신식 총기 말고는 대부분 구식 엽총이나 칼과 창 등 뒤떨어진 것들뿐이었다.

② 활동지역 및 기간 : 조선 의병은 훈련되지 않은 군중과 뒤떨어진 무기의 조합이었기 때문에, 완벽하게 무장하고 훈련 잘 된 적군과 작전 역량이 비교될 바 없었다. 그럼에도 의병들은 죽음을 무릅쓰며 지구전을 펴서 적에게 큰 손실을 입혔다. 작전구역은 전국에 퍼져 있었고, 작전기간도 8년이나 지속되었다. 참전자 수는 수십만에 달했고, 작전 횟수도 수천 회에 이르렀다. 이는 조선민족의 초기 혁명군사운동의 비장한 유혈기록으로 보지 않을 수 없다.

③ 주요 지도자와 그 전적(戰績)

a. 최익현(崔益鉉) : 국가 원로이고 유림의 태두(泰斗)이다. 보호조약이 체결되자 그 문인 임병찬(林秉瓚) 등과 함께 동지를 규합하고 민중을 불러 모았다. 경기도 일대에서 활약하였으며, 훗날 붙잡혀 일본 대마도(對馬島)로 끌려갔고 단식 끝에 사망하였다.

b. 민긍호(閔肯鎬) : 원주(原州) 진위대(鎭衛隊)의 정교(正校)였다. 군대해산 명령에 불복하여 부대를 이끌고 충주, 원주, 제천 등지에서 전투를 벌이면서 일본군에게 큰 타격을 입혔다.

c. 이은찬(李殷瓚) 등 여러 사람 : 처음에는 관동(關東) 의병의 깃발을 들고 6천여 명의 민중을 규합하였다. 40여 차의 혈전을 치르면서 적병 무리를 무찔러 없앴다. 그 후 허위(許蔿)·이강년(李康年)·권중식(權重植)[24] 등의 의병부대 수만 명과 연합하여 이인영(李麟榮)을 대장으로 추대하고 경기·강원 일대에서 활약하였다. 후에 허위와 함께 서울로 쳐들어가 통감부를 폭파하고 늑약(勒約)을 파기할 계획도 세웠다. 그러다 사로잡혀 옥에 갇혔으나 굴하지 않다가 죽음을 맞았다. 이강년은 호서의군(湖西義軍)의 우두머리였는데, 허위와 이은찬의 서울진공계획이 실패한 후 나머지 의병을 수습하여 강원·경상 일대를 돌아다니며 싸웠다. 크고 작은 전투를 수십 차례 치르면서 많은 적을 죽였다. 결국에는 고립되어 적에게 잡혔으나 굴하지 않고 죽음을 맞았다.

d. 지홍윤(池弘允) : 강화(江華) 진위대의 부교(副校)였다. 일본이 우리 군대를 강제로 해산시키는 것을 보고 의병의 깃발을 들어 일본군 1개 중대를 격멸시켰다. 이에 일본군이 강화도를 공격하여 함락시키자 지홍윤은 부하들을 이끌고 해서(海西[황해도 지방])로 가서 재기를 도모하였다. 그러나 적군이 내건 많은 현상금으로 인해 붙잡혀 희생되고 말았다.

e. 김수민(金秀敏) : 사격에 능하여 백발백중이었고 탄약을 직접 제조하여 썼다. 의병 2천 명을 이끌고 장단(長湍)을 근거지 삼아 군량(軍糧)을 비축하고 보부상들을 모아 정탐꾼으로 쓰는 방법에 의해 적과의 교전에서 거듭 승리하였다.

f. 이진룡(李鎭龍)과 채응언(蔡應彦) : 황해도 평산(平山)에서 의병을

---

24) [역주] '권중식'이라는 이름의 의병장은 실재하지 않았다. 경북 안동 출신 의병장인 '권중설(權重卨)'의 오기인 것 같다.

일으켰고 경의선 계정(鷄井) 및 예성강 연안 각지에서 활약하면서 여러 번 승리를 거두었다.

g. 홍범도(洪範圖) : 함경도 갑산군의 사냥꾼 출신이다. 차윤도(車允道)등과 함께 의병을 일으켰고 갑산(甲山), 삼수(三水), 북청(北靑) 등지에서 여러 번 승리하였다.

h. 전봉준(全奉準)[25] : 천도교 교주 최수운(崔水雲)의 측근 제자이면서 갑오 동학당(東學黨) 대혁명의 최고지도자였다. 국망 전후에 왜적 토벌을 창의(倡義)하니 농민 자제들이 구름같이 몰려와, 몇 달 만에 수만 명이 되어서 기세를 떨쳤다. 삼남(경상·전라·충청 3도 지방)에서 활약하며 적에게 막대한 타격을 입혔다.

이상은 그 공이 아주 큰 사람들만 기록한 것이다. 수천 명이 되고 수만 명을 이루었던 유명·무명의 민족영웅들을 여기서 하나하나 서술하지는 못한다. 개괄해 말하면, 의병운동은 조선 민족정신의 구현이고 그 뜨거운 희생정신은 더욱 찬탄할 만하다. 애석하게도 무기가 시원찮았고 경제력이 빈약했으며 민중훈련도 쉽지 않아서 결국은 실패로 끝나고야 말았다. 어찌 통탄스럽지 않은가! 그렇지만 의병운동이 조선민족 해방운동에 미친 영향은 실로 막대하다.

(3) 3 · 1운동 이후의 군사운동

조선민족은 망국 전후로 일본의 압박을 견디지 못하고 많은 사람들이 연이어 중국의 동북 3성[東三省]으로 이주하였다. 일본의 이민정책 시행으로 강제이주 당한 사람은 더 많았다. 그리하여 1919년 3·1운동이 벌어졌을 때 동삼성의 조선 교민은 70~80만 명에 달하였고, 조선과의 접경지역인 길림성(吉林省)과 요녕성(遼寧省)에 특히 많았다. 조선의 혁명지사 및 의병

---

25) [역주] 전봉준의 바른 한자 표기는 '全琫準'이다.

지도자 역시 다수가 동삼성에 도착하여 한족회(韓族會) 등의 자치단체를 조직하였다. 또한 신흥학교(新興學校)를 설립하여 혁명간부를 양성하고 군사훈련을 실시하면서 자금을 모아 무기를 구비하였다. 수년간의 힘든 경영 끝에 1919년 즉 3·1운동이 발생한 그 해에 마침내 조선독립군이 만주 동삼성에서 창설되었다.

그러나 '독립군'이란 이름뿐이었지 조직이 일치하지 못하고 지휘도 통일되지 못하여, 마치 동북지방 초기의 의용군이나 현재의 화북(華北) 일대의 유격대와 같았다. 3·1운동 당시 이런 조선독립군이 약 5천여 명에 달했으며, 길림성 연길도(延吉道) 일대와 조선국경 일대에서 활동하였다. 그 주요 지도자는 홍범도와 김좌진(金佐鎭) 등이었다.

홍범도·김좌진 영도 하의 조선독립군은 간도 및 국경 일대에서 적과 교전하여 수차례 승리하였다. 더욱이 청산리전투(靑山里戰鬪)는 적군에게 중대한 좌절을 안겨주었다. 청산리는 요녕성 화룡현(和龍縣)의 산악지대인데, 우리 김좌진 부대는 이곳에서 적군에게 포위당했으나 용감하고도 민첩한 행동으로 포위를 벗어나 이동하였다. 그러나 적은 우리 군이 다 빠져나간 사실을 모른 채 자기들끼리 서로 공격을 하였다. 우리 군은 뒤에서 우회 기습을 감행하여 적군 1천여 명을 사살하고 많은 전리품을 획득했다. 이것이 바로 그 유명한 청산리전투이다.

이보다 앞서 일본은 3·1운동에서 전체 조선민족의 뜨거운 반일투쟁 열기를 보고 조선민족 전투정신의 결연함을 느끼기 시작했다. 때문에 장래의 후환을 미리 근절하기 위하여 무력으로 동삼성의 조선독립군을 없애려 하였다. 그래서 1920년 8월 대규모의 병력을 파견하여 우리 독립군을 공격하였고, 가는 길목마다 강간과 방화 등 온갖 악행을 저질렀다. 그러나 청산리전투로 뜻하지 않은 좌절을 맛보았다. 우리 독립군의 용감한 항전이 초유의 대승을 거둔 것이다. 그러나 수적으로 열세인데다 후속 지원도 없어서 결국은 러시아 국경지대로 퇴각하였다.

이고광(李古狂),[26] 오동진(吳東振), 김동삼(金東三) 등은 요녕성 동변도(東邊道) 일대를 근거지로 삼고 통의부(統義府; 남만주를 근거지로 삼은 조선혁명 군정기관) 휘하의 6개 중대(매 중대는 약 50~60명)를 편성하고 훈련시키면서 홍범도·김좌진 등의 뒤를 이어 다시금 깃발을 높이 들었다. 뒤에 가서 통의부는 범위를 확대하여, 1924년에 정의부(正義府)로 이름을 바꾸었다. 군대가 점점 더 확충되자 현지 교포들과 힘을 합쳐 국경일대 곳곳에서 끊임없이 유격전을 폈다. 이 군대는 9·18사변('만주사변')을 전후하여 남만주 조선혁명당의 지휘 하에 들어가 '조선혁명군'으로 불렸다. 이들은 남만주 철도 연변과 국경 일대에서 맹렬히 활동하는 외에도 늘 국경을 넘어 적군 수비대 및 적의 경찰주재소를 습격하여 여러 차례 큰 공을 세웠다. 이 밖에도 '한국독립군'이 북만주를 활동중심지로 삼고 9·18사변 발발 후에 중동로(中東路)의 중국 호로군(護路軍) 의용군과 연합하여 계속 용맹스런 항전을 이어갔다.

(4) 9·18사변 이후의 군사운동

9·18사변 이후 현재까지의 조선혁명 군사운동의 주요 특징은 이러했다: ① 중국 동북의용군과 연합하여 공동항일을 했다. 원래 요녕성 동변도 일대에서 활동하던 조선혁명군은 9·18사변을 전후하여 탕쥐우(唐聚五), 왕펑거(王鳳閣), 양징위(楊靖宇) 등이 이끄는 중국 의용군 부대들과 협동작전을 전개하였다. 일찍이 중동로 일대에서 활동하던 한국독립군(사령관 이청천[李靑天], 병력은 100여 명, 활동기간은 9·18 직후의 반년 가량이었고 지금은 존재하지 않음)은 당시 그 지역의 중국 의용군인 우이청(吳義成) 부대 등과

---

26) [역주] 본명은 이천민(李天民)이다.

협력했다. 이 외에도 많은 조선의 무장동지와 중국 항일전사들이 항일연합군을 결성하여 일본 침략자들에 맞서 싸웠다. ② 질적인 면에서도 발전이 있었다. 9·18 이전 만주에 있던 조선인 무장동지는 300~400명에 불과했으나 현재는 1만여 명으로 늘어났다. 자질과 전투력도 크게 향상되었다. ③ 전투지역이 확대되고 전투방식도 변하였다. 9·18 이전의 활동지역이 한만(韓滿) 국경 일대로 국한되어 있었다면, 9·18 이후에는 동북 및 기타 각 지역(한인 교포들이 거주하는 다른 지역을 말함)으로 점점 확대되었다. 이전의 전투가 대부분 소수 인원의 테러활동에 속했던 반면에 현재는 유격전술을 충분히 운용할 수 있게 되었다. 이상의 세 가지 특징으로 이 단계의 군사운동은 이전 단계의 것과 다르며 더 풍부해지고 발전했다는 것을 우리는 알 수 있다. 이에 다음에서는 이 단계 군사운동의 일반적 상황에 대해 나누어 서술하고자 한다.

① 조선혁명군의 계속되는 고투(苦鬪)

조선혁명군의 전신(前身)은 동북의 한인군정기관이던 정의부의 군대인데 9·18이후 개명하였다. 당시 양서봉(梁瑞鳳)이 사령관이었고 400~500명 정도의 규모였다. 탕쥐우가 요녕의용군 총사령관을 맡고 있을 때 조선혁명군은 일종의 별동대 임무를 담당하였다. 탕쥐우가 실패한 후에는 현지(동북변도 일대를 가리킴) 의용군인 왕펑거·덩톄메이(鄧鐵梅)·양징위 등의 부대와 연락을 취하여 협동항일을 했다. 지금은 김활석(金活石)이 사령관이 되어 동북항일연군(東北抗日聯軍) 제1군과 긴밀하게 협력하며 계속 항일투쟁을 벌이고 있다.

제1군의 전투력은 매우 강하여 우군(友軍)이 모두 탄복했을 뿐 아니라 그 지역의 민중도 다들 칭찬했다. 크건 작건 어떤 전투에서도 제1군은 항상 적에게 막대한 타격을 입히면서 자신들은 아무런 손실을 입지 않았다(제1

군의 전투 상황은 조선 신문에 많이 실렸으나 현재는 자료가 준비되지 않아 상술할 수 없다). 적의 토벌이 부단히 계속되고 외부 지원은 없는 어려운 환경 속에서도 그 지역 조선동포들의 제한된 인적·물적 지원에 힘입어 지금까지도 계속 혈전을 벌이고 있는 것이다.

② 항일연군 내 조선인 전사들의 영용한 전적

9·18사변 이후 만주의 허다한 조선혁명 동지들은 중·한 두 민족의 적이 완전히 같으며 조선군대만의 독립적인 깃발을 들기는 쉽지 않다고 판단하였다. 그 이유는 첫째, 중한 두 민족의 대단결을 유지하기 위해서는 중국 민중에게서의 군수품 징발을 확대할 수가 없다는 것. 둘째, 한국교민 수가 많지 않아 부대를 확충할 수 없다는 것이었다. 그래서 중국의 항일전사들과 함께 중한 연합군 형식의 '항일연군'을 창설하여(초기 명칭은 '반일유격대' 혹은 '인민혁명군'이었는데 명칭이 어떻게 바뀌든 간에 그 본질은 완전히 같다) 끝까지 투쟁하였다. 제3군의 자오샹즈(趙尙志) 부대에는 최고로 용감한 조선인 간부 동지들이 있었다.

항일연군 제2군 왕더타이(王德泰) 부대의 거의 절반은 조선동포로 구성된 대오이다. 9·18사변 이후 조선혁명 동지 중 소수의 반일유격대가 길림·간도와 한만국경 지대에서 일본군을 습격하여 여러 차례 승리하였고, 수차 국경을 넘어가 공격도 했다. 이에 이끌린 수천 수백 명의 조선혁명 동지들이 항일무장투쟁의 길로 들어서니, 이 부대가 확대되어 항일연군 중의 가장 강력한 부대가 되었다. 제2군 내의 조선인은 이미 3천 명을 넘어섰다.

항일연군 제1군의 뿌리는 1932년 요녕성 반석현(盤石縣) 길창자(吉昌子)에서 현지 민중이 만든 반일유격대이다. 창설 당시에는 5분의 3이 조선인이고 5분의 2가 중국인이었다. 소규모의 유격대가 몇 년 만에 수 천 명의 항일연군 제1군으로 커진 것이다. 제1군이 빠른 속도로 발전함에 따라 제1

군내에서 한인들이 점하는 비율은 빠르게 감소하였다. 그러나 제1군내의 한인들은 대부분이 간부여서(전체 군 간부의 반을 차지하였음) 직·간접적으로 제1군을 이끌면서 항상 제1군의 선두에서 일구(日寇) '토벌대'에게 무수한 패배를 안겨주었다.

중동로 일대에서 활동해간 항일연군 제3군장(軍長) 자오샹즈가 제3군의 기초를 만들 때 조선동지가 인원수의 절반을 점하였다. 제3군 창설자와 많은 한인 간부들이 다년간의 항일혈전에서 용감히 싸우다 장렬히 희생되었다. 이것으로부터도 우리 조선민족은 혁명과 정의를 위해 기꺼이 희생하고 분투하는 정신을 갖고 있음을 알기에 족할 것이다.

(5) 과거 중·소 양국이 우리에게 보낸 군사원조

중소(中蘇) 양국은 지리적으로 우리 조선과 강을 사이에 두고 국경을 접하고 있으며, 역사적으로 우리나라와 관계가 깊다. 더구나 중국과 소련은 둘 다 새로 건립된 국가이고 침략에 반대하며 정의를 수호하고 약소민속 원조를 국책(國策)으로 삼는다. 그래서 중소 양국이 우리를 동정하고 원조하는 것은 자기들의 이해관계에서만이 아니고 인류의 동정심에서 나오는 것이기도 하다. 이에 중소 양국이 우리에게 준 원조 중 군사부분에 관해 약술하고자 한다.

① 중국 방면

중국의 민족지도자 장제스선생이 과거 황포군관학교(후에 중앙군관학교로 개칭) 교장을 맡고부터 조선혁명인사들이 대거 받아들여져 조선혁명 군사간부 2백여 명이 양성되었다. 황포군관학교 시절에는 4기(期)가 가장 많았고, 중앙군관학교 시절에는 낙양분교(洛陽分校) 10기가 가장 많다. 9·18 사변이 발발한 후에는 조선혁명간부학교(朝鮮革命幹部學校)를 설립하여 3

기에 걸쳐 수백 명의 간부를 배출하였다.

이러한 군사학교를 졸업한 동지들은 모두가 조선의 군사운동, 민중운동 혹은 기타 정치활동에서 가장 적극적이고 가장 용감한 정신을 구현해냈다. 그들은 과거의 조선혁명사에 영광스런 전적을 남겼을 뿐 아니라 장래의 조선 군사운동에서도 큰 공헌을 할 것이다.

조선혁명운동 중 가장 필요하면서도 가장 부족한 것이 군사간부이다. 이러한 인재는 우방의 원조 없이는 양성될 수 없으므로 이 원조는 다른 원조보다 더욱 중요하다.

② 소련 방면

우리에 대한 중국의 원조는 과거 중일간 외교관계 때문에 공개적으로 무장을 지원할 수가 없었다. 그러나 소련은 국제적 지위나 대일관계 면에서 중국과는 약간 다르다 그래서 우리에 대한 원조 형식도 좀 다르다.

소련은 국제사관학교에서 조선인 군사간부를 지속적으로 양성해냈다. 그 외에도 극동 시베리아에서 조선인 교민을 공개적으로 무장시켜 정규군으로 편성하였다(그 지역에는 약 30만 명의 교포가 있다). 이 조선민족 군대는(명칭은 비록 이와 같지 않더라도) 이미 3만여 명이었다고 한다. 우리는 이 군대를 민족혁명 의식이 없는 용병으로만 간주해서는 안 된다. 이 군대는 앞으로 분명 항일전쟁에 참가할 것이며 일본 침략자를 대륙에서 몰아내고 조선독립국을 세우는 그날까지 싸울 것이다. 나는 소련 당국의 뜻도 그럴 것이라고 생각한다.

이 밖에도 소련은 한만국경과 한소국경 일대에서 활동하던 우리 무장군대에 여러 가지 편의를 자주 제공해 주었다.

(6) 금후의 군사운동 전망

중국이 역사상 전례 없이 일본 침략자의 끝없는 무장침략을 받고부터 장제스선생의 "끝까지 항전하여 최후의 승리를 쟁취하자"는 결심과 그 지도하에 전국이 위 아래로 단결하여 20여 개월 동안 용감한 항전을 치렀다. 패배를 승리로 바꾸는 새 단계에 이미 들어섰으며, 반대로 일구 침략자들은 붕괴의 길로 점점 들어서고 있다. 이러한 정세는 의심할 바 없이 분명 조선민족의 해방운동에 유리한 것이다.

조선민족은 생사의 최후 고비에 처해 있다. 자유와 생존을 위해 싸우는 길만이 있을 뿐이다. 그리고 이 생존투쟁은 분명 격렬할 것이고 또한 반드시 무장해야만 한다. 조선민족은 과거 3·1운동의 비통한 경험 때문에 만주와 소련에 조선 무장대오의 기초를 마련하였다. 앞으로 중국과 소련 두 나라가 무한히 동정하고 열렬한 원조를 해주어 무장폭동을 조직하고 유격전쟁을 벌이는 것은 필연의 추세이다. 이후에 적은 그들의 병력을 다 쓰고 나면 조선 장정들을 강제로 징용하여 (일본 침략자는 조선민족을 가장 두려워하므로 지금까지 징병을 하지 못하고 있다) 일본을 위해 싸우게 하는 모험을 할 것이다. 그러나 적당한 시기와 가장 중요한 고비에 조선 장정들은 반드시 총부리의 방향을 거꾸로 돌려, 증오가 골수에 맺히도록 해온 강도를 죽여 없애며 민족생존을 위해 싸울 것이다.

장래 중국, 소련, 한국 세 나라가 공동 항일한다는(필자는 소련과 일본의 전쟁은 피할 수 없다고 생각한다) 전략적 차원에서 조선의 항일 군사운동은 중·소 양국이 벌여갈 대일(對日) 주력전(主力戰)의 보조전이 될 것이다. 그리고 조선해방운동의 의의 면에서는 일본을 쫓아내는 것이야 말로 건국을 위한 최고의 수단이 될 것이다.

이상으로 조선혁명 군사운동의 앞으로의 발전 형세와 그것의 국내적 및 국제적 의미를 개략적으로 서술하였다. 그러나 위의 내용들은 우리가 끝까지 일치단결하여 각고(刻苦)의 분투를 한다는 것을 전제로 한다. 중국민족이 지극히 어려운 장기항전을 계속하고 있는 것처럼, 국제정세가 얼마나 우리에게 유리하든지 간에 스스로 분투하지 않으면 목적을 이룰 수 없다.

이 외에 우리는 중·소 양국의 더욱 적극적인 군사 원조가 필요하다. 일본제국주의를 타도하는 것은 중국, 소련, 한국 세 나라의 공동 임무이고, 이세 나라가 힘을 합쳐야만 타도할 수 있다. 그렇기 때문에 오늘 우리는 일본을 대륙에서 쫓아내고 동아시아 평화와 복지를 영원히 보장하자는 같은 구호 아래 중국, 소련, 한국의 위대한 대단결을 더욱 공고히 하여 이 역사적 사명을 완수하기 위해 함께 분투하고 있는 것이다.

5) 중경을 떠나 계림에 도착한 후의 감상

『朝鮮義勇隊通訊』第18期 (1939. 7. 11)
장수연(張秀延)

부녀훈련반이 막 졸업식을 치른 후 각자의 공작 담화에서 나의 첫 번째 지원은 전방으로 가는 것이었다. 이건 내가 전방과 후방에 대한 생각을 달리하고 있었다는 것이 아니라, 정말 나는 정신적으로 긴장된 환경과 긴장된 생활이 필요했기 때문이다. 그래서 모든 여성동지들에게 가정의 굴레를 박차고나와 함께 전방으로 가서 공작활동을 하자고 부추기고 싶었던 것이다. 그러나 결과는 매우 유감스럽게도 몇몇 여성 동지가 건강관계 및 기타의 어려움으로 떠날 수가 없었다. 그래서 나와 수운(秀雲), 화림(華林) 세 명의 여성동지가 이 큰 결심을 하였다. 즉, 혁명가의 의지로 보통사람의 감정을 극복하여 다른 것은 일절 생각 말고 전방으로 가기로 결정한 것이다. 내가 중경을 떠나기 전날, 많은 여성동지들이 이렇게 물었다. "정말 결정한 거예요?"라고. 나의 대답은 "아직도 믿지 못하세요?"였다. 그래서 몇 달 후 전방에서 다시 만나기로 약속했다. 이튿날 우리는 저마다 큰 희망을 품고 긴장된 마음으로 중경을 떠났다.

우리는 계림에 도착한 후 여러 동지들과 반갑게 만났다. 그들은 활기찼고 건강하였다. 우리가 도착한 다음날, 의용대 본부는 최근 중경에서 온 몇 명의 새 동지를 위한 환영회를 열어주었다. 그 자리에서 총무조(總務組) 이(李)동지의[27] 소개로 지도위원회의 저우(周)·판(潘)·자오(矯) 등[28] 여러 동지를 알게 되었다. 몇 달 사이에 의용대의 공작 방면의 기초가 다져지고 큰 발전이 있었음도 알게 되었다. 실로 이곳 전체 동지들의 열성과 노력 덕분이니, 여러 동지들에게 최고의 감사를 표하는 바이다.

의용대 본부 사무실은 엄숙하고 긴장된 공기로 가득 차 있고, 매일 오전 7시부터 오후 4시까지 각자 시간 맞춰 와서 맡은 일을 한다. 내가 계림에 도착한 이튿날은 바로 위대한 '7·7 루거우차오(盧溝橋) 사변' 2주년 기념일의 사흘 전이었다. 전 계림이 모두 이 위대한 날을 열렬히 기념하기 위한 준비를 하고 있었다. 우리 의용대도 2주년이 되는 위대하고도 침통한 기념일에 참가하려고 준비하고 있었다. 7·7기념일 3일 전부터 7·7 당일 까지 동지들은 각자 모두 자신의 공작활동으로 바빴다. 연극하는 사람은 연극연습을 하고, 노래하는 사람은 노래연습하고, 필사하는 사람은 필사하고, 글 쓰는 사람은 글을 쓰고, 인쇄하는 사람은 인쇄하고……모든 동지가 땀 흘리면서 7·7 전에 자신의 일을 완성시켜내려고 준비하였다. 정말로 7·7 하루 전날, 우리의 7·7 특집호가 발간되었고, 우리의 표어, 우리의 벽화, 우리의 가두만화를 도처에서 볼 수 있었다. 7월 5일과 6일 이틀 동안 우리의 연극 「반

---

27) [역주] 총무조장 이집중(李集中)을 말한다.
28) [역주] 각각 조선의용대 지도위원회의 중국인 요원이던 저우샨탕(周咸堂), 판웬즈(潘文治), 자오한즈(矯漢治)를 말한다.

격」도 공연되었다. 제1구대(區隊) 동지들이 전방에서 혈전을 벌이는 현장의 기록이다. 「반격」은 생생한 사실이며 우리가 꼭 한번 봐야 할 만하다.

위대하고도 가슴 아픈 7·7기념일이 드디어 도래했다. 이 날 우리 동지들은 새벽 5시 전에 벌써 모든 준비를 다 마쳐놓고 출발을 기다렸다. 동틀 무렵에 우리는 대오를 정렬하여 공설운동장으로 걸어갔다. 도착해 보니, 각 군정기관, 문화단체, 민중단체의 정연한 행렬이 운동장을 꽉 메우고 있었다. 우리가 걸어서 입장할 때 조선의용대의 깃발이 사람들의 주목을 받았다. 우리가 막 도착했을 때 기자들이 사진 찍느라 바빴고, 7시 정각에 주석(主席) 단상에서 방송이 흘러나왔다…… "지금 행사를 시작합니다"…… 운동장은 바로 비장, 엄숙, 긴장된 분위기가 되었고…… 바이(白)주석의[29] 연설은 모두의 심금을 울렸다…… "일본은 '이화제화(以華制華)' 정책을 쓰려 합니다…… 그러나 지난 2년 동안 중국은 망하지 않았을 뿐 아니라……" 마지막으로 한 어린이가 등단하여 계림의 모든 어린이들에게 호소했다…… 행사가 끝나고 우리는 침통한 기분으로 돌아왔다. 저녁에는 제등(提燈) 행렬이 있었다. 수 십리 이어진 제등 행렬로 계림의 시가지에는 밝고 뜨거운 기상이 충만했다.

이 모든 것들이 광명의 중국, 승리한 신중국이 이미 도래했음을 상징해 주었다. 비장하고도 흥분된 노래 소리와 7·7을 기념하여 삼민주의(三民主義)를 실행에 옮기고, 7·7을 기념하여 일본제국주의를 타도하자는 포효가 전 계림을 진동시켰다. 7·7이여! 그렇게 우리는 그날을 기념하였다. 또한 그날의 전몰장병과 희생된 동포들도 기념하였으니, 우리 중한 두 민족은 침통하게 그 날을 기념한 것이기도 하다. 아무튼 이날은 위대하고도 흥분되는

---

29) [역주] '바이주석'이란 당시 중국 국민정부군의 대일항전 지휘부인 계림의 서남행영(西南行營) 전방판사처장(前方辦事處長)이던 바이충시(白崇熙) 장군이다. 지략에 능하여 '민국의 소(小)제갈량'이라 불렸다.

날이었고, 신중국을 탄생시킨 날이었으며, 동양의 핍박받던 민족에게 해방이 시작된 날이었고, 전 세계 인류가 정의와 평화를 위해 투쟁한 하루였다. 그러므로 위대하도다 7·7이여, 우리는 영원히 그날을 기념할 터이다.

6) 뤄유칭(羅尤靑) 총사령이 제1구대 동지들에게 한 훈화

『朝鮮義勇隊通訊』第31期 (1940. 1. 1)
양민산(楊民山)

> 우리 제1구대는 명에 따라 강서성(江西省)의 ○○[제19: 역자] 집단군으로 공작사명을 띠고 왔다. 뤄(羅)총사령은 즉시 우리를 접견하고 격려와 지시를 하였는데, 속기사가 없어서 당시의 훈화를 전부 기록해 두지를 못하였다. 이에 나는 뤄총사령의 훈화를 기억으로 되살려 그 주요 내용을 추기(追記)하면서 우리「조선의용대통신」독자들에게 소개해본다.
>
> – 양민산, 12월 17일

동지 여러분!

조선의용대 제1구대 동지 여러분이 본 집단군에서 활동하라는 명령을 받고 왔으니 본인은 먼저 여러분을 환영합니다.

우리의 적인 일본제국주의의 야심은 아주 흉악합니다. 그들은 우리 동아시아의 여러 문명국을 멸망시키려고 합니다. 일본의 수단은 잔혹하기 이를 데 없어서, 대량학살, 강간, 약탈 등의 온갖 악행을 일삼는다는 것을 모르는 사람은 없습니다. 일본 강도는 먼저 조선을 삼키고 이어서 중국을 침략하여 중국과 전쟁을 벌인지 2년 반이 되었습니다. 일본은 원래 단시일에 중국을 정복하고 싶었지만 우리 중국의 강력한 저항에 부딪쳐 오래가는 전쟁을 벌일 수밖에 없게 되었으니, 2년 반 동안의 전쟁으로 국력이 크게 쇠약해졌습니다. 우리는 계속 싸울 것이고 일본은 반드시 패할 것입니다. 중국은 싸울수록 강해지고 일본은 싸울수록 더 약해집니다. 전쟁 중 중국의 국제적 지위는 높아진 반면, 일본의 국제적 지위는 크게 떨어졌습니다. 전 세계가 우리 중국에 보내는 동정과 원조는 날로 늘어가나 적은 갈수록 고립되고 있습니다. 이것은 분명하게 눈에 보이는 사실이며, 전 세계가 모두 인정하는 바입니다. 적의 계획은 완전히 실패했고 중화민족은 반드시 승리할 수 있을 겁니다. 중국이 승리해야만 조선민족도 독립할 수 있으므로, 여러분 조선의 지사들은 모두 중국항일전쟁에 적극 참가해야 합니다.

나는 조선민족이 문명민족임을 잘 알고 있습니다. 조선과 중국은 형제의 나라로, 중한 양국은 역사적으로 가장 밀접한 관계를 맺어 왔습니다. 그러나 조선민족이 불행히도 먼저 일본 강도에게 나라를 빼앗겼고, 그로 인해 중국도 병풍과 같은 장벽을 잃었습니다. 조선민족은 나라가 망한 후 무수한 혁명지사들이 조국의 광복을 위해 분투했는데, 안중근열사가 대표적이라고 할 수 있습니다. 조선의 혁명동지 여러분이 오늘의 중국항일전에 참가하는 것은 여러분 선열의 정신을 계승하는 것이기도 합니다. 과거에도 많은 조선동지들이 중국혁명에 참가했지요. 북벌시대에는 많은 동지들이 작전에 참가했다가 목숨을 잃기도 했습니다. 과거 저의 부하 중에도 조선인 동지가 있었습니다. 소·중대장에서 연대장까지 다 있었는데, 한 사람 한 사람 모두 자기조국 부흥의 열정을 품고 열심히 참가했습니다. 여러분과 같은 청년들은 여러분의 조국 내에서 활동할 수 없고 역량도 제한적이어서 단독으로 일본 강도를 쫓아낼 수 없기 때문에 중국에 와서, 중국을 도와, 중국을 강하게 만들어 공동의 적을 타도하고 있습니다. 우리 중국도 지금까지 한결같이 조선을 동정해왔고, 우리의 지도자 장제스 위원장은 황포군관학교 시절 조선의 학생을 받아 교육시켰습니다. 그 점만 보더라도 우리 중국이 어떻게 조선의 처지를 동정하는지를 알 수 있을 겁니다. 우리 중한 양국의 유일한 적은 일본 강도입니다. 일본 강도가 타도되기만 한다면 중국도 부흥할 수 있고 조선도 독립할 수 있습니다.

조선의용대 여러분이 각 전투지역으로 파견되어 공작함으로써 중국 항일전쟁에 많은 힘을 보탰습니다. 명령을 받들어 본 집단군으로 오신 제1구대 여러분, 환영합니다. 여러분이 사령부에 가면 군장(軍長)도 나처럼 여러분을 환영할 것이고, 사단장과 전선(前線)의 무장동지들도 마찬가지로 여러분을 환영할 것입니다. 여러분은 선전공작에 뛰어난 성적과 경험이 있습니다. 지금 전선에서는 여러분의 공작 활동이 필요합니다. 여러분 가운데 절반이 군관학교를 졸업한 동지이고, 나머지 동지는 최근에야 적의 억압에서 벗어났다고 들었습니다. 군관학교를 졸업한 동지 여러분! 여러분은 평소에 배운 대로, 과거의 공작경험에 따라 계속 노력해야 합니다. 새로 온 동지들은 여러분이 직접 경험한 적의 억압과 여러분이 알고 있는 적의 약점을 모두 알려주세요. 나는 여러분이 기필코 상부의 지시에 따라 평소 품어온 포부대로 노력해갈 것임을 믿습니다.

본인은 여러분이 전선에 가서 부대의 장병들과 긴밀히 연계하기를 바랍니다. 여러분이 만약 그들과 긴밀하게 협력하지 않는다면 공작 활동을 거의 해낼 수 없습니다. 전선 부대들의 장병은 분명 여러분이 임무를 완수하도록 도와줄 것입니다. 여러분은 처음으로 전선으로 가는데, 여러분은 적의 전방에도 후방에도 좌우에도 있어야 합니다. 적의 주위를 벗어나지 말고 시종 적을 둘러싸고 적을 동요시키고 적을 와해시켜야 합니다. 여러분이 그렇게 해나가면 적은 아주 큰 타격을 받게 될 것입니다.

여러분이 우리 집단군으로 와서 공작활동을 하게 되었으니 내가 책임자입니다. 따라서 여러분이 무슨 어려움이 있거나 좋은 의견이 있으면 얘기해주어야 합니다. 나도 의견이 있으면 여러분에게 알려줄 것이고, 여러분을 위해 어려움을 해결할 것입니다. 나는 오늘 이런 말로 여러분을 격려하고 간단한 식사를 대접하고자 합니다.

결론적으로 여러분이 중국 항일전쟁에 보태는 의미는 매우 중대합니다. 우리 모두 같이 노력해서 일본 강도를 타도하기만 한다면 중국의 부흥, 조선의 독립, 동아시아의 평화는 동시에 실현할 수 있습니다. 이상!

7) 접적(接敵) 행군기 (제3구대 통신의 첫 회)

『朝鮮義勇隊通訊』第32期 (1940. 2. 1)
민산(民山) 지음/계현(繼賢) 번역

우리 조선의용대의 제1구대 동지들은 형양(衡陽)에서 두 부분으로 나뉘어, 절반의 동지는 화북(華北)으로 떠났고 절반의 동지는 화기애애하게 우리 구대로 혼합 편성되었다. 그리고는 '제3구대' 명의로 1개 분대는 남녕(南寗) 방면으로 가서 대일공작에 임하고, 나머지 대부분의 동지들은 김세일(金世日) 동지의 통솔 하에 강서성으로 와서 공작하고 있다.

강서성으로 오기에 앞서 우리는 형양에서 11월 30일과 12월 1일 이틀간, 화북의 ××군(軍)으로 파견되어 떠나는 장(張)××등 ×명의 동지들과, 남녕 방면으로 파견되어 떠나는 엽(葉)××[엽홍덕(葉鴻德)] 등 ×명의 동지들을 뜨겁게 환송했다. 12월 3일 새벽, 박(朴)구대장과 다른 동지들의 뜨거운 환송 속에 형양과 이별을 고했다. 우리가 형양을 떠나는 순간, 박구대장의 얼굴에는 이별을 아쉬워하는 표정과 기쁨과 안도의 표정이 교차했다. 그는 우리의 앞날에 승리가 있기를 기원했고, 또한 우리가 승리하고 돌아오길 기대하고 있다고 말했다. 박구대장과 함께 우리를 환송하러 나온 동지들이 갑자기 큰소리로 외쳤다. "여러분이 떠날 때는 우리가 환송하지만, 우리가 떠날 때는 누가 우리를 환송해 줄 것인가?" 우리 중의 한 동지가 바로 큰 소리로 답했다. "여러분은 총대장 약산(若山)동지가 와서 환송해 줄 거요."

우리 일행 ××명은 형양을 떠나 정벌(征伐)의 노정(路程)에 올랐으며 우리의 예정 목표를 향해 갔다. 남창(南昌)을 향한 행군인데, 우리가 그쪽으로 행군한다는 것은 적과 가까워진다는 것이고 이는 상당히 멀고도 힘든 여정이었다.

형양에서 기차를 타고 녹구(淥口)에 도착하여 거기서부터는 걸어갔다. 남창이 함락되기 전에는 주주(株州)에서 남창을 거쳐 금화(金華)까지 기차, 자동차 모두 직통으로 갈 수 있었다. 그러나 지금은 철도와 도로 다 파괴되어버렸다. 하지만 이것이 도리어 적의 진군을 막는 가장 좋은 방법이 되었고, 중국군이 수차 작전에서 승리하고 적의 전진을 막아낸 귀한 경험이기도 하다.

우리는 녹구에서 하룻밤을 묵고, 다음날 목적지인 분의(分宜)를 향해 출발했다. 모든 동지가 형양에서 특별 제작한 노란색 배낭을 메고 있었다. 그 외의 공용품과 선전품은 3명의 짐꾼이 분담했다. 우리가 열을 맞춰 녹구 중심가를 향해 걸어갈 때, 중국 군인과 민중들이 모두 우리를 향해 이상하다는 눈빛을 보냈다. "저 사람들 배낭이 특이하다! 저 사람들은 조선의용대다." 라고 낮게 속삭이기도 했다. 그 날 우리는 40리를 걸었고, 이튿날 또 45리를 걸어서 이윽고 예릉(醴陵)에 당도했다. 신참 동지들은 과거에 행군을 해본 적이 없기 때문에, 연이틀 걷고 나니 발에 물집이 생겼다. 우리는 예릉에서 하루 머무르기로 하고, 쉬면서 선전공작도 할 계획을 세웠다. 그래서 예릉 서쪽의 중심가에서 중한 두 민족의 연합에 관하여 큰 글씨로 쓴 표어를 만들었다. 신입 동지들은 쉬는 시간에 중국어를 조금 배우기도 했다.

예릉에서 평향(萍鄉)까지는 이틀이면 도착한다. 이 두 현(縣)의 중간, 즉 호남성(湖南省)과 강서성의 경계 지역은 험준한 산이 이어지고 산봉우리가 첩첩이 겹쳐있어서 굉장히 복잡한 산악지대이다. 가는 길의 산수 풍광이 뛰어나고 물산이 풍요로웠다. 동지들은 이런 아름다운 풍경을 보고는 이구동성으로 조선에 온 것 같다면서 자기도 모르게 추억에 빠져들어 사랑스런 고국의 위대한 산하를 걷고 있는 듯하였다.

평향에 도착하자 삼민주의청년단이 먼저 환영의 뜻을 표하였고, 이어서 평향현 정부와 각 기관의 대표가 찾아와 성대한 환영회를 열어주었다. 우리의 도착 전에 이미 신문보도가 있었으므로, 현지 기관의 공무원이나 민중들은 이미 조선의용대라는 이름을 잘 알고 있었다. 그들은 조선혁명에 대해 무한한 관심과 동정심을 품고 있었으며, 우리에게 많은 질문을 하였다. 우리는 환영석상에서 그들이 궁금해마지 않는 많은 문제들—조선혁명운동, 우리 조선의용대의 공작개황, 일본 침략자들의 음모와 약점 등—에 대해 보고하였다. 그날 저녁에 삼민주의청년단과 우리 전체 동지들은 중한 두 민족의 연합항일에 깊은 의미가 있을 친목모임을 가졌다.

평향을 떠나 계속 전진하여, 3일 걸려 의춘(宜春)에 도착했다. 녹구에서 걷기 시작해 여기까지 일주일째다. 매일 45리가량을 걸었으며, 그날그날의 잘 곳이나 볏짚 등은 향(鄕) 사무소에서 준비해주었다. 이것은 전투지역 민중들의 군대에 대한 서비스와 같은 것이다. 그들의 따뜻한 정성에 우리는 무한한 감사와 송구함을 느꼈다. 우리 동지들은 매일 저녁, 어떤 이는 독서하고, 어떤 이는 일기를 쓰고, 또 어떤 이는 중국어 공부를 하는 등, 모두가 단 1분도 허투루 쓰지 않았다. 식사 담당 동지도 비록 극도로 피곤하긴 하지만 절대로 학습을 희생하지 않았다. 의춘에서 분의로 가는 길에 작은 하천이 흐르고 있어서, 우리는 결국 걷지 않고 작은 배를 타고 이동하였다. 그로써 이틀 동안의 피로가 완전히 가셨다.

형양에서 여기까지 꼬박 열흘이 걸렸다. 우리는 매일 상술(上述)한대로의 생활을 해왔다. 오늘은 목적지에 도착하여, 바로 제××[19]집단군 사령부로 가서 도착보고를 했다. 마침 우리의 왕(王)××[일서(逸署), 즉 김홍일(金弘一)] 동지가 그곳의 고급참모로 재임 중이었다. 왕동지와 우리 대부분 동지는 스승과 학생의 인연이 있었으므로,[30] 그는 우리에 대해 가장 잘 알

---

30) [역주] 조선의용대 창설 때 대원이 된 83명의 청년들이 1937년 12월부터 이듬해 5월까지 강서성 성자현과 호북성 강릉현의 중국중앙육군군관학교 성자분교 특별훈련반에서 제6기생이 되어 교육받을 때 중국군 상교(上校) 계급의 김홍일이 학생감독관 겸 전술학 교관이었다.

고 있는 만치 우리를 열렬히 환영해 주었다. 우리 동지들을 따뜻이 보살펴 주고 공작활동에 대한 귀한 의견도 많이 주었다. ××집단군 총사령은 우리를 많이 격려해 주었고, 조선인에 대해 특별히 좋은 인상을 갖고 있으면서 우리에게도 큰 기대를 품고 있었다. 기념주간에 그는 특별히 우리를 수천 명의 군민(軍民)들에게 소개하고, 우리에게 환영을 표하는 경례를 하라고 시켰다.

이 외에도 우리는 그 집단군의 '노동부녀복무단(勞動婦女服務團)'의 뜨거운 환영도 받았다. 이 '노동부녀복무단'은 중국의 유명한 여성 후란치(胡蘭畦)가 이끌고 있었다. 상해(上海) 전투에서 벌써 그녀들은 항전공작에 참가하여, 지금까지 2년여의 영광스런 참전 역사를 가지고 있었다. 비록 여자의 몸이지만 체격, 정신, 공작 어느 것 하나 남자 못지않았다. 단원 중의 일부 여성동지는 과거 유격간부훈련반에서[31] 김세일 동지와 같이 배웠기 때문에 우리에게 특별히 친근하게 대했다. 그 외에도 우리는 집단군 정치대(政治隊)와 ××군관 훈련반의 환영을 받았다. 우리가 이런 환영과 대접을 받을 때마다 우리가 맡은 책임의 중대함을 더욱더 느낀다.

××집단군 사령부에서 1주일 동안의 수속을 마치고 우리는 11일에 다시 적과의 근접 방향으로 전진하였다. 목표는 봉신(奉新) 방면의 ××군 사령부였다. 집단군 사령부를 떠난 후 6일 간 300리 길을 걸어 마침내 두 번째의 목적지에 도착하였다. 도중에 많은 포로와 전리품을 보았다. 일본군 포로와의 간단한 대화로, 적군의 전쟁혐오 정서가 이미 보편화해 있다는 것과 적국 내 인민생활이 날로 궁핍해 지고 있음을 알게 되었다. 도중에 우리는 적에게 한 차례 점령당한 적이 있는 마을의 참상을 목격하였다. 대부분의 가옥은 초토화되었고, 몇 채 남은 가옥의 창문은 다 없어졌으며, 담장에

---

31) [역주] 중국국민당 삼민주의역행사(통칭 '남의사')가 강서성 성자현에 설립하여 운영했던 간부양성소를 말한다.

는 거의 구멍이 나 있었다. 알고 보니 창문은 밥 짓는 불쏘시개로 쓰였고, 담장의 구멍은 경비를 위해 파둔 것이었다. 담배꽁초(일본식, 작은 담배파이프가 달린)와 작은 솥이 사방에 널브러져 있었다. 그 바깥쪽의 풀밭에는 새 무덤들이 많이 있었는데, 어떤 무덤에는 백골이 밖에 드러나 있었다. 이 모든 것이 잔혹한 적들이 남기고 간 것이다. 적은 잔인 난폭한 수단으로만 중국민중을 대할 줄 알았지, 그들의 운명이 이 민중들의 손에 장악되어 있음은 모른다.

우리 사령부와 적과의 거리는 불과 20여리 정도 밖에 되지 않아서 총포소리가 또렷하게 들렸다. 그러나 이곳에 벌써 많은 민중이 돌아와, 처량한 거리 중심에 행인이 많이 늘었고 번화한 생기가 돌기 시작했다. 알고 보니 중국군이 승리하여, 패주하는 적의 뒤를 쫓고 있었다.

군 사령부에 도착한 이튿날, 제1·제2 분대가 ××사단과 ××사단에 각각 도착했음을 알려왔다. 당일 저녁에 사단 전화를 받았는데 1분대라고 하였다. 일부 동지는 벌써 적 부대 습격전에 참가하였다고 하였다.

"나는 중경을 출발하여 비행기 3시간, 기차 12시간, 배 5시간을 탔고, 또 이틀간 육로를 걸어 드디어 이곳에 도착했습니다. 그러나 여전히 중국의 한 모퉁이를 벗어나지 못했지요. 만약 유럽이었다면 벌써 몇 나라를 지났을 것인데, 중국은 정말 너무도 큽니다." 이것은 장사대첩(長沙大捷)의 현장을 돌아본 한 외국기자의 말이다. 이 말을 듣고서 우리의 노정을 돌이켜보니, "중국은 정말 크다"고 절로 외치게 되었다.

8) 도적떼 일본이 꾀하는 조선민족 통치의 새로운 술책
   – 괴상한 법령 2개를 평(評)함

『朝鮮義勇隊通訊』第35期 (1940. 6. 15)
양민산(楊民山)

최근 조선 국내의 조선어 신문에 따르면, 도적떼 일본은 2개의 괴상한 법령을 발표하였다. 하나는 '창씨개명령'이고, 다른 하나는 '예방구금령'이다. 그들의 해석에 따르면, 전자의 법령에 따라 조선인은 앞으로 법률의 승인 하에 조선 성과 이름을 일본식 성과 이름으로 바꾸든지 새로 만들어야 한다. 그리고 후자의 법령에 따라서 조선인은 앞으로 현행범이든 아니든 간에 사상이 불온하다고 여겨지기만 하면 무기한 감옥에 갇힐 수 있다. '창씨개명령'의 목적은 조선인의 민족의식을 말살시키는 것이고, '예방구금령'의 목적은 조선인의 혁명운동을 방지하자는 것이다. 적은 이 법령으로 그들의 후안무치와 야만을 다시 드러냈다.

도적떼 일본은 조선민족이 자기들 심중의 우환임을 진작 간파한 터라, 줄곧 공포정책을 써서 조선민족의 혁명운동을 극도로 탄압하는 한편으로 동화정책을 펴서 조선인의 민족의식을 뿌리째 말살하려들었다. 도적 일본이 조선을 집어삼킨 후 지금까지 이 정책을 단 하루도 포기한 적이 없다. 그들의 술책이 어떻게 바뀌든 간에 그 실제 내용은 조금도 변하지 않는다. 다시 말해 이 정책의 목적은 조선인들을 영원히 노예로 엎드리게 하고 착취와 사역(使役)을 더욱 강화하려는 것이다.

도적 일본이 조선을 병탄한 후 10년간—1910년 '합병'일에서 1919년 3·1운동까지— 조선에 대한 일본의 통치정책은 '공포'가 '동화'보다 중시되었다. 이것이 바로 데라우치(寺內) 총독의 '무단정치(武斷政治)'였다. 이 시기에는

290 해산 김정묵과 가문의 독립운동

헌병이 모든 것을 통치하면서 멋대로 능욕하고 짓밟고 체포하고 대량학살을 자행하였다. 3·1운동 후 9·18 만주사변까지, 즉 1919년에서 1931년까지 시기의 정책은 '동화'가 '공포'보다 중시되었다. 바로 사이토(齋藤) 총독의 '문화정치'로, 이 시기에는 헌병정치를 취소하고 언론·출판·결사·집회 등에서 조선인의 작은 자유가 허용되었다. 9·18에서 지금까지 시기의 통치정책은 '공포'와 '동화' 병행이었다. 9·18사변 후 일본 침략자들은 소위 '사상범보호관찰법'(사상범의 거주·통신 및 일체의 행동을 제한하는 법령)이라는 것을 반포 시행하여 수많은 혁명가들을 감시하고, 아울러 수많은 민족반역자 조직과 각종 반동단체(시중회[時中會], 대동민우회[大同民友會] 등과 같은) 식의 투항을 유도하면서 '일본의 덕정(德政)'을 선전하였다.

도적떼 일본이 전면적인 중국침략 전쟁(7·7사변)을 일으킨 후 조선은 일본의 중국내 작전을 위한 유일의 병참기지가 되어버렸다. 이에 도적 일본은 조선통치를 공고히 하는 것이 절대적으로 중요하다고 여기어, 한편으로는 경찰 인원을 증원하고 빈틈없는 밀정(密偵) 망을 조직하여 조선혁명을 막았다. 그리고 다른 한편으로는 '내선일치(內鮮一致)'(內는 내지 즉 일본을 가리킴) 구호를 내걸고 조선민족을 그들의 전쟁에 이용하려들었다.

'내선일치' 구호를 내건 후 도적 일본은 자기들 내지인에게 조선인을 '반도인(半島人)'으로 부르라고 명하였다. 또 '일시동일(一視同一)'[일시동인(一視同仁)의 오기임]을 내보여주려고 '보통학교'와 '고등보통학교'를 각각 '소학교' '중학교'로 개명했다. (과거 조선의 교육은 특수한 '노예화 교육'이라고 여겨졌기 때문에 '보통학교'와 '고등보통학교'라는 명칭이 채택되었다.) 일본은 또 똑같은 '황국신민(皇國臣民)'으로 간주한다는 것을 나타내기 위해 '정신총동원연맹'을 결성하고 도처에 도량(道場) 시설(공공집회소 및 국기게양대)을 두어 조선인민들에게 '궁성요배(宮城遙拜)'(일본 황궁을 향해 절하는 것)와 '국민선서' 암송을 강요했다. 도적 일본의 소위 '내선일치'와 '일시동인' 정책이 조선민족에게 가져다준 것은 정치와 교육면에서의 평등이 결코 아니라(일본인들이 누리는 그 민주적 권리가 속임수임은 물론이거니와 의무교육도 없다), 각종 전쟁 부담 면에서의 평등이었다. 조선민족은 도적 일본의 감언이설에 절대 속지 않을 것이며, 그들의 무력에 굴복하지도 않을 것이다. 조선민족은 시종일관 강한 반항으로 그 야만적이고 기만적인 정책에 대응해왔다.

이로써 도적 일본이 최근 발표한 '창씨개명령'은 조금의 성과도 거두지 못할 것이라고 단언할 수 있다. 조선인민의 대다수는 일반적으로 아직도 봉건사상—이는 유가의식(儒家意識)임—을 가지고 있어서 종친과 조상 섬김의 관념이 매우 강하다. 그러므로 창씨개명은 가문의 수치이고 큰 불효이며 사람이 할 짓이 아니라고 여긴다. 이 법령은 조선인민의 비웃음만 사고 일본 침략자들의 아둔함을 드러내는 것일 뿐 아니라, 그들이 조선민족을 동화시키려는 고심을 다시 한 번 나타낸 것이다.

또한 도적 일본의 '예방구금령'도 효과가 없을 것이라고 단언할 수 있다. 이 법령은 도리어 조선혁명가의 비밀기술을 훈련시킬 수 있고, 조선인민의 일본에 대한 증오를 키울 수 있다. 그러므로 조선혁명을 두려워하는 일본의 진상을 다시 한 번 노출한 것이다.

조선민족은 4천년의 문화와 고유 문자, 언어, 풍속, 습관을 가지고 있다. 또한 30년간 반일투쟁을 해왔으며, 영용한 투쟁정신이 있다. 그런 그들에게 일본인이 되라 하고 그들에게 반항하지 말라고 한들 절대 불가능한 일이다. 그러기에 일본이 어떤 술책을 쓸지라도 그것은 죄다 헛수고가 되고 말 것이다.

9) 강서성 북부의 적군이 중·한 민족감정을 이간시키려는 음모

『朝鮮義勇隊通訊』第35期 (1940. 6. 15)
수연(秀延)

　재작년 겨울 한때 남경(南京) 부근에서는 "적병(敵兵) 중의 수염 기른 자는 조선인이고 그들은 방화, 살인, 부녀자 겁탈 등의 악행을 일삼는다."라는 소문이 돌았다. 그런데 지금은 강서성 북부 전방지구의 일부 주민과 군대에도 같은 소문이 퍼지고 있다. 이 소문이 생겨난 근본 원인과 소문의 효과는 절대 단순치가 않다. 그러므로 우리는 이 소문을 그냥 넘겨버려서는 절대 안 된다.

　　여러 방면에서의 우리의 조사에 의하면, 적군 병사 중에 수염 기른 자가 확실히 있지만 그들은 모두 일본인 병사이지 조선인 병사가 아니다. 현재 중국에 와있는 적군 중에 통역원, 기관사 등의 비전투원 조선인이 있기는 하지만, 그들 중에 수염 기르는 이는 없으며 현역병은 아예 없다. 그런데도 적병들은 긴 수염을 가리켜 조선인이라고 떠들어댄다. 그러면 일반 중국민은 조선인을 만나본 적이 없는데다 조선말과 일본말의 차이를 구별도 못하기 때문에 적의 속임수를 알지 못하고 긴 수염은 조선인이라고 아주 쉽게 믿게 되는 것이다.

　　적군 중에서 수염 기르기는 진작 유행이 되어 있었다. 그리고 거기에는 역사적 이유가 있다. 일설에 따르면 갑오년 중일전쟁 당시 일본군인 중에 수염 기른 자는 '대인(大人)'으로 불렸고 러일전쟁 당시에도 마찬가지였다. 그래서 일본군인들 중에서 수염 기르는 풍조가 생겼고 그 후 지금까지 계속되고 있다고 한다.

　　일본인은 일반적으로 중국인과 조선인에 비해 수염이 많다. 현재 중국으로 징병되어 온 적군 병사 중에는 40대가 많다. 적의 군관은 연령대가 비교적 높은데, 이 연령대의 병사와 장교들은 자신을 근사하게 보이게 만드는 수염을 밀어버리고 싶어 하지 않는다. 그래서 적병 중에 수염 기른 자가 많은 것이다.

항일전쟁 이래로 작전 중인 적군은 어느 부대든 간에 방화·살인·약탈·강간의 만행을 저질러왔는데, 수염 기른 자만 그런 것이 아니다. 그런데도 '긴 수염'이라는 표상은 크고 쉽게 주목 받는다. 일반적으로 중국의 나이든 백성들은 그들에 대한 인상이 아주 분명하기 때문에 특히나 그들을 증오한다. 그렇기 때문에도 적들은 긴 수염을 가리켜 조선인이라고 하면서 자신들에 대한 중국민중의 증오를 피하고 한편으로는 중·한 두 민족 간의 감정을 이간질하려 하는 것이다.

일본인 중 나쁜 일을 저지른 자들은 대부분 자신을 조선인이라고 한다. 우리는 지난날 산동(山東)에서 악중(鄂中[호북성 중부])에서 또 산서(山西)에서 이런 '가짜 조선인'을 많이 본 적이 있다. 그러나 이런 속임수는 시간이 지나면 소용없어지고, 민중이 일본 놈들을 증오하는 마음이 이것 때문에 줄어들지도 않는다. 설사 민중이 잠깐 속는다할지라도 누군가가 적발해내기만 한다면 적군의 이러한 후안무치한 행위에 엄청난 증오심을 느끼게 될 것이다.

적은 지금 '정치적 공격'에 역점을 두고 각종 방법을 이용하여 중국 국내의 단결을 파괴하고 중한 두 민족의 감정을 파괴하려고 한다. 적의 수단은 비열하여 가소롭기 그지없지만, 매우 음흉하고 위험하다. 때문에 우리가 각별히 주의하지 않으면 더 새로워지는 술수에 속을 수가 있다.

10) 금하전선(錦河戰線)에서의 대일선전 (제3지대 통신)

『朝鮮義勇隊通訊』第35期 (1940. 6. 15)
양민산(楊民山)

금하(錦河)는 호남성과 강서성 접경지역에서 발원하여 만재(萬載), 상고(上高), 고안(高安) 등의 현(縣)을 지나 공강(贛江)으로 흘러 들어가는 강이다. 이 강의 하류—고우시(高郵市)에서 시 초입까지의 구역—가 바로 적과 아군이 대치하고 있는 전선(戰線)이다. 아군은 남쪽 기슭에, 적은 북쪽 기슭에 진치고 있으면서 강을 사이에 두고 1년 넘게 교전 중인데, 적은 지금까지 강을 한 발자국도 넘어본 적이 없다.

우리 조선의용대 제3구대 동지들은 명령에 따라 ××군(軍)에서 금하를 수비하는 ××군으로 옮겨왔다. ×월 9일 이 강의 전선에 정식 투입되어 적에 대한 선전공작을 개시했다. 이곳은 선전공작을 하기에 더 없이 좋은 지대로, 우리와 적은 강을 사이에 두고 100미터 가량 떨어져있다. 게다가 격렬한 전투도 없어서, 공작하기에는 더할 나위 없이 좋다. 우리는 4개 조로 나뉘어 최전선에 배치되었다. 공작활동의 편의를 위해 통상 짝을 지어서, 어떤 동지는 강변 마을에서, 어떤 동지는 강 언덕의 엄폐부(掩蔽部)에서 기거했는데, 적의 포탄이 수시로 우리 부근에 떨어졌다.

우리는 밤에 공작을 했다. 밤이 되면 고요한 진지는 도처에서 우리들의 함성으로 넘쳐났다. 밤은 우리가 전쟁을 시작하는 때로, 우리의 무기는 양철로 만든 확성기 나발 몇 개가 전부였다.

우리는 첫 2,3일 동안 적에게 연설을 했다. 그러나 좋은 반응을 얻지는 못했다. 어떤 자는 기관총탄과 수류탄을 우리에게 퍼부었다. 어떨 때는 반응이 전혀 없기도 했다. 그러나 우리가 인내심을 가지고 간곡하게 며칠 동안 연이어 얘기를 하니, 그들도 조금씩 우리에게 호감을 보이고 우리의 선전을 받아들였다. 우리가 그들에게 사격중지를 요구하면 사격을 중지하고, 우리가 선전을 다 마친 후 총탄 2발로 '들었다'는 표시를 하라고 하면 그들은 총탄 2발을 쐈다. 손전등을 한번 비춰보라고 시키면 손전등을 비추기도 했다.

2월 23일 오전, 제4공작대의 유(劉)동지가 제2중대장 및 기관총중대장과 함께 고우시의 맞은편 언덕으로 가서 큰소리로 선전을 했다. 유동지는 적병에게 절대로 총을 쏘지 않을 테니 참호 밖으로 나와 얘기하자고 청했다. 그랬더니 과연 2명의 적병이 참호 주변 20미터 근처까지 몸을 드러냈다. 그러나 갑자기 등 뒤에서 고함소리가(아마도 반장인 듯했음) 나자 그들은 놀라서 뛰어갔다. 우리의 선전을 받아들인 적이 있는 적병은 이 정도로 우리를 신임하게 된 것이다.

×월 13일 저녁에 제1공작대의 이(李)동지가 유가도(喩家渡) 마을에서 선전을 하였다. 이동지가 먼저 일본 유행가인 「도쿄(東京) 아가씨」를 부르자 적의 병사들이 듣고 몹시 기뻐했다. 그들은 박수치며 "좋아!"를 외치고 한 곡 더 부르라고 했다. 이동지는 요구에 응해, 고향 생각이 나게끔 하는 노래를 한 곡 더 불렀다. 그리고는 노래를 마치고 이어 말했다. "당신들은 도대체 누구를 위해 처참한 전쟁터에서 이렇게 외롭고 고통스런 생활을 하고 있는가? 지금 봄인데 당신들 나라의 군벌과 재벌들은 마누라와 애들 데리고 벚꽃구경 실컷 하고 있을 텐데 여러분의 아내들은 모두 벚꽃 아래서 눈물이나 흘리고 있지 않겠나!" 그들은 이 말을 듣고 몹시 가슴 아파하는 모습을 보이며 "그런 말 하지 마오"라고 했다. 이동지는 이어 "당신들이 평화롭고 행복한 생활을 하고 싶다면 전쟁에 반대하고 귀국해서 국가를 개조하는 것만이……"라고 했다. 그들은 흥분하여 "옳소! 옳소!"라고 했는데, "옳소"는 중국어로 말했다. 그들은 방금 그 말을 배운 것 같았다.

×월 17일 저녁 --- 달빛이 대지를 비추던 이날 저녁, 제2공작대의 문(文)동지, 박(朴)동지가 3대대 부대대장 및 제8중대장 왕(王)지도원과 함께 금가령(金家嶺) 맞은 편 언덕으로 가서 큰 소리로 선전을 했다. 선전할 때 우리는 가장 간곡한 말로 "절대로 총을 쏘지 않을 테니 참호에서 나와 우리와 대화하자"고 했다. 그들은 완전히 마음을 놓고 20여 명이나 나와서 우리 맞은편에 섰다. 그들 중 한 명이 우리에게 물었다? "일본인이요?" 文동지가 답했다. "나는 일본인이 아니지만 우리 쪽에 일본 동지가 많이 있소. 그들은 침략전쟁을 반대하기 위하여 왔소……. 당신들은 평화를 원하지 않으시오? 고향에 돌아가고 싶지 않소? 당신들이 중국땅에서 물러난다면 평화는 바로 실현되오. 그렇지 않으면 이 전쟁은 끝나지 않아요. 전쟁을 벌써 3년 동안이나 하고 있는데 여러분은 이 전쟁이 싫지 않으시오?" 그 중 한 병사가 말했다. "싫어도 명령이니 따를 수밖에요." 바로 그때 적군 장교가 그들의 말을 가로 막고 그들을 엄폐부로 데리고 들어갔다. 이 사실들은 적병들의 전쟁혐오 정서가 얼마나 보편적이고 심각한지를 증명해주는 것이다. 다른 몇 가지 사실도 적병들이 우리에게 특별한 동정심을 갖고 있었다는 것을 나타낸다. 예를 들면, 총을 쏠 때 하늘을 향해 발포한다든지, 대포를 쏠 때 신관(信管)을 빼놓아 폭발하지 않게 한다든지, 그들과 얘기할 때 "군관이 왔으니 얘기하지 말라"고 우리한테 말해준다든지 하는 것 등등…….

 적에 대한 우리의 선전이 이렇게 좋은 반향을 보이니 일반 중국형제들은 아주 신기해했다. 우리가 강기슭에 도착하면 중국형제들은 앞 다투어 소리 질렀다. "문대장! 임동지! 여기 적이 있으니 빨리 이쪽으로 오시오!" 우리가 그들의 요구에 응하면 그들은 유난히 기뻐했다. 우리는 진지에서 구두선전공작을 하는 것 말고도 야간습격 부대에 참가해 적의 철조망에 가까이 가서 각종 전단지를 철조망 안으로 뿌리기도 했다.

우리의 최대의 목적—적병이 전쟁에 반대하도록 하고 적병을 투항하게 끔 하려는 것—은 아직 이루지 못했지만, 우리는 적병의 가슴에 혁명의 씨 앗을 확실히 심어놓았다. 우리가 심어 놓은 이 씨앗이 반드시 잘 자랄 것임 을 확신한다.

번역; 손경옥(대구한의대학교 교수), 김영범(대구대학교 명예교수)

介紹「三一少年團」和「旅渝朝鮮婦女會」

楊民山

「朝鮮三一少年團」在重慶地方的兒童界裏面亦相當活躍。

「三一少年團」是今年一月間成立的。團員共有十七名，最小的六歲，最大的十五歲，內有三個中學生，大多數是小學生。他們都是朝鮮義勇隊的子弟，個個都聰明活潑，能努力負責，個個都認識他們任務之偉大，都具備着繼承三一革命先烈或他們父們的革命精神的爲民族前途奮鬥到底的決心。

他們的組織是民主集權制，團長和其餘二位幹部都是由他們自己選擊的，團長是金向兩是一個十五歲的女孩子，很能講話並且活動力也很強，擔任應務的是金健玉，擔任訓練的是崔東秀，都很能幹，他們三個人領導着這幫我子諧書，努力工作。

他們付一致決議：（一）利用寒假期間每天上課二小時或請大人們講話。（二）每週開一次團務會議，討論和批評本團的工作。（三）每二週舉行一次茶話會及遠足旅行。（四）認極參加中國兒童的抗戰工作。

這些決議他們都實行起來，遺種言行一致的精神是值得我們感動，每個團員都努於實行這些決議者努力，曾沒有一個團員遠反過。

「三一少年團」開成立大會的時候，他們首先致我們朝鮮義勇隊崇敬和親愛的雄勢信來勉勵我們，這是他們最初的工作。

在重慶的軍委會政治部孩子劇團和七七少年劇團，聽到了我們「三一少年團」成立的消息後，就整隊的來訪問，從這次訪問以後，它們互相認識了，這個訪問是很有感動的。

在重慶市的十一個兒童團體組織一個長期座談會，「三一少年團」也是這個座談會的一分子。其餘十個中國小朋友團體都特別歡迎他們參加。二月間重慶市黨餘青年座談會歡迎附近來渝各青年團體，「三一少年團」也是在歡迎席間有各單位的自我介紹，當該團長金衛葉代表該團致詞時，引起了全場的注意和歡迎。

在舊歷年初，他們最積極的參加了重慶市兒童團體的各種工作。如：許樂大會，得頭宣傳，鄉村工作，慰勞傷兵，節約獻金等，這些處處都表現着我們朝鮮兒童掩護中國抗戰的熱忱。

他們天天在學習，在工作。他們的一切一切，都在發展着，這正象徵着新的朝鮮在成長着。

「朝鮮旅渝婦女會」是前「南京朝鮮婦人會」的後身，於二月間改組成立的。會員共有二十五人，她們的丈夫有的在朝鮮義勇隊裏工作。因爲她們

過去人家都不將我們小孩子放在眼裏，他們以為小孩子是不會做工作的，正因為他們如此看輕我們，我們應當更加努力，把努力得到的成績來證明我們小孩子的力。

現在中國打戰已開始，過正是表現我們力量最好的時候，同志們我們趕快拉起手來吧！我們已在日本統治下生活過，日本的說話我們有一大半是懂得的，所以我們除了普通小朋友應做的事情外，還可到敵人後方去做小間諜

家庭的事情較忙，所以不能終日獻身於革命工作。

該會的主要任務是：（一）後援朝鮮義勇隊，（二）慰勞中國抗戰將士。（三）修養和健全自己。

該會現有三位執行委員張照守女士擔任總務，李蘇元女士擔任宣傳，金則淑女士擔任組織，他們三位在國內時都參加過婦女運動，此外還有兩位候補委員，一位是張秀延，一位是李錦州，她們幫忌後起的新的婦女幹部。

她們的第一次工作是參加重慶市婦女界的獻勤，她們在因難的生活條件中節約下來供獻了所約二十元零五角，這個小小的數目和幾萬元的大歡比較起來，簡直是滄海中一粟，但這表示她們掩護中國抗戰的熱忱而已。這次婦女界的獻金是由蔣夫人直接領導的，總數竟達六十二萬元，打破其他各界獻金的記錄，那一天夫人對該會的獻金表示很滿意。她對該會的代表說：「獻金是表示誠意，數目不在多也」三八那天她們十幾個會員結隊去參加「三八」國際婦女節」，在大會上讓得到全場熱烈的歡迎，會後她們參加遊行，高舉著「中華婦女聯合起來」的旗織。這一天重慶市四五千中國婦女的結隊大遊行，不但充分的表現了抗戰中中國婦女的團結，而且充分的表現落全世界被屈辱的婦女們爭取真正的解放已鐵鏈般緊密的團結起來了。當天我們她們還發表了告「中國婦女同胞書」並寫慰勞信致中國抗戰將士和朝鮮義勇隊。中國第二期抗戰第一官她們主持下開過治變大會，該會的旗幟隊難享不自什麼，得她們也不落後人參加了。現在她們的力量雖然薄弱，但她們的勇氣並不落人，這個勇幟是決定了該會的發展是必然的。

由重慶三月十五日

去！勇敢的踏上征途罷！

為了民族解放與世界和平！

易羣作

偵探他們的軍情，來報告給中國的軍隊知道，你們以為對麼？⋯希望貴國與我們有一個經常的聯繫，不但如此我們更要和世上的小朋友們，取得聯繫。向你們行一個民族解放的敬禮！

台灣少年團致朝鮮「三一」少年團的信

朝鮮少年團同志們：

我們是台灣少年團，前幾天在某種報上讀到你們寫給朝鮮義勇隊的信，使我們台灣少年團的小朋友非常欽佩你們勇敢的精神。

台灣少年團謹上三月二十二日

一通訊一

北美韓人援華會之最近活動情形　民山摘譯

這是北美韓人援華會來函中的一段，是隊長命我摘譯登載於本刊的。

一、本會（即援華會）於去年十一月末，在羅城（Los Angeles）某中國飯館，設筵歡迎中國童子軍代表楊慧敏女士，席間有本會代表的歡迎詞和楊女士的答辭，由楊女士的姿態和演說中充分表現出現代中國女青年的活潑和冒險遂旗獻給八百壯士的英勇。此次聚會的中韓人士共達八十餘人，是旅美韓人數年來罕有之盛會。

二、去年十二月末，在好萊塢電影明星主下，開抵制日貨大集會，衆會羣達六千餘人。我女學生數十人亦參加，她們均荷韓服手執縞旗，進行反日遊行。亦有新進明星安必立（安昌浩先生之長男）的抗日演說。這調遊行和演說給美國人士以深刻的印象。

三、一月十五日夜，在本會主持下，在本市（羅城）公會堂聚一個會，定名爲「韓國夜」，藉此宣傳韓國過去的文化和對於東亞和平的歷史上和地理上的價值，並演以「朝鮮義勇隊」一齣劇

四、本會員數十人參加敵僑遊行（Picket）高舉起「禁運軍用品於日本」的標語。皮開特（上迹宣影明是抵制日貨大會比想來，雖然紫得很有的舉動，過稚的聚會雖然是因第一次而沒有經驗，但是宣傳韓國革命的目的是完全達到了的。這個不能不自認是初次的成功呀。

五、二月一日，國民會（在美韓僑中最龐大而有力之團體——譯者註）舉行創立卅週年紀念大會時，有中國國民黨的代表七八位特地來參加，並致祝詞，詞極誠懇，力主中韓加緊合作打倒暴日。在紐約則已於去年七月間就有過這樣的會合：

女同志們在受訓

楊　民　山

一所西式的詳房矗立在蔚而峯彀青的樹叢中，在那裏聽到處都開滿了各種誘人的花朶，只有鳥兒在那花草中唱着叫着，在那裏聽不到汽車聲也聞不到煤氣味，渺所看見的好像一幅風景圖！……重疊，揚子江，山，塔，村落，樹叢。假若你感到詩興，一字會佩你有一種美感，也許會使你忘掉戰爭的殘酷。

還要是，爲了將發出偉大的革命力量而在受落訓練律的女同志們所住所學的地方，她們在伊見藝天的忙需，工作者，她們並不覺得勞苦只知道快樂，熱烈表現於她們的胸色和臉膛中，這種快樂是人生不可缺少的滋養品，也發是她們走向前途的原動力。

這個訓練班是爲了發命的幹部人村而創辦的，學員共有十一名，年齡最是二十多歲，個個都健康。還向有爲，她們都是跟過弱鮮婦女好的基本會員。負該班的責任的有三位訓練委員，一位是主任，一位擔任工作指導。擔練班還是兩個月。

禮個訓練班黑辦時難免有種種困難務生，但其中最大的婦女中謂一位性情溫和經驗豐富的保姆來指導和監督老媽，但是喂乳仍由孩子自己的母親來帶着睡，所以體例制度可以算作坐兒托所。

開學典禮的那一天，在渝的多數革命同志都來參加了，屈子雖小而又沒有什麼鞏備置，但室內非常鞏齊嚴譜，首先由班主任王志延同志致了簡單的開會詞，他說：「今天你們已經由家庭中跳出來，不論在前方或後方，義勇歐的工作或本箅的工作，都需要你們來參加，前方的工作先不提，只說後方工作吧，假如你們能够代幹此地的男同志上前綫各外地去工作的人數，那麼男同志就可以增加了。……在過去的朝鮮革命女性都是掛牌籍名的，很少見其如你們能够代替此地的男同志工作，個個人的賢妻一個小孩子的良母。

正的革命實踐家，你們受訓以後希望不要作掛名出風頭的人而變做能幹的工作者」繼由金若山同志致了訓詞，他說：「今天在這見開辦婦女訓練班並非新紀元，在全朝鮮也是罕有的舉動。……革命如沒有佔擔人口少數的婦女來參加，苹命勝利起完全不可能的，組織婦女動員婦女是你們特殊的任務，你們要負担運偉大的任務。……過去的革命同志都忽視了婦女在革命運動中的偉大力量和作用，現在本篅的同志也很多犯着同樣的錯誤，還種錯誤觀念正確了解，你們自己努力奮鬥來改善過來！……從此以後你們不但習植地參加一般的工作，還要完成你們婦女特殊任務的努力！」其次山金白淵，尹虹雲，崔友江等革命先輩和婦女代表致了很多勉勵的話，最後由學生代表致了答詞表示她們堅決依照其訓詞而努力。

這個訓練班的教育原則是真正的「知行合一」。上午是學科，下午是工作。學科有黨的風綫，政治常識，國際現勢，朝鮮歷史，戰時工作，婦女問題，圖畫，唱歌。工作有作文翻譯，編輯助理，幼稚生教育，縫紉練習，鉛字工作。工作是分組來做的，每兩個星期更換一次。

她們每天六時起床，晚九時就寢。早晨有三十分鐘的體操，晚上有各種集會成是自修，每個星期規定七次會，一個是座談會，一個是青樂會或娛樂會，都是由學員自己主持的，她們在這些集會上報告着批評着，討論着，鼓勵着，歡唱着，歡樂溶，她們通過這些集會而更加團結更加互助。

她們勿論對于學科，工作，集會都非常感覺趣味，並且很能守紀律，她們都說：「這種生活真有意義呀！怎變以前的一天是那樣短，現在的一天是這樣短，她們都黏發起來了，每天都在登展着，如照這樣一直繼殺下去，她們都能成爲有用的革命幹部人材，我很希望她們不要再做平常的一個女人！一

四月九日開學。

四月廿一日於重慶

朝鮮革命軍事運動之回顧與展望（轉載）

民　山

一、緒言

誰都知道，東方的强盜日本帝國主義，自從明治維新成功，經過中日、俄日兩大戰爭，而獲得勝利，迨使中俄兩國的勢力由朝鮮退出，終將朝鮮做了他的獨佔值民地和侵略大陸的戰略根據地。於是日本帝國主義的基礎始得奠定。朝鮮被日本併吞的時候，朝鮮是否有過正式戰爭？這個問題，是在敘述本論之前，有加以說明的必要。

敵人在併吞朝鮮的過程中所實用的政策就是「以韓制韓」不戰而勝的巧技。但週過政策的最大成功者，卻是世界所共知的伊藤博文。一九〇五年九月，日本便以戰勝國的資格，與俄國締結和約，竟使俄國承認日本在韓國，於同年十一月，伊藤博文叙日本政府特派大使的資格來韓，一面以武力威脅韓庭，一面利誘和收買李完用等賣國賊，所開韓保護條約（註一）於是伊藤自任爲韓國統監，除在重要地點分駐大兵外並收買和指使走狗資國賊，製造許多親日間諜在各地活動。到了一九〇七年七月又勒索七條協約（註二），同時廢退韓皇，以勒命解散軍隊，以徽枪械，以絕後患此後日人更無所顧忌，爲所欲爲，而至一九一〇年八月末經正式戰爭而併吞了朝鮮。

朝鮮軍隊被解散之先，日人藉口節省經裁削裁軍經减少我軍額，故當解散時，在漢城的兵額僅一混成旅，官佐士兵共約一萬人；在各地方者共八個鎮衞大隊，官佐士兵共僅四千三百人。朝鮮國防力之所以如此遭弱，軍隊之所以如此解散，雖然因於敵人之强暴和逼迫，但我們自己的責任，尤不可逃避。

（一）朝鮮久爲朱子派的儒敎文化所薰染，便以消極苟安，尚文偃武爲國家社會的習尚，忽視國防政策，致使軍事力量如此懦弱。

（二）當時朝鮮未經輸入歐美者本主義的近代文明，因而國家意義不普及，政府及人民均不知國防爲現代國家命脈。

（三）李朝末年朝鮮之當權者，多系繼貴斑門之統裔，既無整肅內政之能力，又不明國際情勢，只在被動的地位，儘受敵人之愚弄，以至唯敵人之命是從。

朝鮮革命軍事運動，眞是朝鮮解放之後，或者飲泣歸農，或者悲憤自殺，又有些似戰時賦。鎮綾裹兵，眞是朝鮮義兵的一個來源，也就是朝鮮革命軍事運動的開端。朝鮮革命軍事運動，自從義兵運動開始一直到現在，一誠也未曾間斷，而極與敵人鬬爭。

朝鮮革命軍事運動可分三個階段來說明，即自亡國前後以至一九一九年「三一」運動爲第一階段，自「三一」運動至「九一八」那變爲第二階段，自「九一八」事變至現在爲第三階段。

過去三十年來，朝鮮民族的反日武裝鬬爭，造成了無數次的轟轟烈烈可歌可泣的史蹟，但是因資材料的難於蒐集與篇幅的有限，本文只能介紹一個概要。

二、義兵運動

義兵就是現在所說的義勇軍或民衆游擊隊，這就是民衆本身抗敵自衛的武裝組織。茲將其運動分段別項敍述如下。

一、構成要素　朝鮮民族自從一九〇五年給日本强盜勒締保護條約之以後，均感亡國之迫於眉睫義兵，與慘冠開始武裝鬬爭，這就是義兵運動的民衆基礎。儘管襲紫霄鴼檔林學子，鄉村農民與被解散的軍人帶來新式槍械外，大半都是土槍、獵搶以及刀槍等落後的武器。

二、活動地域及其期間　朝鮮義兵是無訓練的羣衆與落後的武器配合起來的，所以不能與武裝齊備與訓練精良的敵軍比較其作戰力，但能血肉相搏持久作戰，予敵人以重大損失。其作戰區域是普遍全國，作戰期間亦至八年之久，參戰人數不下數十萬，作戰的次數亦至數千回，還不能不視爲朝鮮民族初期革命軍事運動悲壯的流血記錄。

三、主要的領導人物及其戰績

a、權益鉉為國家元老儒林泰斗。當保護約成，就與共門人林秉瓚等料
合同志奮起討賊，為原州鎮衛隊正校。拒絕解散隊伍之命令，轉戰
於忠州原州堤州之間，予日軍以重創。

b、閔肯鎬　為原州鎮衛隊正校。拒絕解散隊伍的命令，轉戰
於忠州原州堤州一帶，予日軍以重創。

c、李殷瓚等諸人。李殷瓚首舉國東義旅，斜合六千餘眾，血戰四十餘次，
斬殺敵兵頗眾。後聯合許蔿等義旅數萬，推李麟榮為大將，率領部隊，
馳驅於京畿江原一帶。後與許蔿計劃攻入京城，一擊而破統監府，撤消勒約，
遂被義兵敗以入京城進。李康秊率湖西義軍首領，當許蔿率殘兵轉戰江原一帶，
攻計劃失敗以後，收拾餘眾轉戰江原一帶，不屈而死。

d、池弘允　係江原鐵嶺鎮副校，見日人勒散我軍就募義旅，擊滅日軍一
中隊。及日軍攻陷江華，弘尤舉部下走海西。密謀再舉，不幸被敵官廳從容
就義。

e、金鷄敏　多力善射百發百中，自製彈藥以用之。率兵二千據長湍，積
聚軍糧與俄交涉，展翅勝提。

g、洪範圖　原係咸鏡道甲山郡獵戶出身，與單尤富等墾義，轉戰於甲山
三水及北青等地，是係天道教主崔水雲之高足，甲午東學黨大革命之領袖。於
國亡前後，偕崔水雲，仝志清三道地方，此迭予敵以重創，至迭放千成萬有名無名之民族英雄於此不
追之熱，尤可令人讚歎。信因武器之粗劣，經濟力之單薄，以及民眾訓練
之熟，一敗塗地隨措置悉煙消雲散，乃為弱體民族精神之堅決之表示，其犧牲精神
困難，乃為陷於失敗，當本堅歎。

h、李範龍慕應産　起義於黃海道平山，活躍於京義線鷄井及禮成江沿岸
各地，迭奏奇功。

鮮獨立軍終於在滿洲東三省成立。
但此所謂獨立軍係洪範圖金佐鎮名詞。組織既不一
地方初期之旅勇與現在華北一帶之游擊隊一般，此等朝鮮獨立軍在「三一」運動
一逐漸當時，約達五千餘人，活動於吉林省延吉道一帶及朝鮮國境一帶。其
主要領袖係洪範圖與金佐鎮等。

洪範圖金佐鎮領兵下之朝鮮獨立軍，在間島及國境一帶時與敵人接觸，
屢獲勝利。尤在青山里一戰，更予敵軍以重大的挫折。青山里是澄宙和龍
縣山地，我金佐鎮部隊在此被敵包圍，常時我軍以勇敢敏捷之行動脫離移動
但敵人偵不知我早已走，竟至目相衝擊，而我軍從彼狂圖襲擊，殺敵千餘，
獲敵利品甚多。此即預行有名之背山里戰役。先是敵人襲於「三一」運動，朝
鮮全民族反日最學之熟烈，始覺朝鮮民族武裝精神之堅決，故而將鏟除將來
之後患起見，決以武力解決在東三省之朝鮮獨立軍，途於一九二〇年八月，
派大兵圍攻我獨立軍，沿道虹泄橫獨立軍，但因背不敵眾，又無後援，逢
意外之挫折。我軍英勇抗戰，爭取公前勝利，但經青山里一戰，反受
退入俄境。

李古狂與東振金東三等以遼甯東邊道一帶為根據地，在統義府（以甯滿等
根據之朝鮮革命軍救橃圖）領導下編練軍隊六中隊（每中隊約五六十名）繼
洪範圖金佐鎮尊之後而重興舊業。後來統義府擴大其範圍組而改稱為新義府
一九二四年）軍隊又逐漸擴充，與當地農胞打成一片，散佈於國境一帶，不
斷的作游擊戰。此項事變至「九一八」事變前後南滿朝鮮革命活動愈加活躍，稱
為朝鮮革命軍。存在南滿鐵道沿線及國境一帶猛烈活動，屢建奇功。此外又有韓國獨立軍以北滿為活
動中心，在「九一八」事變生後即與中東路護路軍義勇隊相結一起，繼續
英勇抗戰。

三、「三一」運動以後之軍事運動

朝鮮民族仕國亡前後，不堪受日人之壓廹，粉粉往中國東三省移住者甚
多，又因日本施行移民政策仙被移住者尤多，故至一九一九年「三一」運動

當時，中國東三省之朝鮮僑民不下六七十萬，而與原朝鮮樂之吉林遼甯二省
常多。朝鮮志士及義兵諸袖亦多至東三省，組織韓族會等自治團體；倜
辦新興學校、發成革命幹部入材，並施以軍事訓練，又儲集資金，購備武器
。經數年之苦心經營，至於一九一九年，即「三一」暴動發生的一年，正如東北

註：1、保護條約係在一九〇五年，由敵魁伊藤博文與賣國賊李完用所訂者
，共僅五條，朝鮮因此約而完全喪失外交的自由，而日本特設統監府於朝鮮
，以監視朝鮮政府之一切對外行動。

註三、七絛協約係於一九〇七年七月十四日，亦由伊籐博文與李完用訂立
者共爲七絛。因以日本統監便能干涉朝鮮內之行政。而日本人可待爲朝鮮之
首吏，但不准聘用其他外國人。

四、「九一八」事變以後之軍事運動

「九一八」以後至現在這一階段的朝鮮革命軍事運動的主要特徵是：（一）
與中國東北義勇軍聯成一片共同抗日。原遼寗東邊道一帶活動之朝鮮革命者
，前後與該地中國義勇軍唐聚五，王鳳閣，楊靖宇等部協同作戰。現在東邊
道一帶活動之韓國獨立軍（以李靑天爲司令，人數約百餘，活動期間爲「九
一八」即前後之恐怖行動，現已不存）背與當時該地義勇軍吳義成等部合作，此
外還有許多朝鮮武裝同志和中國抗日戰士合組抗日聯軍與日寇鬥爭。（二）質
量亦有發展。「九一八」以前在滿之朝鮮武裝同志係有三四百人，但現在
已增加到一萬餘人。而其素質及戰鬥力亦大大提高。「九一八」以前的戰門是
以後活動擴大到東北其他各地方（即指韓僑居住之他方）而以前的戰鬥是
多屬於小組的運用游擊戰術，但現在已能充分的運用一階段和前一階段的集
我們可以知道這一階段和前一階段的集軍事運動了，是已經常且進步
了。茲在下面分述這一段軍事運動的一般情形。

（一）朝鮮革命軍之繼續苦鬥
朝鮮革命軍就走在東北之韓人軍政機關正義府軍隊之後身，是「九一八」
以後改稱的。當時以梁瑞鳳爲司令，人數約五百名。唐聚五失敗以後，韓
軍總司令的時候，她抵任過一種別動隊的任務。唐聚五任退留滿之韓地
（指東北沒道一帶）義勇軍王鳳閣，鄧鐵梅，楊靖宇等部取得連絡協同抗日
，現在以金活石爲司令，和抗日聯軍第一軍取最密切的合作糾纜抗日
這一軍的戰門力是非常的強，不但她的友軍都佩服她，而且該地的民衆都
愛護她。無論那一次的大小戰鬥，她都給給敵人以很大的打擊而她自己却沒得
什麼損失。（該軍之戰門情形多載於朝鮮新聞，現在材料不備不能詳述）

（二）抗日聯軍中朝鮮戰士之英勇奮鬥
「九一八」事變以後，在滿之許多朝鮮革命同志基於中韓兩民族之敵人完

全相同，又樹立朝鮮軍隊之獨立旗幟不容易發展（共原因一）爲維持中韓民
族之大團結不能向擴大的中國民衆征募軍餉，（二、韓僑有限不能擴充部隊）
遂與中國的抗日戰士大團結中韓聯軍形式之抗日聯軍（初期反日游擊隊成人民
革命軍後有變更，共本訂完全相同）堅持抗日到底。第三軍體係
志部都有很好力的的朝鮮部同志。

抗日聯軍第二軍的基礎是一九三二年在逐留盤石縣吉昌子中當地民衆成立
的反日游擊隊。當時成立的時候有五分之三是朝鮮人，五分之二是中國人。
在幾年之內由小的游擊隊擴大到幾千人的抗日聯軍第一軍了，隨
著該軍之迅速發展，韓人在該軍的部隊中最有力的部隊已超過三
千人。這一支隊任成了抗日聯軍中最有力的部隊。在第二軍內朝鮮隊伍已超過三
千人。

抗日聯軍第一軍的基礎是一九三二年在逐留盤石縣吉昌子中當地民衆成立
的反日游擊隊。當時成立的時候有五分之三是朝鮮人，五分之二是中國人。
在幾年之內由小的游擊隊擴大到幾千人的抗日聯軍第一軍了，隨
著該軍之迅速發展，韓人在該軍的多牟在其中所佔的比例是很快的低落了，而且該軍
的多牟在其中所佔的比例（佔軍幹部中的牟數）多年來直接間接領着該軍間常在
朝鮮國境之內進行着反日血戰中，韓部
在中東路之一帶朝鮮之同志在初創該軍游基礎的時候，朝
鮮同志也佔有牟數，該軍創造者和該軍韓人幹部當中許多人在多年間英勇抗
日血戰中，壯烈的犧牲生命。山河其我們足可以看出我朝鮮民族肯爲革命
正義而犧牲生命的民族精神。

五、過去中蘇兩國之對我軍事援助

中蘇兩國顯在地理上與我朝鮮河相接，在歷史上亦與我關係敏深。且中蘇
兩國都是一個强國家，她們的抗日與對侵略的維護正義，某以扶助前小民族遭其
國策，所以中蘇兩國對我的同情和援助是不但出於自身的利害立助，而且基於
人類的同情心。茲在下面路述屬於中蘇兩國對我援助中之事事部分：

（一）中國方面
中國民族領袖
蔣介石先生長黃埔軍校（後改爲中央軍校）以後，收容大
批朝鮮革命者，前後總數達到了朝鮮軍幹部十人共期二百餘人之多。
（黃埔軍校時以四期爲最多，中央軍校時以十期洛陽分校爲最多）。
「九一八」事變以後，開朝鮮朝鮮革命幹部學校前後三期共養成了軍事幹部

敬告在華朝鮮青年幾句話

抗日留學對於中華民族是一次難苦痛的經鍊，同時是設強有力的錘鍊，誰曾飽經戰火的指錘，誰曾同友軍戰線的方向走去了。在抗戰的過程中，中國的一切，已經和抗戰緊結着的聯繫着一起。使戰線不堪回首。中國抗戰的力量輝耀的姿態着。

自從盧溝橋事變和內部變件，面從出兵伐日，朝鮮民族解放運動，也更進一步走到了明的路程。富於滿腔熱忱和中國抗戰，而接合加中國抗戰一的口號。於是不但中國需在那開派，都在這個口號下努力，能飛過相當長的時期，能樹立了『朝鮮民族戰線聯盟』第一次『朝鮮義勇隊』。這兩苦難的朝鮮在祖民族武裝隊伍過程中已經完了的態度工程。相信我們要在遙基礎上開仍須請努力下去，總有一天曾連到我們的困境。

朝鮮義勇隊，已踏上了的軌道。他們在前線，起苦奮鬥者，站至最近已深入敵軍的後方。展開廣泛的遊擊戰，獲得了不少的成績，猶中我們不能不深感。

親愛的青年同志們！我們存偉大的中國抗戰當中，民族鬥爭清沽者的雅生，正其在中國抗戰中，都是爲祖國的獨立和解放的奮鬥清沽的所有力量，同志們！你們的活動是畢生勳勉。密帝國主義者的有形力量，嚴飛怒潮和中國抗戰配合，我們應高尾揭堅誠『祖國解放鬥爭，旦指會加中國抗戰』口號下，在前線中活抗戰！只有朝鮮勇敢才能與祖國密切恰問題。

六，今後軍事運動之展望

自從中國遭受列空前未有的武裝侵略，在蔣介石先生『抗戰到底爭取最後勝利』之決心及共領導之下，全國上下團結一致，進行了廿多個月的英勇抗戰，已迫入到轉敗爲勝的新階段，相反的日冠已漸漸步入崩潰之途。

這些形勢無疑的是對弱小民族之解放運動極有利。朝鮮民族由此生死最後關頭，唯有自由生存而戰的一條路可走，而此生存的關爭一定是激烈的且是武裝的。因爲朝鮮民族由於過去『三一』運動的慘痛經驗，在滿洲建立之朝鮮武裝隊伍之基礎，今後中蘇兩國無論同情與熱烈援助，對弱小民族解放鬥爭迫必然的趨勢，以後敵人兵力用於朝鮮民族生存鬥爭面前的（日冠近佔朝鮮民族故至今尚不敢佔備兵）他們一定會掠過槍自殺死恨入骨髓的弱小民族生存而戰。

朝鮮的抗日軍事運動，在將來中蘇兩國共同抗日（第者以爲日戰爭是不可避免的）的戰爭方面，無論扣朝鮮武裝實力之高低，即中蘇兩國對主力戰的補助戰，而在朝鮮解放運動上是驅達日冠完成其長的戰。

朝鮮革命軍事運動在國內國際上的意義是大體如上，但以我們自己力量徹底打倒日本帝國主義是一樣。正如同朝鮮民族堅持艱苦鬥爭的長期抗戰一樣，因爲打倒日本帝國主義的長期抗戰，所以今日我民族合作上，獨有的武機。同志們！來吧！朝鮮義勇隊正熱烈歡迎你們來參加我們的偉大團結完成此歷史使命而共同進！

────一（月）

從重慶到桂林以後的感想

張秀延

羅總司令尤青對第一區隊同志的訓話

楊民山

我們第一區隊這次奉命來到江西××集團軍工作，羅總司令當即召見我們並加以勉勵和指示，可是我們沒有會速記的人未能把當時的訓話全都記錄下來。我現在特羅總司令的訓話以憑着記憶而追記其主要內容介紹給我們「朝鮮義勇隊通訊」的讀者。
──楊民山，十二月十七日──

各位同志：

你們朝鮮義勇隊第一區隊的同志們奉命令到本集團軍來工作，本人首先向諸位表示歡迎。

我們的敵人首先是日本帝國主義的野心是非常兇惡的，她想滅亡，我們東亞的各文明國家。她的手段父殘暴無比，屠殺，姦淫，擄掠無所不爲，這是舉世所共知的。日本強盜首先併吞朝鮮，繼之又侵略中國，她發動對中國的侵略戰爭已經是兩年半了。她本來是想很快地征服中國，但我們中國的堅強抵抗使她不得不跟着我們進行持久戰爭，這兩年半的戰爭使日本的國力大大地削弱了。我們再繼續打下去，她一定是要敗的。中國是愈打愈強，日本愈打愈弱。在戰爭中國的國際地位是已經大大提高，日本的國際地位是大大降低。我們中國所得到的世界上的同情援助是一天天增大，而敵人最爲陷於孤立，這種事實都很清楚地看到，而已爲全世界所共認的。敵人的企圖完全失敗了，中華民族是一定能夠勝利的。只要中國勝利朝鮮民族也一定可以獨立，因此你們朝鮮的志士都熱烈地參加中國抗戰。

我知消朝鮮民族是一個文明的民族，她和中國是兄弟之邦，中韓兩國在歷史上都有過最密切的關係。但是朝鮮不幸先被日本強盜弄去了，從此中國也失了屏臂。朝鮮民族自從亡國以後有無數的革命志士爲光復祖國而奮鬥，安重根烈士是可以說一位代表。你們諸位朝鮮的革命同志任今天參加中國抗戰也是承繼着你們先烈精神的。過去也有很多的朝鮮同志參加過中國的革命，北伐時代有很多的同志參加作戰而竟至於犧牲，過去在我的部下也有你們朝鮮同志，由連排長以至到旅長都有過，她們都很努力，個個朝鮮青年不能夠在你們祖國的熱忱。因爲你們這樣地趕走日本強盜，所以到中國來幫助中國，力量有限不能單獨地趕走日本強盜。我們中國也向來使中國強盛起來，來一同打倒共同的敵人。

一貫地同情你們，我們的領袖，將委員長在黃埔軍校的時候，就敬容你們的學生教育他們，只就這點也足以知道我們中國如何可和同情你們的。我們中韓一切的敵人是日本強盜，只要日本強盜被打倒，中國也可以復興，朝鮮也可以獨立。我想，你們參加中國抗戰的意義就在過裡。

你們朝鮮義勇隊分派在各戰區工作，給中國抗戰增加了不少力量。你們第一區隊奉命到本集團軍來工作，我是很歡迎的，你們到軍部去，軍長也像我一樣地歡迎你們師長團長，前線的武裝同志也一樣地歡迎你們，你們過去對於對敵宣傳有很好的成績和經驗，現在前線很需要你們去工作。我總說你們諸位當中有半數是軍校畢業的同志，其餘同志是最近才脫離敵人的威迫，曾什軍校畢業的同志們，你們要按着平時所學習的，按着過去的工作經驗繼續努力，新來的同志，將你們所知道的敵人弱點

都貢獻出來。我相信你們諸位一定要本着上部給你們的指示，要本着菜來所抱負的志向努力下去的。

我本人希望諸位的：是到前線後要同部隊的官兵要密切的連繫起來，你們若是沒有和他們取得密切的協同，你們的工作簡直無法進行的。前線部隊的官兵是一定會幫助使你們達到任務的。你們諸位過一次要到前線去，你們要在敵人的前方，在敵人的後方，在敵人的左右，必須不脫離敵人的周圍，始終圍繞着敵人，來助搖敵人瓦解敵人破壞敵人。你們

這樣地做下去，敵人所受的打擊是很大的。

你們諸位既然來到本集團軍來工作，我本人是要負責的。所以你們有什麼困難，有什麼好的意見，都要提出來，我有意見也會告訴你們，又可以替你們解決困難，我今天就以這些話來勉勵大家，我還預備了便飯來招待大家。

總之，你們添加中國抗戰的意義很重大，只要我們大家一同努力。打倒日本強盜，那末，中國的復興，朝鮮的獨立，東亞的和平同時可以實現的。完了。

一九三九年日本之泥脚

崔海亭

的鬥士。這不是一掉謬斷，過去在華北各地稜遊說隊伍來的

朝鮮同胞，現在已經很多萬的參加了本隊工作，而且最近在新鄉附近被捕的敵三十五師團××聯隊通譯員向敵地芙機翻翠逃送至本隊，可是路機翻不見，結果乘模逃走了。

因此啓發朝鮮民族的覺醒與自尊心，就成爲動員華北朝鮮民族工作最當前的主要任務。日本侵略者已經爲了這個任務之實現。打下了穩鞏的基礎。問題就在於我們只要好好配合華北抗戰與抗敵部隊，只抱著自信心，堅忍下去，因此我們需要百倍的努力來，勤員朝鮮移民（農民）與旅軍略整理朝鮮民衆，整備偉大的挑治！

第三、華北工作不僅存在協助幕北抗戰與動員旅朝鮮同胞，間且還有去動員幕內和東北朝鮮民衆的作用。中國到東北時幕進行這穩反攻恢復東北失地時，我們的華北工作正在中國抗戰上佔有重要的地位。

第一、鞏固華北工作同志上，各蒸派隨彼此的沒有統一的認識，因而首不思遣軍大的任務。這卷不統一的業現，當然妨礙々共同反目的早學敢石々動的。因此我們必要在政治上完成統一，尤其是在幕北工作上，採取積極的統一典協的的行動。

為二、今後要建立武裝起託。在華北朝鮮民衆基礎上發

第二、華北工作是長期的錄音的事業，我們必須要有艱苦奮鬥的決心，適當的配合優秀的幹部。

第四、加強文字的宣傳工作，特別為加緊關於朝鮮同胞的宣傳工作，在幕北必須要出版定期刊物外，尚要各種形式的傳導如壁間與，實直惶

最後我們要根據這環情況去利用有利的條件，以戰勝困難的條件，同胞雖或可以戰勝的，而北工作在這樣的情形之下，是可以轟大發膨與堅待起來的，抗戰以來，我們進一次在平漢線上被役一些敵或績，希望大家好來檢討一下。我這裏所說的只是很簡單的了解，準備是一個初步的而且不周全的意見呢？

那末，目前我們應怎樣克服困難呢？

（完）

接敵行軍記（第三區隊通訊之一）

民山作
繼賢譯

我們朝鮮義勇隊第一區隊的同志們在衡陽分成了兩部份，其中半數的同志開往華北，餘半敵的同志則和行委加本隊的同志們混編，以第三區隊的名義，派一分隊往南寧方面工作，餘下的大部份同

志，内金世日同志率領來江西工作。在十一月三十日和十二月一日兩天，我們來江西的同志們，曾開了熱烈的歡送派往華北參加××軍的張××等×個同志，和淚往南寧万面去的葉×××等

×個同志，在十二月三日的早晨，我們在即將離別的樣區隊長和其他個同志們的歡送之下，告別了衡陽，當我們離衡別的樣子同時又湧現着欣慰的長情，他

祝我們勝利的前去。他也在期待着我們勝利的歸來，相較區長同來歡送我們的同志們慾然喊心來說：「你們走，都有人歡送，我們走又有誰歡送呢？」我們當中的一位同志立刻高答着：「你們等總隊長若山同志來歡送吧！」

我們一行×××人離開了衡陽，立踏上了征途，向着我們預定目標——南昌方而行進，我們向南昌方面行進就是向着敵人接近，這是一個相當遠而又相當艱苦的路程啊！

由衡陽乘火車到淥口由淥口即改為步行，在南昌失守前，由株州經南昌金華火車都可以直通，現在鐵路公路皆已破壞，但這却是阻止敵人前進的最好方法，也是中國軍歷次作戰獲勝的抵禦敵人前進的寶貴經驗。

我們在淥口宿一夜，次日即向目的地——分宜出發，每個同志都背着一個在衡陽特製的黃色背包，以外的公物和宣傳品則由三個挑夫分担，當我們排着隊伍在淥口大街上走的時候，中國軍人和民衆都向我們投着奇異的目光，「他們的背包是特別的呀！他們是朝鮮義勇隊」，他們在低聲的在互傳着；當日我們走了四十五里，第二天又走了四十五里，途到達醴陵，新同志過去沒有跑過路，連走了兩天脚上卽生起疱來，我們

決定在醴陵留住一天，一方面是休息一下，同時也要做些官傳工作。在醴陵的每天行程在四十五里左右，每日夜宿的地方以及稻草等是由鄉公所代為籌備的，這正如戰地的民衆為軍隊服務一樣，他們的股勤實使我們無限的感謝和慚愧，我們的同志，在每天晚上，有的讀書，有的寫日記，有的半中國語，誰也不肯犧牲食的時間，管理伙食的同志，雖在極端疲勞下，也是不肯犧牲其學習的；而宜泰到分宜的路上，縱流着一條小河，我們遂改乘小舟代步，二日之間，疲勞完全恢復。

到了萍鄉後，三民主義青年團首先對我們表示了歡迎，接着萍鄉縣政府和各機關代表也都前來訪問，並開盛大歡迎會來歡迎我們，在那裏，由於報紙的報導，在我們去萍鄉以前，當地的機關人員以及民衆們都已熟悉了朝鮮義勇隊的，因此他們對我們更為明瞭，他給我們以熱烈的歡迎，對我們同志們是切的，他和我們大多歡同志是有着師生之誼的，那恰有我們的同志王××任高級參謀

目雖衡陽迄今已整十天，我們每天過着上述的那樣生活，今天到達了目的地，邃立赴××集團軍司令部報到，在那裏恰有我們的同志王××任高級參謀，他對我們抱着很多的關心和同情，並且雖問我們很多審悄，我們在歡迎會席上向他們報告了很多他們所渴望知道的朝鮮革命運動，本隊工作概况以及敵寇的陰謀和弱點，在當天的晚上，三民主義青年團和我們全體同志又開了一個在中韓民族聯合抗日上有深長意識的同樂會。

離開萍鄉，繼續前進，經三日，到達上述的那樣生活，對我們也貢獻了很多關於工作方面實貴意見，×集團軍總司令對我們給予很大的鼓勵，×集團軍對我們朝鮮人有着特別好的印象，因此他對我們抱着很大的期待，在紀念週的當中，他特別把我們介紹給成千的軍民，使他們向我們致敬禮，表示着歡迎，以外我們還得到該集團軍婦女服務團的熱烈歡迎，這個婦女服務團是在中國有名婦女胡蘭

在江西戰場首送敵人的新年禮物

（第三支隊通訊之二）

世光

江西戰場成了我們的新鮮古，自衛陽出發放哨到現在，由於對敵人的新仇舊恨和戰門的熱情鼓勵着我們，所以八有裏的長途行軍不僅始終是在興奮中渡過，同時更使我們充滿着門爭熱燒的心身意氣健壯了。

在途中，我們到處受着友軍熱烈的歡迎，到處地接受到動員慰勞品，我們的隊伍已經在×軍部，各分部到現在所派到各師部，師部……的親切招待下。

現在我們的隊伍已設在×軍部、×軍部、師部，開始了……的親切招待的工作。

我們依着×軍長的指示，分四到師部工作，我×分隊回到×師部、詳細的告訴我們這員打回了軍用地隊，她設今送到師部我們役的倉計劃，她設今全是要到最傲的火殘裏的最前線……

我們的隊伍工作者，總司令部以得到完全成功，不過太危險，你們要和我們立功前線……

兩同志參加×團、×醫系站、×，區隊技和劉二同志參加×州街的、當地同志參加…

英勇的戰士們已和敵人酣戰了！……

漂！不少行人，使這個□方又長出了繁華的生機，原來中國軍已在勝利的追奔逐北呢！

到達軍部的第二天，一二分隊即分到×師和××師報到，當日晚間，即接該師電話，謂一分隊的一部份同志已協同獎敵部隊參戰了。

「我由重慶起坐了三個鐘頭的飛機，十二個鐘頭的火車，五個鐘頭的輪船，又走了兩天陸路，才到了此地，但還沒有走出中國一隅如果在歐洲，我恐怕早已超越了歐個國家——「中國真是太大了」，這是視察長沙大捷的一個外國記者所說的，看完了這話再回憶我們行過的路程，禁不住呼一句：「中國偉大」了。

鐵絲網，湧入敵防地，其餘部隊接着也散開前進；突然的，潛伏在敵殺傷稠密面的寇兵蜂蹰而起，「多玆玆給給」呀「手榴彈」一呀怪叫聲後路的轟起來，敵人的榴彈穗過我們頭頂，在約十餘米突處爆炸了，同時機關槍也路路的響起來。我們敵我相隔不到數十米突，敵人遭遇意外的襲擊，連手榴彈的投擲也不充分，致遭我上剌刀都來不及，英勇的官兵們一面臥在地上，拖出手榴彈沉着抵抗，一面開始退却，這時敵人的榴彈沉着抵抗，漸次退却，於是以低姿勢的以海狗式的迅速危險的不斷的落在我們的前後左右，當時敵人的槍彈仍不到我軍大部隊已大部退回了，還待敵人的槍彈不斷的落在我們的地方，朴令號，我軍已轉到距離四五十餘米處集合了。

草一木的平地上進行，其偉大實為輝映一立覽在戰史上以速脫危險為上策，於是敵人的銃口後以，在戰史上以速脫危險爲上策，於是敵人的銃口後互相在叫喊着「文同志，劉同志」終於開始了總退却，這次退却的威脅下恐不到反響全團在敵機槍的威脅下

敵我的距離是最近距離，敵我兩方對峙着，但任熱狂蠢蠢欲動的敵人，上人的頭先是不敢似害怕的亂射擊，而我擲入敵陣的一個手榴彈都命中目標，地形地似的獲到第六連半和部隊正在密集的結果我方失去了十七名，可說是失慘着遭到大的犧牲沒有得救的第六連失了七十七名，……因一面和痛着集中着目標着遭到們期途中一面訓話，敵訓時你們便是歡迎在這當中的慌亂以外倒有着更大的原因幸運的那便是友軍披沾了這黑暗的襲當然不是決戰，只在這德潭下我們的朝鮮革命者幸運

寫製了不少的日文標語其他的敵人黑夜裏的窮狀態，在那很寫製了不少的日文標語復在路旁附近經過的村落和各村落裏，在橋樑淄有着一二條荒謬標語傳着非常愚笨的「政治工作」的七日文字和是顧着的我們同志多氣憤的把它撕去了一張荒謬的標語置了我們同志多少氣憤的

過一二次的過是擾亂後的性質，我們在轉回的途中，復在路旁附近的村落和木炭運的那黑暗便是友軍

行軍中，將士們在睡眠假寐的時候，做了二十里敵後了有一二千餘的我原陣地而來的，做了二十里在隊行軍假寐時候已能行不了百餘里的行軍，由師部作出發到現在已行不百餘里

利用著敵人的日語口號、機關槍、自動步槍大放出來，口號、槍聲、喊殺聲的聲音連成一片而實行對敵宣傳工作——屈戰中了，二同志極秘與晉的間，須寫代散播了的日文標語在敵軍一面連路呼喚「班長」三日後仍成怒氣很高，放大聲音向敵營開口號、槍炮壓——日的後的機會。

後，我們又失措的步兵乃又撤慌後敵方軍隊暴動着日軍沿途散失的據作我我軍在翻越危險的山路近四百名官兵們，在我負責軍運往××乾州街由於在翻越危險的山路工部師報紙對我軍的情報往近四百名乾州街面會集一部六百餘的黔州運往工

出到這裏潰退里，整個敵人即時向中國西出到這裏，敵人即時向二十都向江西奔走了加江西之崩之間，我們在一個早子八百名而進

實踐的餘念中張所呼喊的傳單和無形的革命標語口號，這是首次得到在各種革命物語口號，這對於被壓迫的革命物語和無形的念念中張所呼喊的

圍日本帝國主義軍的禮物光榮貴而西折的日本閥欺騙給宣傳壓迫的被騙和二十一餘年紀念的在最異

（樓賢為和合譯）

日寇統治朝鮮民族的新花樣

——評日寇的兩個怪法令——

楊民山

據最近朝鮮國內的朝鮮文報紙，日寇在朝鮮先後發表了兩個怪法令。一個是「改姓，創姓，設氏令」；一個是「豫防拘禁制令」。

依敵政府解釋；根據前一個法令，朝鮮人在今後，可以在法律承認下，得將朝鮮姓名改換或創造爲日本式的姓名；根據後一個法令，朝鮮人在今後，不問有無現行事實，如被認爲思想不穩，可以無期間地拘禁於監獄。「改姓，創姓，設氏令」的目的是要消滅朝鮮人的民族意識，而「預防拘禁制令」的目的是要防止朝鮮人的革命運動。敵人在這個法令上，再一次暴露了它的無恥與野蠻。

在這裡我就感到，朝鮮民族是它心腹之患。所以它向來，在一方面採取恐怖政策，來極度壓制朝鮮民族的革命運動；另一方面它又實行同化政策，要根本消滅朝鮮民族的民族意識。日寇自從倂吞朝鮮到現在，一天也沒有放棄過這個政策。不論它的花樣如何更換，它實際的內容絲毫也沒有改變。就是說：這政策的目的，是使朝鮮人永遠馴伏於奴隸地位，以便加緊剝削並爲它使役。

日寇倂吞朝鮮後十年——一九一〇年「合倂」日到一九一九年三一運動——日寇對朝鮮的統治政策，是恐怖重於同化。這就是寺內的「武斷政治」。這個時期憲兵統治一切，任意侮辱，摧殘，逮捕，屠殺。三一運動後，至九一八事變止！——一九一九年到一九三一年——這一時期的政策是同化重於恐怖。這就是齋藤的「文化政治」。這個時期它取消了憲兵政治，並准許了朝鮮人在言論，出版，結社，集會上的微小的自由。「九一八」到現在，這一時期的統治政策是恐怖與同化並重。九一八事變後，日寇那怖實施所謂「思想犯保護觀察法」（限制「思想犯」的居住，通信及一切行動的法令），監視大批民族敗類組織各種反動團體（如時中會，大同民友會等），宣傳「日本的德政」和大亞細亞主義。

自從日寇發動全面的侵華戰爭後（七七事變）朝鮮就變成它在華作戰的唯一「兵站基地」了，因此日寇認爲鞏固朝鮮統治是絕對重要的事。所以它一方面增加了警察名額，組織了嚴密的密探網，防止朝鮮革命；另一方面提出了「內鮮一致」（內爲內地，指日本）的口號，想利用朝鮮民族爲它戰爭服務。

「內鮮一致」的口號提出之後，日寇令其內地人，稱朝鮮人改稱爲「半島人」又把普通學校及高等普通學校改名爲小學校及中學校，以表示「一視同仁」。（過去朝鮮教育是被認爲特殊『奴化教育』故採用普通學校和高等普通學校這個名稱）它並組織精神總動員聯盟，到處設置道場（公共集會所）及「國旗」揭揚台」強迫朝鮮人民舉行「宮城遙拜」（向日本皇宮鞠躬），朗誦「國民誓辭」，以表示同樣地「皇國臣民」看待。日寇的所謂「內鮮一致」「一視同仁」給朝鮮民族的，並不是政治上教育上的平等（日本人所享受的那民主權利和義務教育都沒有），而是各種戰爭負擔上的平等。朝鮮民族決不會被日寇的花言巧語所欺騙，也不會被它的恐怖所屈服。它們自始至終堅強的反抗回答了那野蠻騙人的政策。

贛北敵軍離間中韓民族感情的陰謀　秀延

遠在前年冬，在南京附近曾一度流傳過『敵兵中長鬍子是朝鮮人，他們專做燒殺擄姦等壞事情』的流言，而在現在，在贛北前線的一部居民和軍隊中間，也流傳着同樣的流言。我們對於這個流言決不可以忽視，因為這個流言發生的根源與作用決不是單純的。

據我們從各方面的調查，敵兵中確有留長鬍子的，可是他們都是日本兵而決不是朝鮮兵。現在在華中作戰的敵軍中還有翻譯，汽車司機等不戰鬥的朝鮮人，可是他們沒有一個留長鬍子的，當兵的根本就沒有，敵兵指着長鬍子說是朝鮮人，一般老百姓既沒有接觸過朝鮮人，又不會辨別朝鮮話和日本話的區別，更不了解敵人的欺騙手段，很輕易地就相信長鬍子是朝鮮人了。

在敵軍中，留長鬍子已成了時尚，是有歷史根源的。據傳說：遠在甲午中日戰爭時，日本軍人留着長鬍子而被人民呼為『大人』，在日俄戰爭時也如此，逼造成了日本軍人留長鬍子的風氣，這風氣一直繼續到現在。

日本人一般地此中國人和朝鮮人多鬍鬚。現在被徵調到中國來作戰的敵兵，土中有不少上四十歲的，敵軍官則一般

抗戰以來，凡作戰的敵軍，不論什麼部隊，都幹着燒殺擄姦的暴行，倒並不是只有長鬍子如此。不過，『長鬍子』目標大，容易被人注意，一般中國老百姓對於他們的印象特別清楚，因而特別恨他們。

敵人指着長鬍子說是朝鮮人，一方面是避免民眾對他們的憎恨，一方面是要離間中韓民族間的感情。

日本人中凡是做壞事情的人，多半自稱為朝鮮人。我們過去在山東在鄂中在山西見過很多這樣的，只要有人在山西見過很多這樣的，但這種拖飾工作，日子久了也就沒有用，但這種拖飾工作，日子久了也就沒有用

處，民衆恨日本鬼子的心理並不因此而減低，繼或他們一時被欺騙，只要有人加以揭破，對於敵軍的這種無恥行為格外感到憎恨。

敵人現在着重地此中國『政治進攻』，他用種種方法來破壞中國國內團結，與破壞中韓兩民族的感情。它的手段雖然卑劣，可是陰險的，我們如不加以特別注意，不免要被敵人許多翻新的

由此，可以斷言：日寇最近所發表的『改姓創姓令』，不會得到絲毫的成績。朝鮮人民的大多數，一般地還帶有封建思想——是儒家意識——宗族和曾祖的觀念很強，所以改換姓名，認為家門之恥，大不孝，簡直不是人。這個法令只引起了朝鮮人民的嘲笑，而愈暴露了日寇的愚鈍；同時，再一次發現了日寇想同化剃鮮民族的又一番苦心。

又可以斷言：日寇發表的另一個『預防拘留制令』，也不會有效果。它這個法令，可以訓練朝鮮革命者的祕密技術，增加朝鮮人民對它的仇恨，而再一次暴露了日寇之懼怕朝鮮革命的真相。

朝鮮民族，有四千年的文化，有固有的文字，語言，風俗，習慣，有三十年來的反日鬥爭，有英勇的戰鬥精神，要它們變成日本人，要它們不反抗，這是絕對不可能的。所以日寇勿論來什麼花樣，都會徒勞無功。

對敵宣傳在錦河 (第三支隊通訊)

楊民山

錦河是由湘贛邊境發源經過萬載，入贛江的一條河流，這個河流的下游——高郵市到市入街的一段——就是敵我對峙的陣線。我們在南岸敵人在北岸，這樣地隔河交火已一年多了，敵人始終未得過河一步。

我們朝鮮義勇隊第三區隊同志奉命由××軍轉到守備錦河的××軍來。於×月九日正式加入了這條河的火線開始了我們對敵人的宣傳工作。這是做對敵宣傳最好的工作地帶。

我們和敵人隔河相距不過一百米左右，加之又沒有激烈的戰鬥，所以工作是很好做的。我們共分成了四個單位配置在最前線，為工作便利計，通常在連，有的同志住在河邊的村莊，有的同志住在河堤的掩蔽部裏。敵人的砲彈時常落在我們的附近。

我們做工作通常利用夜晚。一到夜晚，在靜的陣地上到處泛着我們的喊聲，夜晚是我們開仗的時候。我們使用的武器很簡單只是幾個洋鐵製的喇叭筒。

我們在最初兩三天對敵人講話，並沒有得到很好的反響，有的反而向我們射擊，有的連一點答應都沒有。但我們很耐心很誠懇地接着講了幾天之後，他們漸漸對我們有好感而接受我們的宣傳了。我們要求他們停止射擊，他們就停止。而我們講完以後要求他們放兩槍表示「聽到」他們就放兩槍。而我們叫他照一照手電筒，他們就照。

二月二十三日上午：第四工作隊的劉同志向第二連連長和機槍連連長到高郵市對岸去喊話，劉同志要求繳兵出壕講話並保證不打槍，結果果然有敵兵二名先露身壕邊約二十米達處。但忽然背後有砲聲(想係班長)他們就很驚惶地跑去了。

接受過我們宣傳的敵兵已經把我們信任到這個程度了。

×月十三日晚，第一工作隊的李同志在喩家渡宣傳，李同志先唱了一曲「東京姑娘」(日本流行歌)，敵士兵們聽了太高興了，大家拍掌叫「好」叫再唱一個，李同志應了他們要求再唱了一個「思起故鄉」，唱完了接着說：「你們究竟為了誰在悽慘的陣地裏過着這樣寂寞痛苦的生活呢？現在正是春天，你們國內的田間，財閥們看着太太孩子飽賞櫻花的美景，可是你們的妻子們卻在櫻樹下流淚呀！」他們聽見了這話表現出很傷心地說：「你不要講那些話了」李同志接着說：「你們要過和平合理的幸福的生活，惟有反戰爭祖國改造。」他們很與奮地喊「對！對！」對了是以中國話講的，他們好像剛學會這句話。

×月十七日晚上，月亮普照大地的這一天晚上，第二工作隊的文同志，朴同志，約三營副營長，第八連連長王指導員一同對金家嶺對岸去喊話，在喊聲我們以最誠懇的話表示絕不開槍並希望他們繳槍和我們談話，他們只要放心了，覺得來二十幾個人站在我們的對面。那裏的一個問我們：「你們是日本人嗎？」文同志答着說：「我本人雖不是日本人，但我這裏有不少的日本同志，他們是為了反對侵略戰爭而過來的……你們不需要和平嗎？不願意回家鄉嗎？你們如被逼出中國領土，和平即可實現，要不然這個戰爭是不會結束的，使已經打了三年了，你們還不覺得討厭嗎？」

其一個敵兵說：「覺得討厭但命令是要服從的呀？」正在這個時候，一個敵軍官把他們的話攔住了，並把他們帶囘到掩蔽部裏去了。這些事實是可以證明敵兵厭戰的情緒如何

地普遍和深刻。還有幾件事實充分表現出敵兵對我們的特別的同情。例如：放槍向着天空，放砲取下信管使之不爆炸，他們講話時告訴我們：「官長來了不要講話」等。

因為我們對敵人宣傳有着這樣好的反響，所以一般中國弟兄們覺得很稀奇，我們一到河堤，他們就爭先地喊：「文隊長林同志！這裏有敵人，請你們快到這裏來！」。我們如廠着他們的要求，他們就特別的高興。

我們除了在陣地口頭宣傳之外，時常參加夜襲部隊接近敵鐵絲網把各種樣的傳單散佈在鐵絲網裏。

我們最大的目的——使敵兵反戰使敵兵投降的目的還未達到，但我們確確實實在敵兵的心裏種下了革命的種子，我們確信我們所種下的這種子一定會成長起來的。

稿約

（一）本刊歡迎投稿

（二）凡與中國抗戰及朝鮮革命有關的文字如：
1.朝鮮社會狀況與朝鮮革命運動的研究。
2.被壓迫民族解放運動的理論與實踐問題。
3.朝鮮義勇隊活動情形。
4.加強中韓兩民族團結問題。
5.敵情。

（三）以上各項問題批評論論文、短評、通訊、詩歌均為所歡迎。

（四）來稿須結構謹嚴，並加新式標點符號。文中如有圖表，請用墨繪種寫清楚以便製版。

（五）來稿短長勿拘，如過長時，本刊得分期登載。

（六）來稿本刊有修改權，不願修改否，請於投稿時，附卽說明。

（七）來稿發表時，用何姓名隨作者自便。即稿求規准明其姓名及詳細地址，以便通訊。

（八）來稿請寄重慶南岸大佛段。

8. 김성묵의 부인 이용술의 회고

칠십노회가(七十老悔歌)[32]

이원승[33]

여각(旅閣)[34] 천지간에 높고 푸른 하늘 아래

만물 중 인생으로 천상에 득죄(得罪)하여

여자로 태어나서 십 세전 철을 몰라

조상부모 애훈(愛訓) 받아 고이고이 자라나니,

유수 같은 세월이 순식간에 지나가고

쉬지 않고 가는 세월 십 세가 넘은 후에

부녀자의 바른 법도 배우고자 하였으나

무식을 못 면하고 십육 세가 되었으니

구애(拘礙)없는 갖은 슬하 방방곡곡 권(勸)하여서

선산땅 김씨 문중 반벌(班閥)[35] 문호(門戶) 적합하다.

양가(兩家)의 승낙 후에 길일을 택정하여

병진년(1916) 스무 하루 선인의 예법으로

혼례를 치를 때에 백년가약 굳게 맺어

오복겸전(五福兼全) 행복하길 태산같이 믿으면서

군자 호구(君子好逑)[36]로 애정하신 안전(眼前) 떠나

산도 설고 물도 설은 타향 타문 입문하니

모든 것이 생소하여 일정일동 조심함에

시아버님 슬하에 자애는 깊으시나

---

32) 金成黙(본명 金愿黙, 1902.4.7~1936.1.29)의 부인 이용술(1901.10.15~1990)이 1916년 결혼 이후 파란만장했던 평생을 구술한 회고록이다.

33) 이원승, 「칠십노회가(七十老悔歌)」, 『陶南學報』 제25집, 2015. 순 한글로 지은 여류 가사이나 대부분이 한자(성)어이므로 이해해 도움이 된다고 생각되는 어휘에 한자를 ( ) 속에 병기하고, 고사나 뜻이 필요한 시어는 별도로 각주로 처리하였다.

34) 머무는 곳, 여관.

35) 양반 가문.

36) '군자의 좋은 배필'. 詩經 관저(關雎)에 '窈窕淑女 君子好逑'라는 시구가 있음.

동서(同壻) 안전(眼前) 두려운 마음 봄 얼음을 디딤 같아
동동촉촉(洞洞燭燭)하는 마음 일시런들[37] 방심(放心)하리
능활(能活)하신 성격으로 삼십 넘은 청춘 시절
이남 일녀 자랑이나 만리타국 각거공방(各居空房)
향념지회(向念之悔) 오죽할까.
주장(主將) 없는 황낙가정(荒落家庭) 파란풍파 갖은 고통
정신의 혼동으로 일이년 지냈으나
십오륙 세 만난 부부 싫지는 아니하나
어리석은 마음으로 좌우이목(左右耳目) 상기(想起)하여
정담 한 번 못해 보고 손님같이 지내오니
포부심정(抱負心情)[38] 어찌 알리.
십팔 세 청년으로 다사분주(多事奔走) 하는 일은
무슨 소관인지 한가(閑暇) 없이 분망터니,
어느 날 하는 말이 친가 다녀 오라하며
같이 가서 즉시 떠나 대구로 간다더니,
수일 후 편지 오길 만주봉천 도착하고
속히 돌아가니 안심하고 잘 있으라.
속절없는 이별이라 천지가 아득하나
매달마다 편지하며 앞날 영광 믿으라고
무정세월 흘러가서 삼사 년 되었으니,
부모님 전 나로 하여 심려하심 죄송하고
동기도 불안하다.
출가외인 되온 몸이 군자를 못 섬기고
허송세월 원통하여 백년 주인 만나려고
가기를 결심하고 아버님 전 여쭈오니,
여자 행지(行地) 만리 타국 호지(胡地)를 어찌 가리
만단사정(萬端事情) 수일 만에 남매가기 작정하여
마중오라 편지하고 계해년(1923) 사월 중순

---

37) 한 순간인들.
38) 마음에 품은 정한(情恨).

녹음방초 성화시(盛華時)라 산천초목 물들어서,

청청(靑靑)한 우리 강산 잊지 못할 산천이며,

연고(年高)하신 조상부모 유정다정 혈육친지

애연(哀然)이 떨칠 적에 생이(生離) 사별(死別)이라.

누수(淚水)로 작별하고 선풍도골(仙風道骨) 우리 오빠

남매 동행 여한 없이 기차에 몸을 실어

평양 가서 유숙하고 한 깊은 압록강을

순식간에 건너 넘어 안동현 도착하니

그곳이 중국이라.

독립 사상인도 왕래하며 만나오니

한없이 반가우나 조사가 심하여서

중국인 차림으로 마중 나와 서있더라.

남매 삼인 밤새워 일야를 담소 후에

봉천에 도착하니 무산천리 호호막막

언어도 불통이요, 복색도 생소터라.

모든 것이 별물(別物)이라 인간 세상 아니온 듯

애달던 양인이 만났으니 만족한 중

시아버님 기뻐하심 황송하고 즐거우나

만리타국 오신 오빠 혼자 회정(回程)[39]하실 적에

아연(啞然)[40] 작별 가득한 심회 무언무소(無言無訴) 감수하고

누수방방(淚水滂滂)[41] 허괴(虛壞)[42] 탄식 여자 된 탓이로다.

화락동심(和樂同心) 수월 간에 일경(日警)에 검거되어

형제이력 총출하여 김해산[43], 김해남 수령으로

독립운동 군자금 전달 수많은 부하지도

중형 죄목 모진 형벌 오륙삭(五六朔)에 출옥하나

---

39) 돌아가는 여정.

40) 놀라는 모양.

41) 떨어지는 눈물 방울방울.

42) 텅비고 무너지는 듯함.

43) 맏형인 김정묵의 다른 이름이다. 김정묵의 이명(異名)은 해산, 국빈이 있고 국가보훈처 공적조사에는 김규환(金圭煥)이 추가되어 있다.

팔척장체(八尺長體) 허(虛)한 기질 피골이 상접하여

한약 신약 복용하나 회복하지 못하였네.

이십삼사 청춘 시절 골수에 든 병으로

남북만주 모직 삭풍 가는 곳곳 동지 손님

떠날 날이 없사오니 생활은 불신(不信)이고,

삭풍설한(朔風雪寒) 불길한데 남녀 생산 4남 2녀⁴⁴⁾

적빈소처(赤貧所處)⁴⁵⁾라 잘못하여 없애온 듯

원통하고 아까우나 아무 일도 할 수 없어

낱낱 희망 기대 중에 만주사변(1931) 일어나니

대국 천지에 복색 다른 일본인이

남북만주 점령하니 대천지에 원수인데

피할 곳 전혀 없어 구사도명(九死禱命)⁴⁶⁾을 근근 유지로다.

우연 첨상(偶然添床)⁴⁷⁾이라 감기로 누운 병석

삼사월 고통하나 삼십사 춘광(春光)⁴⁸⁾이라

차차 회복 기대하며 안 죽는다 맹세하고

조급하다 책망함에 백년언약 믿었더니,

천도(天道)가 무심하고 조물의 시기인가

운명이 그 뿐인가 병자(1936) 정월 이십구일

영락(零落) 풍전낙화(風前落花) 눈 못 감고

유명을 달리 하니 함언무지(含言無知)로다.

애정하던 이 식구 뉘를 믿고 산단말고

애고답답 하늘이 무너진 슬픔과 설움

원통한 심장 막혀 호흡이 불통이라

같이 따라 죽어서 영광 길을 가려 하나

그 것 역시 허사로다.

---

44) 6남매를 낳았으나 아들 하나는 5세에 잃고, 장녀 교옥과 장남 교웅 외의 3자녀는
이름도 알 수 없다.

45) 몹시 가난한 상황.

46) 구사일생(九死一生)의 뜻.

47) 우연히 자리에 더해짐.

48) 젊음에 비유.

사고무친(四顧無親) 적막고적(寂寞孤寂) 뉘가 있어 위로 하리

중국사람 도움으로 의사 불러 혈맥 돌려

정신을 진정하니 강보(襁褓)를 면치 못한

어린 자식 삼남매가 애처롭게 우는 소리

초목금수라도 흐느낄 듯

오장이 쓰라리고 가슴이 에이는 듯

광활한 하얼빈 무의무탁 비참소처

악심(惡心)을 고쳐먹고 어린자식 안보하여

초종상례(初終喪禮)⁴⁹⁾를 근근이 넘긴 후에

적수막막(赤手寞寞) 빈한소처(貧寒所處) 보명(保命)할 길 막연하고

조미음⁵⁰⁾ 연명하니 수십일 생불여사(生不如死)

이렇게 지내려니 철없는 어린 것이

밥 먹기를 원하는데 오장이 녹아질 듯

원통하고 분한 심정 독립사상 남다른 고생

천추(千秋)에 한을 품고 진토고흔 웬일이며,

애정하던 처자관념 막막히 잊었으니

우하천지(宇下天地)에 의지 없어 타는 광경

한숨겨워 눈물이요, 적죄여생(積罪餘生) 불여지사(不如之死)라.

비참광경 지켜보고 후덕한 중국인심

불쌍하다 구조하니 모진 것이 인명이라

구사일생 하였도다.

동기숙질(同氣叔姪) 있다 해도 멀리 있어 못 만나니

일푼도 도움없이 난관(難關)을 여력(餘力)으로

구차투생(苟且偸生)⁵¹⁾ 가련 회포 하고 할길 전혀 없어

가슴에 상처 되어 연약한 체질은

서리 맞은 풀이 되어 인간 흥미 초월하고

금지옥엽 삼남매를 철석같이 믿은 것이

---

49) 초상부터 장사까지의 의례.

50) 좁쌀로 끓인 멀건 죽.

51) 구차하고 욕되게 살아감.

무슨 화액(禍厄) 또 남아서 이년지간 절옥(絶玉)구슬

오세 우연 득병(得病)하여 만방(萬方)으로 약을 쓰나

안전(眼前)에 실패되니 일천간장 녹아들어

설상가상(雪上加霜)이라.

인생이별 결심하고 금옥(金玉) 같은 아해 남매

골육 찾아 부탁하고 하얼빈이 원수 같아

떠나기로 작정하고 성안 묘지 찾아가서

부자(父子)분 선영하에 통곡으로 하직하나

일모(一毛) 알음 없사오니 슬프고 비참한 심회

천지간에 비할 곳 없어 쓸쓸히 간장이 타고

타향에 모신 유해 소홀할 일 죄송하고

슬프게 돌아오니 동짓달 그믐이라.

현순백결(懸鶉百結)⁵²⁾ 세 식구가 갈 길이 묘연(杳然)하여

교일⁵³⁾ 찾아 행하오니 수 천리 원정이라

용강성 너허⁵⁴⁾ 향해 차를 타고

시베리아 오륙십도 심한 추위 속에

어느 지경인지 철도 얼어 못 간다고

일야를 요동(搖動) 안하니 기한(飢寒)도 극심이라.

허허벌판 무인가에 중국사람 빵 사는데

따라나선 옥아⁵⁵⁾ 행방 여덟 시간 지났으나

돌아오지 아니하니 무슨 타액(他厄)또 남아서

억수간장 타는 중에 엄마하고 돌아오니

반갑기 한이 없다.

너허 큰집 찾아가니 어른 아해 대식구에

난처 빚이 완연하니 그도 역시 못하겠고

월여(月餘) 지체 후에 봉천으로 오려하나

---

52) 옷이 헤어져서 백군데나 기웠다는 뜻으로, 남루한 옷차림.

53) 큰 댁 아들인 김교일.

54) 흑룡강성 서북북에 있는 눌허시인데 지금은 치치하얼 관할 지역이다.

55) 장녀 교옥인데 당시 십사 세이다.

하처(何處)에 지인 없어 가련 형색 비참하다.

옛 시절 감루지회(感淚之悔) 억제하기 극난하나

서울댁을 찾아가니 인후하신 성덕으로

친숙(親叔)같이 대하시니 고맙고도 황송하여

잊을 길이 없었더라.

생활지책 망연(茫然) 중에 옥아 나이 십오 세라

어린 것이 만방으로 구하여서 회사취직

3국말 통역으로 30원이 월급이라

세 식구의 생활이 한결 더 나아져서

교웅[56]아 소학입학 재질이 신통하여

학기마다 상 받으니 신기하고 유중(猶重)하다.

지난 고초 면하는가 태산같이 믿었더니

을유 팔월 십오일에 원수 일본 패망하고

삽십육 년 잃은 나라 드디어 해방이라.

역사 깊은 조선 땅을 못 찾아 애쓰던 중

형제 다 구원선영(丘園先塋) 진토고혼 원통한 중

무죄한 외국 인민 파동(波動)이 우려되어

금옥(金玉)같은 일시동(一侍童)[57]을 어찌하면 보호할까

억만 사념 오지는 중 저의 사촌형이

조선독립 되었으니 안전하고 태평이라.

같이 가고 이후 차차 단체하자 작별하니

일시도 못 보면 보고저워 못 견디는

유아(幼兒) 같은 십사 세 어린 모습

피난 위해 모자(母子) 서로 쓰린 가슴 움켜잡고

사월 십일 오전 열시 작별시에

몸조심 부탁하며 속히 보기 약속하고

떨친 후에 애자지정(愛子之情) 쓸쓸하여

일월여추(日月如秋) 미칠 듯 견디지 못하오나

---

56) 아들 이름이다.

57) 아들 교웅을 지칭한 말인 듯하다.

기차가 불통되고 통신이 두절이라.

오고가지 못한 세월 같이 가지 못한 후회

오장이 쓰리오나 천금 같은 지 마음이나

안전함을 위로삼아 무정세월 흘러가서

수십 년 오매불망 모자상봉 축원인 중에

천신만행 미국배로 수로만리 찾아오나,

뜻밖에 이북으로 다시 또 떠났으니

야속하고 낙심이나 불원지척(不遠咫尺) 조선이라.

한민족 동포이니 무슨 변화 있으리오.

속한시일 만나기를 일일이 여삼추(如三秋)대

동족상쟁 6·25동란 골육상쟁 참혹한 중,

지소(至小)한 나라에 3.8선을 가로막아

철조망이 가렸으니 애고 답답 탄식이나

운명이 불측(不測)하여 있는 자식 못 만나고

유수 같이 가는 세월 운무(雲霧) 중 다 넘기고

청하지 아니한 백발 소리 없이 내리고

보기 싫은 주름살은 나날이 늘어나니

한심하고 애달프다.

4세에 실부(失父)하고 애지중지하던 아이

어미 안전 떠난 지가 이십 육년 긴긴 세월

어느 날 어느 시에 잊을 때 있으리요.

골수에 박힌 병을 눈감기 전 풀어볼까.

가련하다 인간칠십(人間七十) 고래희(古來稀)[58]라 하였으니,

풀입에 이슬이요, 바람 끝에 구름같이

인명 한번 없어지면 청산고혼 정한 법률

인세 백년 못된 평생 주력고산(走力高山) 넘은 추억

---

58) 두보의 詩「曲江二首」의 둘째 首에 노래한 시구이다.
　　朝回日日典春衣 : 조회에서 돌아올 땐 날마다 봄옷을 전당잡혀
　　每日江頭盡醉歸 : 매일 같이 곡강가에서 진탕 취해 돌아와
　　酒債尋常行處有 : 외상 술값은 언제나 가는 곳마다 널렸지만
　　人生七十古來稀 : 인생은 예부터 일흔은 드물다네……

역력히 한스러워 안정할 길 전혀 없어

대강 기록하여볼까 지필을 들었으나

안력도 희미하고 정신도 휘황하여

고고청청(高高靑靑) 쌓인 설화(說話) 다하자면 만권 피지(皮紙)

소설인들 다할런가.

울화로 늙은 병은 고칠 약이 없사온가?

문명과학 발달하여 수천 년 역사 없는

달나라도 여행하는 놀라운 이 세상에

나의 한은 언제 풀꼬.

일편충심 애달픔을 비조풍편(飛鳥風便) 전해볼까.

동지야(冬至夜) 긴긴밤과 춘야장찬(春夜長歎) 때 기다려

상봉일자 희망하나 여년(餘年)이 불원(不遠)하니

가까운 저승길을 뉘라 능히 막을건가.

빈객삼천(賓客三千) 맹상군(孟嘗君)도 죽어지면 자취 없고[59],

백자천손(百子千孫) 곽분양(郭汾陽)도 죽어지면 허사로다.[60]

영웅호걸도 죽어지면 청산고혼(靑山孤魂) 흔적 없고

천하명의 편작(扁鵲)이도 죽기를 못 면하니

시호시호(是乎是乎)[61] 부자의(不自意)라.

초목동부(樵牧童夫) 쓰러지면 다시 회생 못하거든

인생일사(人生一死) 정한 명(命)이 서산낙일(西山落日) 임했으니

슬프고 한심하다.

인세 백년 못된 세상 천지변화 다소하나

강철 같은 굳은 의지 남 못할 일 않았건만

---

59) 중국 전국시대의 정치가로 3,000여 명의 많은 빈객을 두었던 당시 四君子의 한 사람으로 맹상군(孟嘗君)은 시호이다.

60) 곽분양은 이름이 자의(子儀)인데 당나라 때 안사의 난을 진압한 공이 있는 사람으로 나중에 汾陽王에 봉해져서 곽분양이라고 한다. 대표적으로 복록이 많은 사람에 비유된다. 즉 '백자천손곽분양'은 '많은 자손을 둔 곽자의'라는 뜻이다. 곽자의는 아들 8명과 사위 7명이 있었는데 대부분 조정에서 관리로 지냈으며 자손이 나날이 불어나 나중에 손자들이 문안드리러 와도 누가 누구인지 구분하지 못할 정도였다고 한다.

61) 옳도다. 옳도다.

무슨 죄 지중(至重)하여 고적단신(孤寂單身) 적막회포(寂寞懷抱)

뉘를 대해 설화(說話)[62]할까.

친지원근(親知遠近) 있사오나 뉘라서 촌탁(忖度)[63]하리.

천수만한(千愁萬恨) 설은 회포 천사만념(千思萬念) 썩은 머리

기억 못해 다 못하니 애달프고 비분(悲憤)하며

복중에 쌓인 원한 부지불각(不知不覺) 한이로다.

이 후에 전하오니 나의 애녀(愛女) 서실[64]이야

여자요행 출가외인 군자호구 법을 위해

너의 남매 각각으로 사시춘풍(四時春風) 떨어져서

그립고 보고저워 간혈(肝血)이 녹아질 듯

적선지가(積善之家)에 필유여경(必有餘慶)이라 하였으니.

선조선친 적덕지념(積德之念) 천신(天神)이 감동하사

무심하지 아니하리.

아해야, 너 어미 삼십 후 단신고락(單身苦樂)

일신이 농진(濃盡)토록 자식위해 억만 고통

모은 유물 헛되이 하지 말고,

딸도 역시 자식이니 알뜰히 보호하여

관중(貫中)[65]한 나의 교웅 사십연광(四十年光)되었으니,

금동옥녀(金童玉女)[66] 앞세우고 금의환향 만나거든

나를 본 듯 나누어라.

자손이 전장(全長)하여 부귀공명 백자천손

수 만년 창생하기 영혼인들 잊을 소냐.

불측(不測)운명 이 목숨은 하루 바삐 극락 가서

인세에 미진함과 구원선영(丘園先塋) 떠난 후에

갖은 고초 하소할 듯.

가련하다 인연이라 인명이 없어지면

---

62) 자잘한 일까지 다 이야기하다.

63) 헤아리다. 알아주다.

64) 달성 서씨 가문에 출가한 필자의 따님.

65) 아주 소중한.

66) 필자의 손자 손녀.

합장동분(合葬同墳)⁶⁷⁾ 바랐더니 천지가 변동되어

낙락외지(落落外地) 막혔으니 그도 소원 못 이루네.

이 세상 적죄여생(積罪餘生) 허무하다 인생이여

한 번 죽어지면 흔적자취 없사오니

그 아니 허망한가.

슬프고 가련하다 한(恨)도 많고 원(怨)도 많은

이 세상 영락(永樂) 길이 언제 올지 한심하고

가이없는 이내심회 안정할 길 아주 없어

지낸 추억 장구회포(長久懷抱) 대강대강 기록하여

과문흉필(寡聞凶筆) 남겨볼까 되고 마고 횡설수설

선후도착(先後倒錯) 한스럽다.

천정(天定)으로 도는 지구 속력이 빠르고

유수 같은 시일이라 오고 가는 절후는

철마다 오건마는 인명 한 번 없어지면

혼비백산 허사오니 이 몸은 화장하여

만경창해 넓은 물에 한 없이 띄어 다오.

한 평생 타는 심화(心火) 시원하기 원(願)이로다.

두서없이 기록한 것 남이 보면 비소(鼻笑)할 듯

남들 사는 이 세상에 나와 같이 불행함이

어디에 또 있을까.

애통하고 분한 심정 골절(骨節)⁶⁸⁾이 저미오나

삼천만이 기대하는 남북분열(南北分裂) 통일되어

나의 보물 교웅이를 미망전(未亡前) 만난다면

여한(餘恨)이 춘설(春雪)되고 영광이 빛나리니

영원 길을 떠나간들 무슨 한이 있으리오.

어느 곳에 머무는지 일천간장 녹아질 듯

선옥(鮮玉)같은 교옥이도 건강하게 잘 있다가

순풍불어 화월풍도(花月風道)대대로 왕성하여

---

67) 남편과 같이 묻힘.

68) 뼈 마디마디.

수 만대 누리기를 유유명천(悠悠明天)[69]께 축원이라.

일평생 한 깊은 소원 후세에나 풀어지리.

---

69) 아득히 멀리 계신 하느님

【부록 2】 김정묵 연보

해산 김정묵 연보

년도(나이)	연보
1888. 12. 9	- 1888년 12월 9일 선산군 구미면 원평동 391번지에서 출생 - 본관 善山, 자 國賓, 호 海山 - 아버지 金洙東과 어머니 풍양조씨 趙南運 - 正黙 · 思黙 · 成黙 3형제 중 장남 - 장녀 敎曾(1907), 장남 敎一(1909), 차남 敎三(1912), 차녀 敎順(1917), 삼남 大陸(1920) - 다른 이름 金國賓, 金海山, 金奎煥
1905(18)	- 1905년경 벽진이씨 勉窩 李德厚의 딸 李愚淑과 결혼하다.
1907(20)	- 장녀 敎曾이 구미 원평동 391번지에서 태어나다.
1909(22)	- 11월 11일 장남 敎一이 구미 원평동 391번지에서 태어나다.
1911(24)	- 처남 李愚弼과 함께 沿海州를 거쳐 蜜山府 韓興洞으로 망명하다. - 스승 韓溪 李承熙의 韓興洞 開拓에 참여하다. - 가족, 선산군 고아면 원호동 21번지로 이사하다.
1912(25)	- 2월 18일 차남 敎三이 선산 고아면 원호동 21번지에서 태어나다. - 2월 29일 上新峙에 도착한 晦堂 張錫英을 만나다. - 12월 29일 『勸業新聞』에 처남 李愚弼을 찾는 廣告를 내다.
1913(26)	- 7월 2일 스승 韓溪 李承熙가 西間島 接梨水로 옮기다. - 귀국하다.
1914(27)	- 南彬 李文治가 한국을 방문하여 5월 8일부터 21일까지 성주지역을 방문, 장석영 등을 만나다. - 북경으로 가서 西化石橋 法政專門學校 法律科에 입학하다.
1915(28)	- 1월 23일, 북경에서 봉천에 있는 스승 李承熙에게 편지를 내다. - 10월 27일, 북경에서 다시 스승 이승희에게 편지를 내다.
1917(30)	- 4월 14일 차녀 敎順이 선산군 고아면 원호동 21번지에서 태어나다.
1918(31)	- 法政專門學校 法律科를 졸업하다. - 4월 만주 각처를 다니면서 鄭在寬과 함께 독립의식을 고취하고, 독립전쟁의 준비 활동을 하였다. - 4월 봉천에서 張鎭弘, 李國弼과 만나 장진홍을 하바로프스크에 보내 조선인 78명에게 군사교육을 시키다. - 9월 부인과 2남 2녀를 데리고 奉天으로 옮기다.

1919(32)	- 4. 29, 大韓民國 臨時議政院 선거에서 慶尙道 代議員으로 선출되다. - 4. 30, 임시의정원 제4회 회의에 경상도 대의원으로 참석하다. - 7. 7, 임시의정원 제5회 회의에 경상도 대의원으로 참석하다. - 8. 18, 임시의정원 제6회 회의에 경상도 대의원으로 참석하다. - 아우 金成黙 1919년 10월 17일 延安李氏 李龍述과 결혼한 뒤, 곧이어 봉천으로 망명하다.
1920(33)	- 3. 3, 이승만의 위임통치 청원에 반대하여 임시의정원 의원직을 사직하다. - 북경으로 거주지를 옮기고 西直門 밖 萬壽山 정문 앞 八萬亭에서 柳時彦・崔用德 등과 함께 集義學校를 설립하다. - 가을에 신채호, 박용만 등이 주도한 軍事統一促成會에 참여하다. - 삼남 大陸이 출생하다.
1921(34)	- 북경에서 신채호・박순병・김창숙 등과 『天鼓』를 발간하고 獨立思想을 고취하다. - 5. 21, 신채호, 박봉래 등과 함께 대한민국임시정부의 개혁을 촉구하기 위한 '統一策進會'를 발기하고 취지서를 발표하다. - 북경에서 김원봉 등과 함께 길림성 왕청현 북로군정서 김좌진이 추진한 軍事團體 統一에 참여하다. - 1921년 말 天津에서 여운형・남형우・최창식・박용만 등과 모스크바 극동 피압박민족회의에 참석하고자 하였으나 참석 사실은 확인할 수 없다. - 석주 이상룡과 서신을 주고 받다. - 11월 아우 金思黙이 朝鮮獨立運動後援義勇團의 군자금 모집 사건에 연루되어 대구에서 체포되다.
1922(35)	- 12월 말 상해에서 개최되는 國民代表會議에 참석하기 위해 김창숙・김대지・정인교 등과 함께 상해로 출발하였으나 함께 동조하지 않다.
1923(36)	- 8~9월 북경에서 韓中互助社 사원으로 활동하다.
1924(37)	- 2월경 만주 길림에서 獨立新聞 지국장이 되다. - 4월 서울에서 활동하던 미국선교사 웰치가 센프란시스코에서 "조선의 치안은 평안하다."는 취지를 북경 『東方時報』에서 보도하자 격문을 부착하고 항일의지를 전달하다. - 6월 4일, 중국군대가 일본총영사의 교섭에 의하여 5월 7일 金萬洙・柳基東・崔炳鎬 등 3인을 살해한 하얼빈사건을 성토하고, 남형우와 함께 선언 문기초위원으로 활동하다. - 7월 21일 北京韓僑同志會의 설립을 발의하고 7월 24일 조직하다.
1925(38)	- 하얼빈에서 동북군벌 張作霖 휘하 郭松齡軍司令部의 軍法課에서 법무장교로 奉職하며 天津에 파견 근무하다.
1926(39)	- 依蘭縣 주둔 동북육군 제19여단사령부 군법처장으로 근무하다. - 김창숙의 군자금모집 사건, 소위 '제2차 유림단사건'에 연루되다. - 1926년 8월 16일 아우 김사묵이 사망하였다. - 10월 韓國唯一獨立黨北京促成會 결성에 참여하여 선언서 발기 서명자 23인 중 1인으로 서명하다. 의열단 북경지방 연락원으로 활동하다. - 10월 30일 북경에서 조직된 入籍墾民會發起籌備會에 참여하다.

1927(40)	– 장진홍의 조선은행 대구지점 폭파 사건에 관계하다.
1929(42)	– 중동철도사건으로 벌어진 奉蘇戰爭에 참가하다.
1930(43)	– 육군대좌로 奉天에 있는 東北軍 張學良 휘하 孫德全 軍營의 軍法處長으로 재직하다. – 북만주 한국독립당이 조직한 동북정무위원회를 후원하여 金奎煥이란 이름으로 金東三 등 7인과 함께 '전만간민대표' 명의로 청원서를 작성·제출하였다.
1931(44)	– 만주사변 발생 직후 東北軍 軍職에서 물러나다. – 북경의 北平城 德勝門 내의 高廟에서 거주하다.
1932(45)	– 6~7월 북경에서 김원봉과 함께 中韓抗日義勇軍의 조직에 참여하다. – 6~7월 김정묵은 柳基錫·金剛岩·金世雄 등과 함께 東北抗日救國會에 참여하다. – 1932년 8월 중국 國民黨 軍事委員會 北平分會에서 법무관으로 근무하며 韓國僑民을 돕다. – 중국 國民黨과 義烈團이 연합하여 조직한 東北抗日救國會 抗日救國軍 支大將을 맡다. – 10월부터 1935년 9월까지 김원봉의 義烈團이 주도한 朝鮮革命軍事政治幹部學校 설립과 운영에 관여하다. – 10월 20일 차남 敎三(별명 楊振崑, 楊民山)이 조선혁명군정치군사간부학교 제1기로 입학하다.
1933(46)	– 3월 10일 일본군의 강요로 軍委會北平分會가 해산될 때 해직되다. – 北平市政府 名譽祕書로 활동하면서 중국인 유력자 朱綏光으로부터 봉급을 받아 생활하였다 – 4월 20일 차남 敎三이 조선혁명간부학교를 졸업하고 교무요원이 되고, 곧이어 교관진에 합류하다.
1934(47)	– 1월 2일 옥성빈 살해사건에 연루·체포되어 함북경찰부로 이송되다.
1936(49)	– 함북경찰부에서 옥고를 치르던 중 黃貴浩의 도움으로 약 2년 2개월 만에 출옥하다. – 출옥 이후 북경에서 거주하다. – 4월부터 이듬해 2월까지 藍衣社 고등훈련소로 파견되어 교육과정을 이수하였다.
1937(50)	– 3월 차남 敎三이 藍衣社 간부훈련소 교육과정 수료 후 남경에서 김원봉의 비서가 되다.
1938(51)	– 5월 차남 敎三이 조선민족혁명당 제5차 전당대회 중앙집행위원 16인에 선출되다.
1939(52)	– 4월 차남 敎三 조선의용대 기관지『朝鮮義勇隊通訊』에 양민산이란 이름으로 아내 장수원과 함께 논설을 기고하다.

1941(54)	– 북경에서 黃貴浩 · 金始顯 · 朴時穆 · 權愛羅 · 李敏浩 등과 함께 독립운동을 전개하다. – 7월 차남 敎三이 조선의용대 화북지대에 배치되어 10월 화북조선청년연합회 간사로 활동하다.
1942(55)	– 4월 차남 敎三이 조선의용대의 한국광복군 제1지대 제3구대의 제2분대장이 되다.
1943(56)	– 차남 敎三 조선민족혁명당 청년간부로 활동하다.
1944(57)	– 1월 차남 敎三 조선청년혁명학교 정치교관 5인 중 한 사람으로 선출되다. – 4월 19일 오후 2시 북경시내 5區 德勝門 내 高廟 甲10號에서 사망하다. 국외 망명 33년. 향년 57세였다.

정리: 권대웅(전 대경대학교 교수)

색인

저자약력

권대웅 ————————————————————————

영남대학교 대학원 문학박사
전 대경대학교 교수

주요저서

『해운당 김하락』, 경북독립운동기념관, 2020.
『한계 이승희의 생애와 독립운동』, 성주문화원, 2018.
『달성의 독립운동가 열전』, 달성문화재단, 2017.
『왕산 허위』, 경북독립운동기념관, 2014
『1910년대 국내독립운동』, 독립기념관, 2008 외 다수.

조규태 ————————————————————————

한성대학교 크리에이티브인문학부 교수
한국민족운동사학회 회장(2015~2020)
한성대학교 역사문화학부 교수(2007~현재)
국가보훈처 연구원(1993~2007)

주요저서

「해산 김정묵의 중국 관내에서의 민족운동」, 『대구사학』 138, 2020
「원주지역의 동학 포교와 원주 출신 동학인의 동학농민운동」, 『동학학보』 49, 2018.
『보천교와 보천교인의 민족운동』, 도서출판 선인, 2018, 공저 외 다수.

박 환 ————————————————————————

수원대학교 사학과 교수(1986~현재)
한국민족운동사학회 회장 역임
고려학술문화재단 이사장

주요저서

『한국전쟁과 국민방위군사건』, 민속원, 2020.
『독립군과 무기』, 선인, 2020.
『블라디보스토크·하바롭스크』, 선인, 2019.
『사진으로 보는 3·1운동 현장과 혁명의 기억과 공간』, 민속원, 2019.
『페치카 최재형』, 선인, 2018.

저자약력

장세윤
성균관대학교 동아시아역사연구소 수석연구원(동북아역사재단 명예연구위원)

주요논저

「광주학생독립운동의 중국동북(만주)지역 확산과 한인 학생·민족운동 세력의 호응」, 『한국근현대사연구』94집, 한국근현대사학회, 2020

'The Characteristics and Significance of the Korean Independence Movement', Yearbook of the Institute of East-Central Europe 16-2, Lublin : Institute of East-Central Europe[Poland], 2018.

France-Corée 130 ans de relations 1886-2016, Paris : L'Harmattan, 2016, 공저

『關東大震災と朝鮮人虐殺』, 論創社, 2015, 공저.

『1930년대 만주지역 항일무장투쟁』, 독립기념관, 2009.

『중국동북지역 민족운동과 한국현대사』, 명지사, 2005 외 다수.

김영범
대구대학교 명예교수

주요저서

『혁명과 의열』, 경인문화사, 2010.

『민중의 귀환, 기억의 호출』, 한국학술정보, 2010.

『제26권 의열투쟁 Ⅰ : 1920년대』, 독립기념관 한국독립운동사연구소, 2009

『한국 근대민족운동과 의열단』, 창작과비평사, 1997년 외 논저 다수.